中國目錄學史

姚名達著

民國滬上初版書·復制版

中國目錄學史

姚名达 著

上海三联书店

图书在版编目(CIP)数据

中国目录学史 / 姚名达著. ——上海:上海三联书店,2014.3
(民国沪上初版书·复制版)
ISBN 978-7-5426-4575-3
Ⅰ.①中… Ⅱ.①姚… Ⅲ.①目录学史—中国 Ⅳ.①G257
中国版本图书馆CIP数据核字(2014)第029695号

中国目录学史
著　　者 / 姚名达
责任编辑 / 陈启甸 王倩怡
封面设计 / 清风
策　　划 / 赵炬
执　　行 / 取映文化
加工整理 / 嘎拉 江岩 牵牛 莉娜
监　　制 / 吴昊
责任校对 / 笑然
出版发行 / 上海三联书店
(201199)中国上海市闵行区都市路4855号2座10楼
网　　址 / http://www.sjpc1932.com
邮购电话 / 021-24175971
印刷装订 / 常熟市人民印刷厂

版　　次 / 2014年3月第1版
印　　次 / 2014年3月第1次印刷
开　　本 / 650×900　1/16
字　　数 / 350千字
印　　张 / 28.5
书　　号 / ISBN 978-7-5426-4575-3/G·1314
定　　价 / 135.00元

民国沪上初版书·复制版

出版人的话

如今的沪上，也只有上海三联书店还会使人联想起民国时期的沪上出版。因为那时活跃在沪上的新知书店、生活书店和读书出版社，以至后来结合成为的三联书店，始终是中国进步出版的代表。我们有责任将那时沪上的出版做些梳理，使曾经推动和影响了那个时代中国文化的书籍拂尘再现。出版“民国沪上初版书·复制版”，便是其中的实践。

民国的“初版书”或称“初版本”，体现了民国时期中国新文化的兴起与前行的创作倾向，表现了出版者选题的与时俱进。

民国的某一时段出现了春秋战国以后的又一次百家争鸣的盛况，这使得社会的各种思想、思潮、主义、主张、学科、学术等等得以充分地著书立说并传播。那时的许多初版书是中国现代学科和学术的开山之作，乃至今天仍是中国学科和学术发展的基本命题。重温那一时期的初版书，对应现时相关的研究与探讨，真是会有许多联想和启示。再现初版书的意义在于温故而知新。

初版之后的重版、再版、修订版等等，尽管会使作品的内容及形式趋于完善，但却不是原创的初始形态，再受到社会变动施加的某些影响，多少会有别于最初的表达。这也是选定初版书的原因。

民国版的图书大多为纸皮书，精装（洋装）书不多，而且初版的印量不大，一般在两三千册之间，加之那时印制技术和纸张条件的局限，几十年过来，得以留存下来的有不少成为了善本甚或孤本，能保存完好无损的就更稀缺了。因而在编制这套书时，只能依据辗转找到的初版书复制，尽可能保持初版时的面貌。对于原书的破损和字迹不清之处，尽可能加以技术修复，使之达到不影响阅读的效果。还需说明的是，复制出版的效果，必然会受所用底本的情形所限，不易达到现今书籍制作的某些水准。

民国时期初版的各种图书大约十余万种，并且以沪上最为集中。文化的创作与出版是一个不断筛选、淘汰、积累的过程，我们将尽力使那时初版的精品佳作得以重现。

我们将严格依照《著作权法》的规则，妥善处理出版的相关事务。

感谢上海图书馆和版本收藏者提供了珍贵的版本文献，使“民国沪上初版书·复制版”得以与公众见面。

相信民国初版书的复制出版，不仅可以满足社会阅读与研究的需要，还可以使民国初版书的内容与形态得以更持久地留存。

2014 年 1 月 1 日

中國目錄學史

姚名達著

中華民國二十七年五月初版

自序

書恆有序，以自炫也；而美其義曰：述著作之旨！自莊子天下篇、太史公自序已不能無過實之辭；其他復何論哉？名達三十二載之生程，印滿汗血與淚之汚跡：智不足以免飢寒，仁不足以救妻子，勇不足以雪恥辱，其有忝於達德也甚矣！方且貽譏學閥，見笑高朋，招架不住，落荒而走；允宜效金人之三緘其口，法董子之下帷三年；豈敢妄弄丹鉛，嫁災梨棗，自欺之不足，復以欺世乎？雖然，吾之著作，非以獵取功名，亦非爲博得升斗；正因學力孱弱，竊欲藉此多讀專門之書以自營養耳。憶昔清華園中，涵芬樓下，優游修習，其樂何極？而不幸一遭倭燹，再罹亂離，内增家室之憂，外乏圖書之參；猶復妄據講壇，漫刊空論；馴致荏苒五年，學無寸進。其不合流同汚，與狗爭骨也幾希！及乎妻死家殘，故交乖戾，然後恍然於傲骨之不容於媚世，而實學又不足以稱其虛名也，乃有折節讀書之志。

先是，二十四年冬，王岫廬先生以中國目錄學史相屬。名達自維業愧專門，學無創獲，舊著目錄學舛漏百出，方滋内疚。故受命之後，憂心忡忡！每趁課暇，輒走京、杭各圖借讀，累月彌年，叢料愈積而組織愈難，乃力辭復旦講席，移居杭州，專心研求，又歷八月，始克告成。其始原欲博搜精考，撰成毫無遺漏之文獻史，故逐書考察其內容，逐事確定其年代，逐人記述其生平，依時代之先後敍成系統。佛教目錄即其殘迹。著作過半，始知其規模太大，非尅期出版之預約書所宜；亟毀已成之稿，改用主題分篇之法，擷取大綱，混合編製，幾經改造，遂爲今式。

是書絕非成熟之作。如能假以歲月，或可保持最初徹底研究之精神，求得明確詳備之知識。惜因汗青期迫，致有虎頭鼠尾之弊，不能一一如意探尋，私衷深以爲憾。書中論斷，多出心裁；近人新作，未克遍窺。姑舉數端，聊示一斑：對於史事之考察，如謂別錄無輯略，詩、書皆叢書，隋志四部爲七略七錄之嫡裔，而非荀勗李充四部之後身，佛經之舊錄及別錄即支敏度之經論都錄及別錄，馬懷素之續七志與褚無量之整比四部並不同功，此類皆一反古今成說，不憚立異之譏。對於編製之體裁，雜用多樣之筆法，不拘守一例，亦不特重一家。務綜合大勢，爲有條理之敍述。亦一般不習見者。對於研究之結論，間有創說，如謂目錄必兼解題與引得而有之，叢書必須拆散，不應合入總類，文集如不作分析目錄則宜改入總類，皆昔人未出之言也。然統較全書得失，則其創獲遠少於過謬。如詳究佛經目錄而抹殺藏書目錄，講述分類而忽略編目，甚至同於特種目錄篇中，亦各有詳略，每無理由之可陳。此其剪裁之失均，大病一也。有時專讀一書，兼旬彌月，有時片刻之間，涉獵數部，初則每書必目擊心知，後竟望名生義。此其精懈之不等，大病二也。其他挂一漏萬，知古昧今，荒謬之處，誠不堪專家之一擊。且叢稿盈箱，每有已知而未用；私見所及，臨時反忘而不錄。他年如有餘興，尚擬痛改而重造之，不敢隱惡拒善，自晝於不知妄作之列耳。

當名達之寫此稿也，如獨入古墓，如長征沙漠，趲程愈遠而痛苦愈深，廢然思返者數矣。況又簞瓢屢空，典質俱盡。而又不願苟且，初未因腹餒而漫翦報紙法令以充篇幅而圖速成。當斯時也，有人焉濟以乾糧，煦以慈愛，俾其精神復振，有進無退，乃克有成，斯誠不可以不紀。今日何日？非吾父母六旬誕辰耶？非巴雪樓翁許吾與漱泉訂婚之良辰耶？謹以此曾經用功而成績極劣之著作呈獻於父、母、雪翁暨漱泉之前，尚祈繼續扶助而勉勵之，俾於崎嶇行盡之後，終能步入學域而有所樹立，則尤幸事也。

最後，更以至誠感謝陳叔諒先生暨浙江省立圖書館諸君子，賴其恩惠，享有最大之自由，始得豐厚之養料以喂此弱不勝衣之嬰兒。

中華民國二十六年七月十一日，姚名達。

目次

分類篇……六一

校讎篇……一七七

宗教目錄篇……二二七

專科目錄篇

特種目錄篇……三九五

中國目錄學史

敘論篇

目錄 有一書之目錄，有羣書之目錄。「尙書有靑絲編目錄。」（文選任彥昇爲范始興作求立太宰碑表注引七略語。）此一書之目錄也。班固所謂「爰著目錄，略述洪烈，述藝文志第十」，（漢書敘傳語。今人引用此語者，每抹去最後一句，而漫屬上文「劉向司籍，九流以別」爲句。殊不知此「爰」字屬於班固而不屬於劉向。蓋因向已別九流，固方得藉以著目錄爲藝文志也。試比較敘傳其他各條，便知此義。）此羣書之目錄也。偏辨其名之謂目，詳定其次之謂錄；有多數之名目且有一定之次序之謂目錄。曰目曰錄，皆非單獨，義本相通，故成一體。萬事萬物，莫不有名，即莫不有目錄；然多隨意編次，不成學術。獨圖書之目錄，發生甚早，發展甚速，其爲學者所研究且成爲一切學術之綱領也，尤迴異於他項目錄，故獨成爲專門之學術焉。一般簡稱圖書目錄爲目錄，固非無由。

考目之本義原爲人眼：甲骨文有（鐵雲藏龜頁十六之一。）（鐵雲藏龜之餘頁十一之一。）（鐵雲藏龜拾遺頁十之三。）等字，（拙著目錄學誤據殷虛文字類編，

妄謂甲骨文無目字，失之不考，深滋內疚。謹於此敬告讀者曰：凡本書論斷有與舊著差異者，請以本書爲主，勿怪其矛盾。

𢍜目父癸爵有□字，皆象人眼外匡內矑之狀。管子宙合：「目司視。」禮記郊特牲：「目氣之清明者也。」然人眼有二，木之節似眼而其數不限於一，故木節亦謂之目。考工記：「斲目必茱，」注：「目，幹節目也。」禮記學記：「善問者如攻堅木，先其易者，後其節目。」呂氏春秋：「尺之木必有節目。」後世以複數之名物謂之節目，卽援斯義而引申之也。周官天官：「一曰正掌官法以治要，二曰師掌官成以治凡，三曰司掌官法以治目。」公羊傳僖五年：「諸侯何以不序？一事而再見者，前目而後凡也。」春秋繁露深察名號：「目者徧辨其事也，凡者獨舉其事也。」故目者凡之反，有逐一稱道之義。論語：「顏淵問仁，子曰『克己復禮爲人。』請問其目。子曰『非禮勿視，非禮勿聽，非禮勿言，非禮勿動。』」卽其例也。自後凡有著述者，多摘二三字爲一篇之眉目，故劉向校書，「輒條其篇目；」漢志「比類相從，各有條目。」漢書本傳。漸進而與錄字結合爲一體矣。

錄之本字作彔，甲骨、鐘鼎文字皆無錄字，僅有彔字，作□殷虛書契前編卷六頁一之八。□後編卷下頁十三之十四。□菁華頁五之一。□頌敦，□彔伯戒敦。□多父槃。等形。俞樾兒笘錄：『說文金部：「錄，金色也，從金，彔聲。」樾謂錄爲金色，於古無徵。許君蓋依綠字說之。綠從系，爲色青黃也，故錄從金爲金色，金之色亦在青黃之間也。然恐非字之本義。今按錄者，彔之或體也。彔部：「彔，刻木彔彔也。」刻木必用刀，故或從金。周官職幣曰：「皆辨其物而奠其錄，」杜子春曰：「定其錄籍也。」隱十年公羊傳曰：「春秋錄內而略外。」蓋古人文字箸在方策，故謂之錄，即從刻木之義而引申之也。錄與盧古音相近，故錄因亦謂之盧，因金部：「鑪，錯銅鐵也。從金，盧聲。」錯銅鐵謂之鑪，刻木謂之錄，蓋聲近而義可通矣。』章炳麟小學答問：『凡言記錄者，借為刻木彔彔之彔，古為書契，本刻木為之也。束、縷、錄古音皆在侯部，得相通假，縷、錄同為束，猶鏤、彔同為刻矣。』推俞、章二家之說，察甲骨、鐘鼎文字之形，則彔字為刻木之聲，亦為刻木之形，故成為刻木之義。錄之本字當為彔，似可無疑。作動詞用，則有詳明記識之義。禮記檀弓下：「銘，明旌也，以死者為不可別已，故以其旗識之；愛之斯錄之矣，敬之斯盡其道焉耳。」註：「愛親者不忍死其親，故錄而識之。」公羊傳隱十年：「內大惡諱，此其言甚之何？春秋錄內而略外，於外大惡書，小惡不書；於內大惡諱，小惡書。」成八、九、十年：「此何以書？錄伯姬也。」定四年：「外大夫不書葬，此何以書？錄我主也。」莊二年：「外大夫不卒，此何以卒？錄焉爾。曷為錄焉爾？我主之也。」穀梁傳桓五年：「任叔之子者，錄父以使子也，故微其君臣而著其父子，不正父在子代仕之辭也。」莊七年：「春秋著以傳著，疑以傳疑；

中之幾也，而曰夜中，著焉爾。何用見其中也？失變而錄其時，則夜中矣。」莊十七年：「逃來則何志焉？將有其末，不得不錄其本也。」比證上列各文，則錄字係動詞，有如現代所謂「特寫」之義，加重加詳，使文義益加顯著耳。如作名詞用，則爲名目之次第。國語吳語：「載黃池之會，吳師昧明進逼晉師，晉遣使問曰：「兩君偃兵接好，日中爲期；今大國越錄，而造於弊邑之軍壘，敢請亂故！」吳國所越之錄，必與現代開會所用之秩序單相同，原定日中開會，而吳師「昧明」進軍，故晉使責以越錄耳。周禮天官：「職幣掌式法以斂官府都鄙與凡用邦財者之幣，振掌事者之餘財，皆辨其物而奠其錄，以書楬之，以詔上之小用賜予。歲終則會其出。凡邦之會事，以式法贊之。」夫既辨其物而奠其錄，則物之名稱數量及賜予之先後，皆一目了然。雖與上述之開會秩序單功用略異，然其有一定之次第及含多數之名物也，固無不同。則春秋、戰國之間，已稱序列名物次第之單簿爲錄矣。漢官舊儀亦載有二種錄，其一云：「丞相府……官屬吏不朝旦，白錄而已。」「掾史有過，君侯取錄，推其錄，三日白病去。」「大夫見孝廉上計，丞長史皆放官司馬門外，比丞相掾史白錄。」此官吏之名單或簽到簿也。其二云：「掖庭令晝漏未盡八刻，盧監以茵次上婕妤以下至後庭，訪白錄所，錄所推當御見，刻盡去簪珥，蒙被入禁中。」此妃嬪之名單也。周禮「內小臣陰事」注亦云：「若今掖庭令，晝漏不盡八刻，白錄所記推當御見者」。綜上四例，則錄字在劉向以前，早已成爲專門名詞矣。推此含義，遂用爲圖書目錄之簡稱。漢書藝文志：「張良韓信序次兵法」「楊僕捃摭遺逸，紀奏兵錄。」名圖書目錄爲錄，實始見於此。揆其字義，亦由於上述之名目次第而來。故「每一書已，向輒條其篇目，撮其旨意，錄而奏之。」此錄字亦非如後世所謂鈔錄而實爲「特寫」爲次第名目爲詳細說明也。七錄序：「昔劉向校書，輒爲一錄……皆載在本書。時又別集總錄，謂之別錄。」據此，則向所特寫之目錄，在本書中卽謂之錄，集合多篇另成一書，則謂之別錄。錄字之爲目錄簡稱，正與兵法目錄之簡稱兵錄相同。故錄可包目，而目未必可包錄。單舉之則曰錄，複稱之則曰目錄。

目錄學　目錄學之成詞，始見於淸乾隆間王鳴盛之十七史商榷。其在古代，則與校讎學形成二位一體，名實近似，繚繞不淸。蓋自劉向校書，始有別錄，其子歆種別羣書，始著七略。父子世業，錄、略並傳，牽連而言，辨別非易。其實若以現代分科之眼光論之，則劉向之事近乎校讎學，劉歆之事近乎目錄學；縱使歆亦校書，向亦有目，要其精神各有所重，學術斷然分途，可無疑也。然其成書則皆目錄之儔。古代祕閣藏書，自購求至插架，不似現代之便易，必須經過一番整理校讎工夫，使書之體質固定，內容整潔，然後始可分類編目，插架庋藏。此在第一次大校理之向歆時代（其前亦有二次，然史實不甚明顯，且其規模不及向歆之大。）實爲必不可少之過程；而在後世，宜可稍稍減少繁瑣之手續，逕將購求所得之書分類編目；而不幸祕閣藏書僅爲皇帝裝飾門面，故任何書籍必須改寫成形質同樣之版本，因此校讎之功又屬必需；直至清廷校寫四庫全書，編撰總目提要，猶兩事同時並舉，不可分離焉。此種校書撰錄之事既爲曠代一逢，故任其職者亦由一時文臣濫竽充數，未必有專家視爲專門之學，聚精會神以貫注之。私家目錄亦不過聊便稽檢而已，更無出奇制勝之必要。以是之故，二千年來，校讎目錄之學並無特殊飛躍之進步。無論從任何方面觀察，後人之所加於向歆者，較之向歆之所已發明而實踐者，究屬戔戔有限，與二千年之長時期比照，慚愧抑不勝矣。至於專門研究校讎目錄之書，尤屈指可盡。吾人欲知此學之原理爲何，方法爲何，僅可從散在各種目錄之字裏行間尋繹之，或可得其一鱗半爪，然後組織成爲有系統，有條理之學術焉。故嚴格論之，中國之目錄學無乃尚未成功？既如是，則目錄學之含義，欲規畫而矩定之，無乃甚難？雖然，倘終於不復規定，則目錄學史殆亦無可着筆。故著者就研究所得，挹校讎於目錄之懷，吸收其有關於目錄之精華，而唾棄其無關大義之糟粕，於以進行其工作，庶乎無舉步維艱之苦焉。別錄釋「讎校」之義，謂「一人讀書，校其上下，得謬誤，爲校；一人持本，一人讀書，若怨家相對，爲讎。」文選魏都賦注，御覽六百一十八。原指校勘文字篇卷之錯誤而言。然自向、歆領校祕書，始將流動不居、亂雜無序之古書，編定目錄以固定其形質。晉世荀勗、宋世謝靈運，皆嘗受詔「整理記籍」，故校讎之義，即爲整理，並不似近代之專指校勘文字之脫誤也。唐有詳正學士，宋有祕閣校理，顧名思義，皆可證其職務未必限於校勘。且校書所撰之目錄，自七錄聚爲簿錄部後，或謂隋志始有簿錄類，非也。古今書錄又改爲目錄類。倘使類名即爲學科之名，則校讎整理之學，古人已認爲目錄學矣。及宋人鄭樵「取歷朝著錄，略其魚魯豕亥之細，而特以部次條別，疏通倫類，考其得失之故，而爲校讎略。」見章學誠校讎通義。轉棄狹義之校勘，而直以廣義之求書、分類、編目等項爲校讎學之主要任務。清人章學誠祖述其說，乃謂「校讎之學，自劉氏父子，淵源流別，最爲推見古人大體，而校訂字句，則其小焉者也。絕學不傳，千載而後，鄭樵始有窺見，而未盡其奧，人亦無由知之。世之論校讎者，惟爭辨於行墨字句之間，不復知有淵源流別矣。」近人不得其說，而於古書有篇卷參差，敘例同異，當考辨者，乃謂古人別有目錄之學，眞屬詫聞。且搖曳作態以出之，言或人不解，問伊書止求其義理足矣，目錄無關文義，何必講求？彼則笑而不言。眞是貧兒賣弄家私，不値一笑矣。」見章氏遺書信摭。學誠之意，直不承認有所謂目錄學，而欲以校讎學包舉之。實則學誠之所謂校讎學，正吾人亟應提倡之眞正目錄學，而其所鄙薄之目錄學，却又相當於狹義之校讎學——校勘學也。試述其言一則曰：「校讎之義，蓋自劉向父子，部次條別，將以辨章學術，考鏡源流，非深明於道術深微羣言得失之故者，不足與此。」校讎通義敍。再則曰：「著錄部次，辨章流別，將以折衷六藝，宣明大道；不徒爲甲乙紀數之需。」同上原道。三則曰：「古人著錄，不徒爲甲乙部次計；如徒爲甲乙部次計，則一堂故令史足矣，何用父子世業，閱年二紀，僅乃卒業乎？實則甲乙部次亦並不易，且向歆世業乃因整理及校讎繕寫之費時，並非因有何神妙。蓋部次流別，申明大道，敍列九流百氏之學，使之繩貫珠聯，無少缺逸，欲人卽類求書，因書究學。」同上互著。夫目錄學分類之目的，正欲人「卽類求書，因書究學。」同類之書，所以須按時代排列者，正欲「考鏡源流。」編目之法，所以詳列各書梗概者，正欲「辨章學術。」此所謂「部次條別」者，正廣義校讎學之目錄學所應負責之事。古人既早已名此種著錄書名之書爲目錄，則正名爲目錄學也實最適宜。何必拘守鄭樵不甚通道之舊名，致使人誤認爲狹義校讎學之校勘學哉？著者嘗取學誠之語而修正其意，定目錄學之意義曰：「目錄學者，將羣書部次甲乙，條別異同，推闡大義，疏通倫類，將以辨章學術，考鏡源流，欲人卽類求書，因書究學之專門學術也。」一（見拙著目錄學）

蓋學術淵深，研究非易，舍師生口耳傳授及親身實地經驗之外，實惟書籍是賴。學術如千門萬戶，書籍更已不祇汗牛充棟。將欲因書究學，非有目錄學爲之嚮導，則事倍而功半。故分言之，各種學術皆有其目錄學；合言之，則目錄學實負有指導各種學術之責任。淺言之，將繁富亂雜之書籍編次爲部別州居之目錄，使學者自求之，目錄學家之職務也。深言之，不特使書籍有一定之位置，且能介紹其內容於學者，使學者瞭然依南針以前趨，尤目錄學家之功勛也。著者之見解若是，故其所謂目錄不限於書名，目錄學亦不限於分類編目，試讀次章，便知其義。

目錄之種類與目錄學之範圍　區別目錄爲若干種類，其說頗繁。首先議及者，當推清乾、嘉間之洪亮吉。其言雖指藏書家，實可借爲目錄學家之分類。曰：「藏書有數等：得一書必推求本原，是正缺失，是謂考訂家，如錢少詹大昕、戴吉士震諸人是也。次則辨其板片，注其錯譌，是謂校讎家，如盧學士文弨、翁閣學方綱諸人是也。次則搜采異本，上則補石室金匱之遺亡，下可備通人博士之瀏覽，是謂收藏家，如鄞縣范氏之天一閣、錢唐吳氏之瓶花齋、崑山徐氏之傳是樓、諸家是也。次則第求精本，獨嗜宋刻，作者之旨意縱未盡窺，而刻書之年月最所深悉，是謂賞鑒家，如吳門黃主事丕烈、鄔鎮鮑處士廷博諸人是也。又次則於舊家中落者，賤售其所藏，富室嗜書者要求其善價，眼別其贗，心知古今，閩本蜀本一不得欺，宋槧元槧見而即識，是謂掠販家，如吳門之錢景開、陶五柳、湖州之施漢英諸書估是也。」北江詩話卷三。由其所論以事推究，則藏書有考訂、校讎、收藏、賞鑒、掠販諸家之不同，即目錄亦有此五者之異，雖非甚切，亦可借喻也。為一切目錄作總目錄，從而分別部類者，則始於二十年前之周貞亮、李之鼎。其書目舉要分一切目錄為部錄、編目、補志、題跋、考訂、校補、引書、版刻、未刊書、藏書、釋道目十一類。後來陳鐘凡加「自著書」而成十二類。見古書校讀法。孫德謙則分為藏書家之目錄，讀書家之目錄，史家之目錄三類。見劉向校讎學纂微。張爾田則分為官家之目錄，藏家之目錄，史家之目錄三類。見漢書藝文志舉例序。業師胡樸安先生則以網羅古人著作、保存自己收藏、考訂板本、研究學問四項目的之歧而分為四類。見論編書目，國學彙編。此三家徒作空論，不似周李之實地經驗，故詳略迥殊，而其不恰切則亦從同。近年邵瑞彭、閻樹善等撰書目長編，用意與周李同而分類又異，列表如左：

- 書目長編
  - 貯藏類
    - 公藏
    - 私藏
  - 史乘類
    - 正史
    - 備采
    - 補史
    - 通載
    - 方志
  - 徵存類
    - 門類
      - 全類
      - 分類
      - 專書
    - 徵闕
    - 禁毀
    - 徵引
    - 著刊
      - 自著
      - 自刊

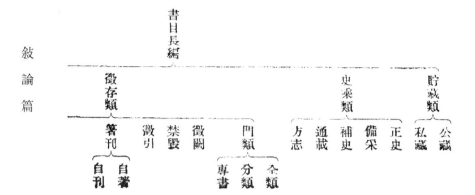

- 叢書
  - 叢書總目
  - 叢書分目
- 版片
- 經眼
  - 知見
  - 題志
- 勸學

- 評論類
  - 流略
  - 掌故

確有其書而詳爲分類者則以北平圖書館書目爲比較最詳，列表如左：

- 圖書學
  - 通論
  - 目錄學
  - 板刻
  - 校讎
  - 考證
  - 書影

- 著錄
  - 書錄
  - 叢書目錄
    - 總目
    - 子目
    - 附叢刻
  - 藝文志
    - 史志
      - 通記
      - 斷代
    - 邑志
      - 中國
      - 外國
  - 著述考
    - 族姓
    - 學派
    - 個人
  - 學術總目
    - 經籍
    - 小學
    - 歷史
    - 地理

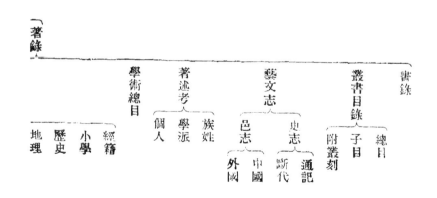

國立北平圖書館書目目錄類

- 圖書目錄
  - 學科專目
    - 金石
    - 傳記
    - 哲學
    - 宗教
    - 科學
    - 藝術
    - 文學
  - 存燬書目
    - 徵存
    - 知見
    - 引用
    - 禁燬
    - 闕佚
    - 未刊
  - 刊行書目
  - 題跋及讀書記

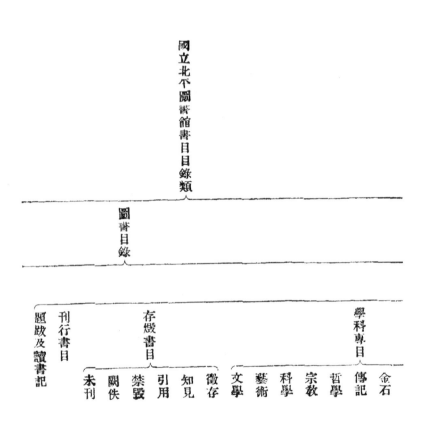

- 收藏
  - 公藏
    - 漢
    - 宋
    - 明
    - 清
    - 民國
    - 外國
  - 圖書館書目
    - 公家
      - 獨立
      - 學校附屬
      - 外國
    - 私人
  - 私藏
    - 宋
    - 明
    - 清
    - 民國
    - 外國

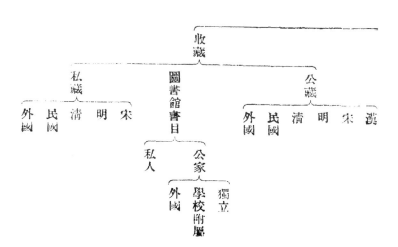

- 圖書館學
  - 通論
  - 行政——館規
  - 管理
    - 採訪
    - 分類
    - 編目
    - 推廣
  - 特種圖書館
    - 兒童
    - 通俗
    - 學校
  - 普通圖書館
    - 概況
    - 事務報告
  - 圖書館教育
  - 圖書館調查

次則清華大學圖目分爲圖書學、圖書目錄、藝文志與著述考、存燬書目、學術書目、收藏書目、叢書題記、刊行書目、各國藏書目九大類，每類各有子目。此二書分類皆不能無誤，清華目甚至合敘錄與論文索引爲一類，分題跋與讀書記爲二類，甚可笑也。著者對於目錄之分類（非羣書之非類。）則認爲應從多方面着眼。一、自條目體積之大小分之，則有篇目與書目之異。一般僅認書目爲目錄，固嫌已隘，即承認一書之篇目而不承認羣書篇目之引得(Index)，亦未爲知方之論也。蓋篇目猶傳記，書目猶歷史，集傳而成史，無異集篇而成書。故本書不僅專論書目而併論及篇目焉。二、自書籍典藏之有無分之，則有藏書目錄與非藏書目錄之異。杜定友以目錄之名專屬之藏書目錄，其非然者則謂之書目，名詞界義殊不清晰；未若以目錄爲通名而別加以形容詞之爲愈也。倘使論目錄學而不及非藏書之目錄，（新舊二派皆然。）則目錄學之功纔得其半，尤爲未可。三、自藏書目錄之藏者分之，則有公藏、私藏，公開、非公開，獨立、非獨立，古今、中外，種種區別，皆爲庋藏方便起見，實無深義存焉。四、自非藏書目錄之對象分之，則有時代、地方、學術、人格、數量、實質之別，紛紛非一語可盡也。五、自目錄結集之形式分之，則有賬簿式、（固定）活頁式（卡片）之異。六、自目錄排列之方法分之，則有辭典式、（依檢字法排列。）類書式、（依分類法排列。）年表式、（依年月排列。）百科全書式、（依事物排列。）序跋式、（漫無定序。）之異。七、自目錄標題之性質分之，則有著者目錄、（以著者姓名爲綱。）書名目錄、（以書名爲綱。）分類目錄、（以類名爲綱。）主題目錄（以事物名爲綱。）之異。八、自目錄內容之體制分之，則有純書目、（有僅記書名，著名，卷數者，有兼記版本參考事項者。）純解題、（有於書目後作解題者，有於書籍中作題跋者。）兼書目及解題之異。自解題內容之旨趣分之，則有解釋內容、訂正訛誤、考索存佚、研究版本、批評是非、敍述源流之異，又或兼而有之。窮流索枝，其類實繁，目錄學之範圍亦緣此而畫定焉。曰：非書目之是究而篇目之或忘，一也。非藏書之是限而闕書之不求，二也。非名數之是徵而內容之不問，三也。更有進於此者，曰：目錄學與校讎學有關，但重其篇卷之整理而忽其字句之校勘，一也。目錄學與考證學有關，但取其對於書籍眞僞，史事先後之考訂而棄其不關於書籍者，二也。目錄學與版本學有關，但取其對於版本人代優劣之考定而棄其嗜古好奇之態度，三也。目錄學與傳記學有關，但記著者對於書籍之關係而不必詳其人之全體，四也。目錄學與檢字學有關，用其法以排列條目，五也。目錄學與分類學有關，取百科分類之標題爲分類目錄或主題目錄之綱領，六也。目錄學與圖書館學有關，但祇分其疆域之半，過問選書、求書、分類、編目、插架、輔導等事而不必預聞圖書館之組織管理經營等事，七也。目錄學與圖書史或學術史（西人所謂書史學。）有關，然彼則注重書籍及其所表現之學術之直線關係而此則注重其平面關係，八也。目錄學與百科學術皆有關係，蓋必識百科之大概，或就教於各科專家，然後可製成優良之目錄以助百科學術之發展，九也。綜此十餘義，則目錄學之性質及其範圍約略可定，如絲之有緒，海之有涯，庶無惑焉。

目錄學史之組織

著者對於目錄學之性質及其範圍既有如上之認識，故其目錄學史之撰著亦依此線索以尋求史料，推究大勢。著者以爲分類、編目固目錄學之二大工程；而編目必須包括解題，此義爲今人之所忽略，而其事則爲古人之所嘗努力，乃吾人亟應恢復其注意者。狹義之校讎學固另有其界域，爲目錄學史所不宜侵略；然古代之校書實與編目有密切之關連，苟不涉及，則猶截流治水，不從源頭設法，其不能成功也必矣。故於廣義之校讎學亦不能不連帶敘述焉。一般治歷史者，每喜用斷代法，蓋一時代苟有一時代之特殊色彩，其斷代也固宜；然在中國目錄學史中，則時代之精神殆無特別之差異，強立名義，反覺辭費。故本書不用此法而特取若干主題，通古今而直述，使其源流畢具，一覽無餘。然此種主題分述法亦有其流弊，一則同一事件而分散於各題之中，不能識其全貌；蓋有經無緯，則組織不能周密也。一則文氣所至，不便瑣陳，以致時代不明，後先倒亂，蓋既分題各篇，則不能依時代爲先後，故忽今忽古，使讀者迷亂莫明，尤其大患。著者爲此統籌並顧，決依史事之所宜，採多樣之體例，以蘄體例爲史事所用而史事不爲體例所困。故首述溯源篇，以推究目錄之淵源，迄於向歆錄略而止，舉凡書籍之產生、傳述、整理、校勘、寫定、分類、編目以至插架莫不推尋其原始、狀態，混合敍述，不似後此各篇之以主題爲綱領。在全書中，其筆法獨異，倘欲名之，或可謂之追問法。其次所宜述者爲目錄學史之全貌，既不欲順時斷代爲混合之論次，又不欲雜廁無關要義之關係史事於各主題篇中，故特用正史之本紀體例，取自古至今有關於目錄學之零星史事，依年代之先後，逐件繫年，名之曰通紀篇。此篇悉屬原料，從千百書中鉤稽而出，考定排比，費時最多。書成自觀，殊覺乏味。然欲確知某一史事之時代及其過程，則舍是莫由；苟能一氣讀畢，對於中國目錄學之發展，亦可隱約得一概念；專家用作參考，必可免繙檢之煩；且讀各主題篇時，必有隨手比照，增加領略之功。然因其數量太多，頗覺累贅，故特抽出單行，易名曰中國目錄學年表。此篇之後，分題另篇，不復綜合。一曰體質篇，二曰分類篇，皆所以勘同析異，明變求因，上下古今，分別學派，合數十家爲一段，不復臚列條別。所用體例，蓋如正史之書志，以事爲主，不以人或書爲主，重在大勢而不重在個體。此二篇者在全書最爲重要。欲知中國目錄學之主要精神，必亦於此求之。然其所述皆爲總目錄之演變，故於性質特別之目錄未暇兼顧。於是另作史志篇以述各時代之目錄，作宗教目錄篇以述見棄於總目錄之目錄，作專科目錄篇以述各種學術之目錄，作特種目錄篇以述各種畸形發展，不以學術分類之目錄。專科篇以學術分科，溯古詳今，側意提倡。特種篇以對象分題，如叢書、禁書、以至地方著作，皆未可限於一科者也。宗教篇大體以書名爲主，若解題然，此因其向爲正統派所不道，知者尤鮮，故考證論次比較稍詳。史志篇則以時代爲主，凡正史藝文志之來源，後世補志之紛起，莫不加以評騭。而史志之成，莫不據祕閣之校讎，合而爲目錄學之正統派，故作一校讎篇爲之前驅。此五篇者，所用筆法各異，且與前二篇亦迴殊。縱橫經緯，交相爲功。不拘泥於體例之一致，庶幾各得如意遣辭，不爲文氣所迫焉。最後乃作結論篇，略陳著者對於過去之感想，將來之希望，以結束全書。如此安排，稍覺稱意。但恐材料蕪雜，分配維艱，則重複矛盾之弊失於檢點者，亦不少耳。

溯源篇

上古典籍與目錄之體制爲何如乎？　此問題頗難解答。故一般敍次中國目錄源流者，多斷始於西漢末年之別錄與七略，方援鉅儒之敍哲學史以自解，意謂古書多僞，未敢據以爲說耳。此猶直認黃河出於積石，長江導於岷、沱，而不知其上流尚有更幽遠之淵源也。因噎而廢食，畫地以自限，詎足與議史學哉？竺舊之流，則又侈談羲、農，曲尊孔、孟，以謂古學尤盛於後世，六藝爲百科之祖宗；此其泥古寡聞，弊深於懷疑派，更不可沿爲記事之法。著者竊謂研究古史，宜取最眞實而最清楚之某一事蹟爲根據點，用追問溯尋法向上循察，步步爲營，逐一解決。蓋有已知之史事爲嚮導，循其脈絡，鉤沉顯微，自易爲力，可無擿埴索塗之苦。較之輕信成說，順敍古今，不復深究者，似覺稍妥。茲當推究中國目錄之起源，不能不連帶明瞭上古典籍之情狀。而前人成說，多不可靠。故拈取別錄、七略爲追求之出發點，先領略其本身之一切，然後遍查現存古書，從字裏行間拔識有關於典籍與目錄之記載，綜合比較，以解答所欲尋索之問題。即用問答式逐條論次，倒溯上去。首宜提問者：

(1)錄、略之前，有目錄乎？　曰：有。有漢書藝文志(簡稱漢志。)有云：「自春秋至於戰國，出奇設伏，變詐之兵並作。漢興，張良、韓信序次兵法，凡百八十二家，刪取要用，定著三十五家。諸呂用事，而盜取之。武帝時，軍政楊僕捃摭遺逸，紀奏兵錄，猶未能備。至于孝成，命任宏論次兵書爲四種。」據此，則任宏與劉向等校書以前，已有良、信校兵法，楊僕撰兵錄之事。兵錄之確爲兵書目錄，望名可知。(參看敍論篇。)良、信之「序次」等於任宏之「論次」，亦有編次目錄之意。「刪取」之後，又有「定著」，則舊書新書殆各有目錄也。楊僕紀奏兵錄之時，當在元朔五年之後。蓋是年夏六月，武帝有「今禮壞樂崩，朕甚閔焉」之詔。(見漢書本紀。)「於是建臧(同藏)書之策(同冊)，置寫書之官，下及諸子傳說，皆充祕府。」(漢志)楊僕既撰兵書目錄，則其他各種藏書之策亦或各有校書撰錄之事。蓋「外則有太常、太史、博士之藏，內則有延閣、廣內、祕室之府，」(漢志注引七略。)藏書之策，多至六處，而謂其皆無目錄，其誰信之？何況在後之任宏論次兵書，同時有劉向、尹咸、李柱國等分校六藝、諸子、詩賦、數術、方技；在前之良、信序次兵法，同時有「蕭何次律令，張蒼爲(漢書作定。)章程，叔孫通定禮儀。」(史記自序末段。)豈有中間之漢武帝獨令楊僕紀奏兵錄，而不更令他人校定所寫所藏之書乎？此蓋史文偶未及載耳。治史之法，固不可錯認不見史載之事便爲並無其事也。至於「蕭何次律令」等事，史記自序之於「秦撥去古文，焚滅詩、書，故明堂、石室、金匱、玉版、圖籍散亂，於是漢興」之後，與「韓信申軍法」相屬爲文，足證其爲同一目的，同一辦法，同因「圖籍散亂」而加以「序次」「删取要用」「定著」爲若干家，俾合當代政治上之實用。此種對古書下一番大規模之整理，在現存史料中實爲最古之事實。考「沛公至咸陽，蕭何獨先入，收秦丞相御史律令圖書藏之。」（史記本傳。）張蒼「秦時爲御史，主柱下方書，」「明悉天下圖書計籍。」（史記本傳。）叔孫通「起朝儀，」「頗采古禮與秦儀雜就之」，（史記本傳。朝儀之外，必又定一切禮儀。）此其人皆熟悉古書，故堪任序次定著之選。韓信被俘，叔孫起儀，皆爲漢高帝六年之事。倘使彼等所序次之律令、軍法、章程、禮儀而各有目錄也，則目錄之產生距今已二一三八年矣。雖然，此僅就史記明白標舉者而推論之耳。若更追究之，則宜問曰：

（2）秦室藏書有目錄乎？ 曰：有，有。卽從上引史記自序所載可以知之。蓋「明堂、石室、金匱、玉版」之「圖籍」所以「散亂」，實因「秦撥去古文，焚滅詩、書」之「故」。詩、書爲圖籍之一部分，既經抽出焚滅，故圖籍爲之「散亂」耳。當未散亂時，其必有目錄爲之綱紀，亦在意中。況當秦始皇焚書時，李斯定其令曰：「史官非秦紀皆燒之。非博士官所職，天下敢有藏詩、書、百家語者，悉詣守尉雜燒之。所不去者，醫藥、卜筮、種樹之書。若欲有學法令，以吏爲師。」見史記卷六。夫其必焚與不必焚者既各有其類，而非不分皂白，倘欲臣民有所依循乎？其必有目錄以爲標準，或列舉其書名，或約定其種類，庶使臣民不致無所措手足焉。史文貴簡，雖不暇記其目錄之體制如何，然卽就此令分析之，則秦紀、法令及醫藥、卜筮、種樹五類之書不必燒，詩、書、百家語及秦紀以外之諸侯史記四類之書必須燒，其類別亦已儼然存在矣。

（3）然則戰國時代如何？　曰：史料缺乏，不能確知矣。所可知者，（一）墨子稱「今天下之士君子之書不可勝載，」見天志上。莊子稱「惠施多方，其書五車，」見天下篇。則私人已有藏書者矣。（二）墨子屢稱「尙觀於先王之書，」見非命上。「徵以先王之書，」見非命中。「先王之書子亦見之，」見公孟篇。又屢引「先王之書」，距年、呂刑、太誓、湯誓、仲虺及夏書、禹書、殷書、周書、周頌之言，見尙賢中、下、尙同中、非命中、七患等篇。及周之春秋、燕之春秋、宋之春秋、齊之春秋。見明鬼上。戰國策稱蘇秦「發書陳篋數十，得太公陰符之謀，」史記作得周書陰符。孟子稱「盡信書則不如無書；吾於武成，取其二三策而已。」見盡心下。其他諸子亦多徵引古書篇名者，可見向來官府所守之典籍，至戰國時代已爲民間通行之讀物，且皆有篇目矣。(三)司馬遷稱「吾讀管氏牧民、山高、乘馬、輕重、九府及晏子春秋，」（史記卷六十二。）「莊子著書十餘萬言，大抵率寓言也。作漁父、盜跖、胠篋，以詆訾孔子之徒。」「韓非作孤憤、五蠹、內外儲、說林、說難十餘萬言。」（並見史記卷六十三。）墨翟孫卿著書亦有包含文義之篇目。（惟孟子篇目無意義。）可見戰國後期著述必命題目，其單篇亦能孤行也。（管晏墨子之篇目，疑爲後期所加，非春秋及戰國前期原有。觀乎論語孟子皆摘每篇首二三字爲篇目，並無意義，則知含義之篇目應稍後出。）(四)百家競出，各有異同。莊子嘗別當代諸子爲(1)鄒魯之士，(2)墨翟、禽滑釐，(3)宋鈃、尹文，(4)彭蒙、田駢、慎到，(5)關尹、老聃，(6)惠施，(7)莊周七派，（見天下篇。）則當時藏百家語者容有依思想之派別爲書籍之分類者矣。（看分類篇。）(五)司馬遷又稱：「秦既得意，燒天下詩、書，諸侯史記尤甚，爲其有所刺譏也。詩、書所以復見者，多藏人家，而史記獨藏周室，以故滅。」（史記卷十五。）由此又知周室藏書，至戰國猶然；墨子稱孔子如周，得百二十國寶書，誠不誣也。（史記卷十四亦稱孔子「西觀周室，論史記舊聞，興於魯而次春秋。」）綜此五例，則戰國時代，官私皆多藏書，著述各有篇目，蓋平民初得解放，學術遽然發達，書之數量增多，即目錄之需要益亟，今雖未得確證，亦不能武斷當時藏書必無目錄也。

（4）春秋時代藏書之法如何？　曰：典司之官，藏守之所，分類之名，皆昭昭可考也。（一）左氏春秋述周襄王詰籍談之言曰：「且昔而高祖孫伯黶司晉之典籍，以爲大政，故曰籍氏。及辛有之二子董之，晉於是乎有董史。女司典之後也，何故忘之？」昭公十五年，當民國紀元前二四三八年。又記「王子朝及召氏之族、毛氏得、尹氏固、南宮嚚奉周之典籍以奔楚。」昭公二十六年。史記記「司馬氏世典周史。惠襄之間，司馬氏去周適晉。」自序　國語述周靈王太子晉之言曰：「若啓先王之遺訓，省其典圖刑法，而觀其廢興者，皆可知也。」周語下。讀此，則周室諸侯皆有專官以司典籍，故得「啓」而「省」之。（二）其藏典籍之所，則或曰盟府，或曰故府。諸侯稱周，則曰周府。大夫稱公，則曰公府。左氏春秋記「虢仲、虢叔爲文王卿士，勳在王室，藏於盟府。」僖公五年。「周公、大公股肱周室，夾輔成王，成王勞之而賜之盟曰：『世世子孫，無相害也。』載在盟府，大師職之。」僖公二十六年。「夫賞，國之典也，藏在盟府，不可廢也。」晉事，見襄公十一年。晉士彌牟不能解薛宋之紛，因「薛徵於人，宋徵於鬼」，乃不得不徵諸典籍，曰：「晉之從政者新，子姑受功歸，吾視諸故府。」定公元年，當民國紀元前二四二〇年。蔡衛爭先，衛子魚曰：「晉文公爲踐土之盟，衛……猶先蔡，其載書云：『王若曰：晉重、魯申、衛武、蔡甲午、鄭捷、齊潘、宋王臣、莒期。』藏在周府，可覆視也。」定公四年。杜洩反對不以卿禮葬叔孫，曰：「書在公府而弗以，是廢三官也。」（昭公四年。）魯昭公「二年春，晉侯使韓宣子來聘，……觀書於大史氏，見易象與魯春秋，曰『周禮盡在是矣。吾乃今知周公之德與周之所以王也。』」（當民元前二四五二年。）據此，則周與晉魯皆有藏書之府，且有大史氏「貳而藏之。」（周禮）（三）魯哀公「三年夏五月辛卯，司鐸火，火踰公宮，桓僖災，救火者皆曰『顧府。』南宮敬叔至，命周人出御書，……子服景伯至，命宰人出禮書，……季桓子至，……命藏象魏，曰：『舊章不可亡也。』」（亦見左氏。）象魏為公布於府外之法令，御書、禮書為深藏於府內之典籍；觀三大夫之權衡輕重，各有所取，則平日庋藏，原已分類，可想而知。

（四）國語述申叔時對楚莊王貢獻教育太子之意見曰：「教之春秋，而為之聳善而抑惡焉，以戒勸其心。教之世，（國語魯語上「工史書世」，謂先王之世繫也，如世本。）以休懼其動。教之詩，而為之導廣顯德，以耀明其志。教之禮，使知上下之則。教之樂，以疏其穢而鎮其浮。教之令，（謂先王之官法時令也。或即如楚之令典一類。）使訪物官。教之語，（或即國語之類。禮記樂記嘗引牧野之語。）使明其德而知先王之務用明德於民也。教之故志，使知廢興者而戒懼焉。教之訓典，使知族類，行比義焉。」（見楚語上。其時約在民國紀元前二千五百餘年。）是九者，固當時習見日用之典籍之一部分，欲取以為教科書者，較諸後世所尊之六藝——六經，少易、書（但故志或即書。左氏公羊之書字，穀梁皆作志。）而多世、令、語、故志、訓典。夫以開化未久之楚國已有如此繁多之典籍，則中原各國，藏書決不限於區區六經，亦可恍然矣。（五）左氏又述楚之左史猗相「是能讀三墳、五典、八索、九丘。」（昭公十二年，當民元前二四四一年，孔丘已二十二歲。）正義引孔安國尚書序、及賈逵、張平子、馬融之異說，然「此諸家各以意言，無正驗」，杜預已不信之，故注云：「皆古書名」。（亦正義語。）著者則以為既有數字，必非書名而為類名，如後世之合稱易、書、詩、禮、樂、春秋為六藝、諸子為九流之例。倘此說不謬，則三墳、五典、八索、九丘即為楚府藏書之分類名稱。觀乎楚靈王盛誇猗相之時，子革則稱其不知祭公謀父祈招之詩；足見詩為書目，包括在墳典索丘之某一類內。觀乎周禮「大宰之職掌建邦之六典，一曰治典，二曰教典，三曰禮典，四曰政典，五曰刑典，六曰事典」。（天官冢宰。）禮記「大宰、大宗、大史、大祝、大士、大卜，典司六典。」（曲禮下。）今文尚書有所謂「慎徽五典，五典克從，」（舜典）「天敍有典，勑我五典五惇哉。」（皋陶謨。）則古代確有所謂五典六典者，宜其可為藏書之類名。三墳、八索、九丘之義，雖難索解，當亦可據五典以推定之。此誠一最有趣味之問題也。

（5）孔丘以前有何典籍乎？　二千年來，中國學術受漢武帝表章六藝之影響，抱殘守缺，進步極緩，有識者痛心焉。時至科學飛躍之今日，猶有人提倡讀經，而不知所謂五經者乃上古典籍千百中偶存之一二也。請先考出孔丘以前周魯府藏有何典籍，然後辨明孔丘與六藝——五經有何關係。讀現存古籍，猶知上古最多者爲史官所書之「書」。書字原係動詞，頌鼎作□，頌敦作□，象以手秉筆，ㄩ象竹簡，中間各畫象刻簡作字之形，小點則其殘屑也。作書爲史官之專技，故史字甲骨文作□（殷虛書契前編卷五頁三十九。）史彝作□，史燕彝作□，吳彝作□，師酉敦作□□，向來考釋字義者所見多誤，著者於六年前授中國史學史於國立暨南大學，即謂史字之丨甚長而貫穿手心，必爲刻字之刀筆；ㄩ則一般已承認爲簡形；以手執簡秉筆，確爲史官之專門職業。試求證據於古籍，則「史載筆，」見於禮記曲禮上；董安于多「之少也，進秉筆，贊爲名命，稱於前世，立義於諸侯，」見於國語晉語九。「南史氏聞大史盡死，執簡以往，」見於左氏襄公二十五年；「史由君右，執策命之，」見於禮記祭統；「大史典禮，執簡記，」見於禮記王制。「史爲書，」見於左氏襄公十四年；「史不絕書，」見於仝上二十九年；「史不失書，」見於國語楚語上；「君舉必書，」見於左氏莊公二十三年及國語魯語上。「史獻書，」見於國語周語上；「史掌官書以贊治，」見於周禮天官冢宰。綜合上述諸義，比較□□之形，則史爲秉筆執簡之人，書爲史官秉筆刻簡之狀，當可瞭然。祗因上古作書，平常則刻於竹簡木版，卜筮則刻於龜甲獸骨，欲傳久遠則「鏤於金石，琢於盤盂，」墨子兼愛下。皆非常人所能勝任，故史官乃成專技。禮記王制所謂「凡執技以事上者，祝、史、射、御、醫、卜及百工。凡執技以事上者，不貳事，不移官，出鄉不與士齒。」司馬遷與任少卿書所謂「文史星歷，近乎卜祝之間，固主上所戲弄，倡優所畜，流俗之所輕也。」皆足證史猶現代之書記員，故各種衙門皆有之。如禮記內則之州史、閭史，儀禮既夕禮之主人之史、公史，皆足證周禮有史數百人之並非虛設。惟大史所書者爲國家之大事，故其書卽以「書」爲名而冠以國號。各種史官之分職，著者別有史學史以詳述之，此不贅陳。

上古史書之名稱見引於現存古籍者，如虞書、見左氏文公十八年。夏書、左氏僖二十四，二十七，成十六，襄五，十四，二十一，二十三，二十六，昭十四，十七，哀六，十八年。墨子七患，明鬼上。商書、左氏文五，成六，襄三。殷書、墨子七患。周書、左氏僖五，宣六，成二，襄三十一，昭八。墨子七患。鄭書、左氏襄三十，昭二十八。楚書、禮記大學。皆是類也。其書皆史官隨時所記，文體散漫，各篇獨立，無嚴密之結構。亦有散出單行者，如距年、呂刑、泰誓、湯誓、仲虺、禹誓、官刑、湯說、武觀、並見墨子。盤庚、國語。尹吉、高宗、禮記。大戰、揜誥、多政、尚書大傳。大戊、史記伯禽、康誥等篇，皆是也。後來史官知識進步，以單篇獨立之「書」未能表現前後史事之關係，且文字繁蕪而不易省覽，故删節文字，編次年月，通記古事爲一篇。晉初出土之竹書紀年，「記夏以來至周幽王爲犬戎所滅，以事接之，三家分，仍述魏事至安釐王之二十二年。蓋魏國之史書。」見晉書卷五十一。漢司馬遷所讀之諜記，「黃帝以來皆有年數。」史記卷十三。又名春秋歷譜諜。史記卷十四。蓋此種體制由來頗遠，但至春秋時代始盛行於世，故今存之春秋斷始於魯隱公元年。當民元前二六三三年。而舊式之「書」則漸漸顯新陳代謝之態，故書之最後一篇秦誓截止於魯僖公三十三年。當民前二五三八年。迨魯昭公二年，韓宣子聘魯，「觀書於大史氏，」所見者惟「易象與魯春秋，」當然尚有其他。史官不記其嘗見魯書，則書之體制，已爲紀年式之春秋所代替，不爲一般所重矣。故晉「羊舌肹習於春秋，」國語晉語七。「孔子成春秋而亂臣賊子懼，」孟子滕文公下。墨子嘗引周之春秋，燕之春秋，宋之春秋，齊之春秋。明鬼上。及戰國時代，「捃摭春秋之文以著書」者，「不可勝紀。」不幸秦始皇「燒天下詩、書，諸侯史記尤甚，」「而史記獨藏周室，以故滅，」遂不爲後世所知。「獨有秦紀，文不載日月，其文略不具。」史記卷十五。

凡此所述皆春秋一體發展之迹，以見其名非今存春秋所可專有也。春秋時代，「諸侯之會，其德刑禮義，無國不記。」左氏僖七。宋華耦謂「君之先臣督得罪於宋殤公，名在諸侯之策。」左氏文十五。衛寧殖謂其子曰：「吾得罪於君，悔而無及也，名藏在諸侯之策，曰：『孫林父、寗殖出其君。』君入則掩之。」左氏襄二十。今存春秋襄十四。書「衛侯出奔齊，」果無「孫林父、寗殖出其君」之字樣，則以後寗殖之子遵父遺命而迎「衛侯復歸於衛，」（襄二十六。）故春秋原殖之過而「掩」之也。齊大史書「崔杼弒其君，」（左氏襄二十五。）今存春秋亦書「齊崔杼弒其君光。」晉大史書「趙盾弒其君，」（左氏宣二。）今存春秋亦書「晉趙盾弒其君夷皋。」（公羊傳則晉史原文與此同。）且左氏稱人，多以謚字，而今存春秋則直稱姓氏，不稱謚字。故知春秋爲當年史官所書；今存春秋爲魯春秋之舊，縱使曾經孔丘之筆削，大體亦無甚歧異，惟繁簡各殊耳。除書與春秋之外，孔丘以前，可考知之書名亦復不少。事典、（左氏文六。）政典、（古文尚書胤征。）祀典、（禮記祭法。）訓典、（左氏文六楚語上。）命典、（左氏宣十二。）周公之典、（左氏哀十一。）皆以典名；禮書、（左氏哀三。）刑書、（今文尚書呂刑，左氏昭六。）丹書、（左氏襄二十三。）載書、（左氏十數見。）盟書、（周禮秋官。）命書、（左氏定四。）璽書、（左氏襄二十九。最後四者，皆普通名詞，非成冊之書。）皆以書名；軍志、（左氏僖二十八。）前志、（左氏文六。）周志、（左氏文二。）史佚之志、（左氏成四。）仲虺之志、（左氏襄三十。）志、（左氏昭三。）故志、（國語楚語上。）皆以志名；周文王之法、（左氏昭七。）太公之法、（國語晉語上。）皆以法名；商頌、（左氏襄二十六。）周頌、（墨子尚同。）周文公之頌、（國語周語。）皆以頌名；周詩、（左氏）周文公之詩、（周語）皆以詩名；（注意雅頌皆不稱詩。）此外復有夏訓、（左氏襄四。）周易、（左氏）周制、（周語）周禮、（左氏）周諺、（周語）大雅、（周語）牧野之語。（樂記）試遍查古籍，尙有出乎此文所舉者。一言以蔽之曰：春秋時代習見之典籍，決不僅僅限於詩、書、易、禮、樂、春秋所謂六藝也。

（6）然則孔丘與古代典籍有何關係乎？　曰：當與韓信、張良之「序次兵法，刪取要用，定著三十五家」之事相髣。蓋傳寫古籍嫌其繁多，故「述而不作，」與「信而好古，」（論語述而。）並行不悖也。孔丘之好古，可於論語徵之。一則曰：「殷因於夏禮，所損益，可知也。周因於殷禮，所損益，可知也。」（為政）再則曰：「夏禮，吾能言之，杞不足徵也。殷禮，吾能言之，宋不足徵也。文獻不足故也；足則吾能徵之矣。」（八佾）孔丘之前，已有羊舌肸（叔向）公孫僑（子產）能知「史莫之知」之事，故孔丘之「博學」並非空前。孔丘之前，已有「宋正考父校商之名頌十二篇於周大師，以那為首。」（國語）故孔丘之「序書傳」等事亦非初創。孔丘之前，已有申叔時主張教太子以春秋、世、詩、禮、樂、令、語、故志、訓典。故孔丘之以典籍為教科書，早有先例。左氏國語記時人對話，往往徵引詩、書之語，則詩、書之為通行讀物亦甚顯然。左氏引書，多稱「周書曰」「夏書曰，」獨於夏訓、康誥、太誓、伯禽則稱篇名，而太誓且係左氏本人所引。似周書夏書之類，原為整部大書，雖用絲編，而篇目不顯。史記孔子世家所稱「序書傳，……編次其事，」雖未必屬實；然既用以教弟子，則其刪取之篇，必顯其篇目，故左氏得而稱之耳。史記又稱「古者詩三千餘篇，及至孔子去其重，……關雎之亂，以為風始，鹿鳴為小雅始，文王為大雅始，清廟為頌始，三百五篇，孔子皆弦歌之，以求其合韶武雅頌之音。」觀乎論語有「詩三百，一言以蔽之，曰：思無邪。」為政「興於詩，立於禮，成於樂。」泰伯等語，則孔丘刪詩之說，諒近眞實。惟雅頌國風之分，每首各有名目，春秋已然，左氏不混稱為詩。孔丘或僅定其先後耳。今存詩序為後漢初衞宏所撰，見范曄後漢書儒林傳。決非孔丘之作，已屬無疑。書序亦可作如是觀，看新學僞經考。不可依隋書經籍志之說，便據以謂書序、詩序為目錄之祖也。至於周易，則向為卜筮之用，孔丘不過讀之「韋編三絕」而已，縱使有所解釋，繫辭亦已明白標出「子曰」，其序卦連續為文，乃經師說易之辭，亦非孔丘所作。儀禮則周禮之殘本，惟士喪禮出於孔丘。「恤由之喪，哀公使孺悲之孔子學士喪禮，士喪禮於是乎書。」明見於禮記雜記下。禮記為孔丘以後至漢代諸儒說禮之總集，混亂至不可釐別。周禮頗有適合事實者，當為漢人根據古籍，而發揮理想之政府組織法。樂經已亡，可不待論。所宜考者，惟春秋一書。自孟軻稱「孔子懼，作春秋」後，後世皆信之不疑。左氏則稱「春秋之稱微而顯，志而晦，婉而成章，盡而不汙，懲惡而勸善，非聖人誰能修之？」成十四年。公羊傳且舉出「不修春秋曰：『雨星不及地尺而復』，君子修之曰：『星霣如雨』。」莊七史記亦稱孔丘「為春秋，筆則筆，削則削，子夏之徒，不能贊一辭。」卷四十七。似孔丘對於魯之春秋確嘗下一番選擇、筆筆則。刪削削則。工夫。然公羊傳及左氏春秋所記「書」「不書」之理由，則未必全爲孔丘之原意，或係經師故神其事以誇炫世俗耳。關於五經與孔丘之關係，著者嘗於古書眞僞及其年代中詳辯之。茲不復贅。（此書筆記梁任公先生講辭而加以補充，因嘗略參同學筆記，故由三人具名附刊於飲冰室專集最後一冊。）要之，孔丘之功，爲用古代典籍以教弟子。其所用之教科書決不僅限於六藝，而六藝之書亦不僅限於今存殘本。蓋自經秦火後，眞相已不能盡知；與其過而尊之，不如付之闕疑。吾人考查目錄之淵源，固不能曲援孔丘爲其祖先也。今所殘留未問者：

（7）夏商亦有典籍與目錄否乎？　曰：有，有。今文尚書多士稱「惟殷先人，有冊有典。」晉文公時（當民元前二五四六年。）陽人猶「有夏商之嗣典，……樊仲之官守焉。」（見國語晉語四。）左氏、墨子皆嘗引夏書、殷書、或商書。竹書紀年記夏以來事。呂氏春秋述「夏太史令終古出其圖法而泣之，……乃出奔如商。……殷內史向摯見紂之愈亂迷惑也，於是載其圖法，出亡之周。」（先識覽。）據此推測，則夏商之有典籍，似無疑矣。若謂古書所載，不盡可信，則甲骨文亦有冊字，作冊[glyph]（見殷虛書契前編卷四頁三十七。）冊[glyph]（同上卷五頁十一。）冊[glyph]（同上）冊[glyph]（同上卷七頁十二。）冊[glyph]（同上頁三十九。）鐘鼎文亦有冊字，作冊[glyph]（見冊冊父乙觶。）冊[glyph]（見庚丙冊。）冊[glyph]（見冊卣。）冊[glyph]（見頌鼎。）冊[glyph]（見頌敦。）皆象以絲繩或皮革貫穿龜甲或簡牘爲一束之形，與現代插架之圖書無異。典字，甲骨文作𠔤（見殷虛書契前編卷四頁三十七。𠔤）同上卷七頁六。則象以兩手捧册之形，有典藏管理之義。册字後來通作策字。禮記所謂「文、武之政，布在方、策。」（中庸）儀禮所謂「百名以上書於策，不及百名書於方。」（聘禮）皆可見古代之方策、典册、典籍，卽後世所謂書籍也。自近代發現安陽小屯之殷虛甲骨文字後，益證殷代之典册已甚繁富。尤以最近中央研究院發掘之三十六坑，竟儲有整齊之全年甲骨卜辭，毫無殘缺，更足證明當時典藏已有法則矣。董作賓在新獲卜辭中又發現其表面之一甲尾尖有卌∧之文，稍上有孔，以爲卽「册六」二字，猶之卷六，其孔卽所以貫韋編册者。又發現他甲尾尖有𠬝∧或𠬝∧之文，以爲卽「編六」二字，義與「册六」正同。著者曩見庫方二氏甲骨文字一七四二號下端有88≡二字，88下殘缺，卽定爲絲字之闕文，絲三云者，卽第三栔之謂也。今閱董君此說，先得我心。參以册典二字之義，則知殷代大卜之官用完卜辭後，必將龜甲編穿成册，每册六甲，按月日之先後，捧而典藏之。大卜如此，則大史所書之簡牘亦必同樣編次典藏。特以簡牘成於竹木，朽腐極易，不似龜甲堅韌，歷劫不磨，故吾人今日所能見者，僅有殷人之卜辭而無殷人之史書耳。考目錄之淵源，至於斯而極矣。倘欲再有所發現乎？請待諸般虛以前遺物之發現。此非不可能之事，惟在吾人努力發掘耳。

以上述別錄、七略以前之典籍目錄竟。下文將詳究錄略之本身：

劉向等典校秘書之義例 自漢高帝武帝時對藏書作二番之整理後，「百年之間，書積如丘山。」—「外有太常、太史、博士之藏，內有延閣、廣內、祕室之府。」—全漢文卷四十一輯七略佚文。成帝河平三年漢書卷十。「以書頗散亡，使謁者陳農求遺書於天下。詔光祿大夫劉向校經傳、諸子、詩賦，步兵校尉任宏校兵書，太史令尹咸校數術，侍醫李柱國校方技。」漢書卷三十藝文志。茲從殘存敍錄鉤出其校書之義例如左：

（1）廣羅異本 管子敍錄：『臣向言：所校讎中管子書三百八十九篇，大中大夫卜圭書二十七篇，臣富參書四十一篇，射聲校尉立書十一篇，太史書九十六篇，凡中外書五百六十四篇，以校。』晏子敍錄：『臣向言：所校中書晏子十一篇，臣向謹與長社尉臣參校讎，太史書五篇，臣向書一篇，參書十三篇，凡中外三十篇，爲八百三十八章。』列子敍錄：『臣向言：所校中書列子五篇，臣向謹與長社尉臣參校讎，太常書三篇，太史書四篇，臣向書六篇，臣參書二篇，內外書凡二十篇，以校。』鄧析敍錄：『中鄧析書四篇，臣敍書一篇，凡中外書五篇，以相校。』申子敍錄：『今民間所有上下二篇，中書六篇，皆合。』讀此，因知向等校書之先，廣羅異本，以相校讎，不拘一家，擇善而從。

(2)互相補充，除去複重：異本既備，篇章必有彼此複重，或此無彼有，況古書皆簡書而絲編，絲斷則簡亂。故第二步之工作爲整理錯亂，除去複重，互相補充，定著篇章。例如戰國策敍錄：『臣向言所校中戰國策書，中書餘卷錯亂相糅莒，又有國別者八篇，少不足。臣向因國別者，略以時次之；分別不以序者以相補；除複重，得三十三篇。』管子敍錄：『凡中外書五百六十四篇，以校除複重四百八十四篇，定著八十六篇。』晏子敍錄：『凡中外書三十篇，爲八百三十八章，除複重二十二篇，六百三十八章，定著八篇，二百一十五章。外書無有三十六章，中書無有七十一章，中外皆有以相定。』孫卿敍錄：『臣向言所校讎中孫卿書，凡三百二十二篇，以相校，除複重二百九十篇，定著三十二篇，皆已定。』列子敍錄：『內外書凡二十篇，以校，除複重十二篇，定著八篇。中書多，外書少，章亂布在諸篇中。』鄧析書錄：『凡中外書五篇，以相校，除複重，爲一篇，皆未定。』此外，如易傳古五子、易傳淮南九師道訓，莫不除去複重。而易經則『臣向以中古文易經校施、孟、梁邱經，或脫去無咎、悔亡，唯費氏經與古文同。』此與戰國策書之互相補充者無異，蓋與除去重複同爲一時並重之工作也。

（3）條別篇章定著目次：　古書每篇獨立，不相聯繫，旣或無篇目，亦無一定之次序，故第三步之工作爲將不分類之零篇分類，各標以篇目，並編定其先後次序。例如說苑敍錄：『臣向言：所校中書說苑雜事，及臣向書、民間書，誣校讎，其事類衆多，章句相溷，或上下謬亂，難分別次序。除去與新序複重者，其餘淺薄不中義理，別集以爲百家後，以類相從，一一條別篇目，更以造新事十萬言以上，凡二十篇七百八十四章，號曰新苑，皆可觀。』說苑與新序、列女傳皆經向改造，『一一條別篇目』『種類相從』，猶可謂事所當然。然於其他各書，殆亦無不經過如此手續。例如禮經十七篇，定著士冠禮第一，至少牢下篇第十七。禮記二十三篇，定著樂本第一，至竇公第二十三。晏子八篇，定著內篇諫上第一，至外篇不合經術者第八。孫卿三十二篇，定著勸學篇第一，至賦篇第三十二。列子八卷，定著天瑞第一，至說符第八。其篇目次序，今猶可見。據此，並參戰國策敍錄推之，則凡古書有不分篇章，原無一定目次者，至向等始依類分篇，如標篇目，確定次序。又有原有篇章目次而不甚合理者，至向等始整理刪定，使有倫理，而免淩亂。此種化零爲整，分疆劃域之工作，實使流動不居，增減不常之古書，凝固爲一定之形態。

（4）讎校訛文脫簡，寫定正本：文選魏都賦注引別錄：『讎校，一人讀書，校其上下，得繆誤爲校。一人持本，一人讀書，（太平御覽引作讀析。）若怨家相對，故曰讎也。』上文已述易經『唯費氏經與古文書同』，『施、孟、梁丘經或脫去無咎悔亡。』而尚書『臣向以中古文校歐陽、大小夏侯三家經文，酒誥脫簡一，召誥脫簡二，率簡二十五字者，脫亦二十五字；簡二十二字者，脫亦二十二字。文字異者七百有餘，脫字數十。』此脫簡之由讎校發見得以補足之例也。尚書『古文，或誤以見爲典，以陶爲陰，如此類多。』戰國策『本字多誤脫爲半字，以趙爲肖，以齊爲立，如此字者多。』晏子『中書以夭爲芳，又爲備，先爲牛，章爲長，如此類者多。』列子『或字誤以盡爲進，以賢爲形，如此者衆。及在新書，有棧校讎，從中書，已定，皆以殺青，可繕寫。』此訛字之由讎校發見得以改正之例也。訛脫既已訂補，篇章目次又已編定，然後以『殺青，簡書，可繕寫，』以青絲或縹絲繩編之，而書本之形態成立矣。

（5）命定書名：中祕所藏策書，錯亂相糅莒，有無書名者，有性質相同而名稱雜出者，向等輒命以新書名。例如『中戰國策書，……本號或曰國策，或曰國事，或曰短長，或曰事語，或曰長書，或曰修書。臣向以爲戰國時游士輔所用之國，爲之筴謀，宜爲戰國策。』又如『劉向省新語而作新序，』

晉書陸喜傳。向又改造『所校中書說苑雜事，……號曰新苑。』列女傳亦然。昔雖有簡策，而無書名；至向等始定著而命以嘉號耳。

右列五項工作，雖略有先後，而皆爲讎校紛亂之古書所應有之事；在搜羅遺書之後，編定目錄之前，非經此項讎校工夫，則雖有書而不能取讀，欲編目而無從着手。蓋上古書籍，多以簡策書寫，簡重絲細，日久易散；而各篇單行，分合自由，非若後世之緊結固定。當劉向等校書之時，對彼實數雖僅一萬三千三百餘篇，而容量積如丘山之簡策，實痛感整理編定之不易。故父子世業，專家分工，歷二十餘年，始克寫定各書，編定目錄。由是言之：此五項工作，雖純屬校讎學之範圍，而實爲目錄學開天闢地時所不少之過程，亦即目錄學史所應大書特書者也。

劉向等寫定敍錄之義例　校讎工夫既畢，紛亂無序之簡策始固定爲有系統且有組織之書本，學者循序誦讀，得以瞭解書本之內容，尋繹著者之思想，因而溯沿學術之源流，推求事實之得失，至是而書本之功用始克表現，而校書之勞力始不爲枉費矣。然書本羅列，繽紛滿目，選擇既已絕難，尋取亦復不易。如是，則有書而無書之用，而目錄學不可不亟亟講求焉。故劉向等校書，「每一書已，向輒條其篇目，撮其指意，錄而奏之。」（漢志）其義例如左：

（1）著錄書名與篇目：　今存古籍，惟荀子（孫卿）。目錄尚保存劉向原編狀態，卷末列全書篇目，篇目各有第一第二字樣，然後接寫「撮其指意」之文章。

（2）敍述讎校之原委：　將版本之同異，篇數之多少，文字之訛謬，簡策之脫略，書名之異稱，舉凡一切有關讎校之原委，與校書人之姓名及上書之年月，無不備著於錄，使學者得悉一書寫定之經過。

（3）介紹著者之生平與思想：　例如雅琴趙氏敍錄介紹著者云：『趙氏者，勃海人趙定也。宣帝時，元康神爵間，丞相奏能鼓琴者，勃海趙定、梁國龍德；皆召入見溫室，使鼓琴待詔。定爲人尚清靜，少言語，善鼓琴，時閒燕爲散操，多爲之涕泣者。』有此一段，則學者知雅琴趙氏之著者爲一鼓琴專家，其書當甚有價值，爲治音樂者所宜參考也。又如晏子敍錄介紹著者云：『晏子名嬰，謚平仲，萊人。萊者，今東萊地也。晏子博聞強記，通於古今。事齊靈公、莊公、景公，以節儉力行，盡忠極諫，道齊國君得以行正，百姓得以附親。不用則退耕於野，用則必不詘義，不可脅以邪。白刃雖交胸，終不受崔杼之劫。

誅齊君，懸而至，順而刻。及使諸侯，莫能詘其辭。其博通如此。蓋次管仲，內能親親，外能厚賢。居相國之位，受萬鐘之祿，故親戚待其祿而衣食，五百餘家，處士待而舉火者亦甚衆。晏子衣苴布之衣，麋鹿之裘，駕敝車疲馬，盡以祿給親戚朋友，齊人以此重之。』似此綜述著者生平梗概，語簡而意賅。著者精神既能活躍於紙上，學者於其所著之書自有不得不看之勢。他如孫卿敍錄、管子敍錄之類，介紹著者，尤爲詳盡。餘書之敍錄雖多亡佚，然輯其佚文猶多介紹著者之辭，殆於無書不述著者矣。至於不知著者爲誰，則又有不知則闕疑之例，如於內業讕者、功議、儒家言、衛侯官、雜陰陽、燕十事、法家言、雜家言，皆云：『不知作者』；於宰氏、尹都尉、趙氏、王氏，皆云：『不知何世。』亦不強不知以爲知也。

（4）說明書名之含義，著書之原委，及書之性質： 例如易傳古五子敍錄：『分六十四卦，著之日辰，自甲子至於壬子，凡五子，故號曰五子。』易傳淮南道訓敍錄：『淮南王聘善爲易者九人，從之采獲，故中書署曰淮南九師書。』神輸敍錄：『神輸者，王道失則災害生，得則四海輸之祥瑞。』周書敍錄：『周時誥誓號令也，蓋孔子所論百篇之餘也。』世本敍錄：『古史官明于古事者之所記也。錄黃帝已來諸侯及卿大夫系謚名號，凡十五篇，與左氏合也。』戰國策敍錄：『臣向以爲戰國時游士輔所用之國，爲之筴謀，宜爲戰國策。其事繼春秋以後，迄楚漢之起，二百四十五年間之事，皆定。』似此將一書主旨扼要表出，使學者一望而知其書之性質，從而判別應讀與否，此項工作效率之偉大，實超過其他各項工作一倍。無其他各項工作，固不能使此事臻於完善；然使徒有其他各項而少此一着，是猶畫龍而不點睛也。

（5）辨別書之眞僞　古書失傳，往往有僞本冒替；後人著作，有時亦依託古人。向等校書，竟已先見及此。如神農敍錄：『疑李悝及商君所說。』不信爲上古神農之書。又如黃帝泰素敍錄：『或言韓諸公孫之所作也。言陰陽五行，以爲黃帝之道也，故曰泰素。』不信爲黃帝之書。周訓敍錄：『人間小書，其言俗薄，』不信爲周代之官書。又如晏子敍錄：『其書六篇，皆忠諫其君，文章可觀，義理可法，皆合六經之義。又有複重，文辭頗異，不敢遺失，復列以爲一篇。又有頗不合經術，似非晏子言，疑後世辨士所爲者，故亦不敢失，復以爲一篇。凡八篇。』同在一書之中，一部份與其他大部份之意旨或文辭有異，尙且別爲外篇，不與內篇相混，其愼審可謂極矣。乃至漢書藝文志所載辨僞之注，於封胡、風后、力牧、鬼容區諸書，皆云：『黃帝臣，依託也。』於伊尹說，則云：『其語淺薄，似依託也。』於鬻子說則云：『後世所加。』於師曠則云：『見春秋，其言淺薄，本與此同，似因託也。』於務成子則云：『稱堯問，非古語。』於天乙則云：『天乙謂湯，其言非殷時，皆依託也。』於黃帝說則云：『迂誕依託。』於大命則云：『傳言禹所作，其文似後世語。』於黃帝君臣則云：『起六國時，與老子相似也。』諸如此類，實皆向等校書敍錄之辭，漢志從而節取之，使學者洞悉各書之眞僞，不爲僞書所欺，其功大矣。

（6）評論思想或史事之是非：向等校書，非特介紹著者之思想與書之內容而已，對於思想之價值或其書所載之史事，輒加以主觀之批判。如戰國策敍錄，論『周自文、武始崇道德，隆禮義，……卒致之刑錯。……至秦孝公捐禮讓而貴戰爭，棄仁義而用詐譎，……湣然道德絕矣。……是以蘇秦、張儀、公孫衍、陳軫、代、厲之屬，一生從橫短長之說，左右傾側。……【卒致】天下大潰，【皆】詐僞之弊也。……夫使天下有可恥，故化可致也。苟以詐僞偷活取容，自上爲之，何以率下？秦之敗也，不亦宜乎？』此評論史事之例也。如孫卿敍錄謂：『唯孟軻、孫卿能尊尼仲。……如人君能用孫卿，庶幾于王。』賈誼敍錄謂『賈誼言三代與秦治亂之意，其論甚美，通達國體，雖古之伊、管，未能遠過也。使時見用，功化必大。』此評論思想之例也。至如列子敍錄分析各篇思想之異同而指出其矛盾，尤爲書評最佳之模範。略云：『列子者，鄭人也，與鄭繆公同時，蓋有道者也。其學本於黃帝、老子，號曰道家。道家者，秉要執本淸虛無爲；及其治身接物務崇不競，合於六經。而穆王湯問二篇迂誕恢詭非君子之言也。至於力命篇一推分命；揚子之篇唯貴放逸：二義乖背，不似一家之書。然各有所明，亦有可觀者。』

（7）敍述學術源流：荀悅漢紀稱『劉向典校經傳，考異集同。』因述『易始自魯商瞿、子木受於孔子。』以下云云，並與漢書儒林傳經典釋文敍錄相同，而與劉向所奏各書敍錄之文頗不相合。姚振宗斷爲別錄中輯略之文。殊不知別錄不必有輯略，而每書敍錄中固有此種敍述學術之語句。試以列子敍錄備述『其學本于黃帝、老子，號曰道家』之例推之，便知『易始自魯商瞿、子木受於孔子』一段文字必係『易揚氏二篇』之敍錄無疑。蓋欲論一家思想之是非，非推究其思想之淵源，比較其與各家思想之同異不可。舉凡漢紀所引，姚振宗所認爲別錄之輯略，例如『尚書本自濟南伏生，』『詩始自魯申公作古訓，』『禮始於魯高堂生傳士禮十八篇，』皆各書敍錄之原文也。

（8）判定書之價值：戰國策敍錄謂其書『皆高才秀士，度時君之所能行，出奇筴異智，轉危爲安，運亡爲存，亦可喜，皆可觀。』晏子敍錄謂『其【內篇】六篇可常置旁御觀。』孫卿敍錄謂『其書比於記傳，可以爲法。』管子敍錄謂『凡管子書務富國安民，道約言要，可以曉合經義。』此皆爲『錄而奏之』之辭，旨在對皇帝貢獻，故偏於政治。其結論雖未必全是，要之，此種判定一書價值之語，在敍錄中要不可缺。如其或缺，則於學者擇書殊少幫助也。

經此八項工作，合其所得爲一篇文章，是名『敍錄』，載在本書。書既有錄，學者可一覽而得其指歸，然後因錄以求書，因書而研究學術，無茫然不知所從之苦，無浪費精神之弊。而目錄之學亦已由校讎之學蛻化而形成一部份矣。

別錄與七略之體制不同　有校讎之功，然後一之書篇目定，形態成。有敍錄之作，然後一書之內容明，價值顯。此皆目錄學之前事；然其對象僅爲一書之本身而非羣書之總體；其所定著者爲每書之次序而不及羣書之次序；其所研究者爲著者思想之價值而不及學術源流之關係。且書籍既多，部別不分則尋求不易；學科既多，門類不明則研究爲難。故彙集各書之敍錄，依學術之歧異而分別部類，既可準其論次而安排書籍，以便尋檢，又可綜合研究而辨章學術，考求源流；此實爲校讎完畢，各書敘錄寫定後之必然趨勢。

然劉向校書之功，終身未畢；雖有分工合作之界域，而分類編目之書，殆未及爲。梁阮孝緒七錄序云：『昔劉向校書，輒爲一錄，論其指歸，辨其訛謬，隨竟奏上，皆載在本書。時又別集衆錄，謂之別錄；卽今之別錄是也。』所謂別錄者，不過將各書之敘錄另寫一份，集爲一書，謂之別錄而已。其書今雖不傳，然由七錄序『別集衆錄』一語推之，別錄必係各書敘錄之總集。而姚振宗乃云劉向『典校既未及竣事，則別錄亦無由成書。相傳二十卷，殆子駿奏進七略之時勒成之。其曰七略別錄者，謂七略之外別有此一錄也。』（別錄七略佚文。）殊不知七錄序已謂『時』又別集衆錄，顯係劉向等寫敘錄於各本書時，同時又別寫一份，集爲一書，隨時增益，卽隨時皆可謂爲已經成書；非至劉歆奏進七略時，始於七略之外，別著此書也。觀乎清代之輯校四庫全書，雖告成於乾隆四十七年，而至五十七年猶未校訂完畢。至於總目提要，則三十八年卽已進呈，撰述者且蒙優異之賞，全部告成，亦先於全書一年（十個足月。參看通紀篇。）而書成日成之後，校錄之功，猶未停止。（四庫全書上之提要有於乾隆五十一二年進呈者。）則知別錄之成書，不必待劉歆校畢之後。時人急於先睹爲快，早已隨時傳錄，流行於外矣。故七錄序所謂『別集衆錄』者，乃指於『載在本書』之『錄』外，『別』集合爲一書；非謂於『七略之外，別有此一錄』也。據此，則別錄乃係各書敍錄之『別』錄，非七略之『別』錄，可無疑矣。而隋志乃以『七略』二字加於『別錄』之上，蓋與稱太史公書爲史記，同屬習俗流傳之訛，不得據以爲辯也。禮記正義、儀禮疏、詩大雅疏、尙書疏、周禮疏、史記集解、史記索隱、兩漢書注，諸書並引『劉向別錄』，絕不加『七略』於其上，足證吾說之不誣。

然則七略何以名略歟？斯可引古義以明之。公羊傳隱公十年：『「六月壬戌，公敗宋師於菅；辛未，取郜；辛巳，取防。」取邑不日此何以日？一月而再取也。何言乎一月而再取？甚之也。內大惡諱；此其言甚之，何？春秋錄內而略外：於外大惡書，小惡不書；於內大惡諱，小惡書。』公羊傳之意，蓋謂春秋記國內之事較詳細而記國外之事則較簡單也。七略較簡，故名略；別錄較詳，故名錄。先有別錄而後有七略，七略乃摘取別錄以爲書，故別錄詳而七略略也。隋志著錄七略僅七卷，別錄則有二十卷之多，即其明證。

然則何以又謂七略爲分類之書而別錄則否歟？吾由漢書卷三十六所載劉歆『復領五經，卒父前業，乃集六藝羣書，種別爲七略』之「種別」二字而知之。蓋所謂種別者，卽依書之種類而分別之，明乎『時又別集衆錄，謂之別錄，』並未分類，至七略始分類編目也。七錄序載『會向亡，哀帝使歆嗣其前業，乃徙溫室中書於天祿閣上。歆遂總括羣篇，奏其七略。』隋志略同。溫室之中書何以須徙於天祿閣上？蓋溫室爲校讎之地，取便學者坐論，不便庋藏書籍。故校讎既畢，乃庋藏之於天祿閣也。書須插架，自不能雜亂無章，故稍依昔日向等分工合作之界域，再分爲若干種，卽類遂成七略而準以爲插架之次序。在未徙書天祿閣以前，縱使因校書人之分工而隱約分部，亦未編爲固定之目錄。故至劉歆然後『種別』爲七略也。漢志載『歆於是總羣書而奏其七略：故有輯略，有六藝略，有諸子略，有詩賦略，有兵書略，有數術略，有方技略。』而篇中所引，僅有六略而無輯略，故後人咸不知輯略之內容如何，而馬國翰、姚振宗等輯古佚文，皆謂別錄亦有輯略。著者既於上文略陳其謬矣。茲更從七錄序所謂『其一篇卽六篇之總最，故以輯略爲名』一語推之，因知輯略卽六略之總序及總目，並非分別敍述各科學術源流之文也。試取隋法經衆經目錄較之，書共七卷，前六卷爲各書目錄，

第七卷獨名衆經總錄，祇有總序一篇說明撰錄之緣起及分類之理由。序後則總錄部類名稱及各部類所收書籍之部數卷數，最後復有總合全錄之部卷數。再取隋費長房之開皇三寶錄觀之，其第十五卷亦惟錄上書表序及各種經錄之總目。隋時七略未亡，法經、費長房之書必有所取法。揆以劉向校書敍錄，每書必有篇目及敍錄之例，則七略於六略分別著錄各書目之外，亦必另有總目總序以總括六略，其體例蓋與法經、費長房同，故彼等得取以爲法也。別錄既不分類，且非有組織之書，書名又無略字，更何從有輯略乎？故知輯略爲七略所獨有，而區區一卷，原爲劉歆上書時之表序及六略之總目，故班固刪入漢書，絕無轉載之必要，因是而獨失傳也。

說者又謂漢志每類目錄後之小序即輯略之原文，由班固拆散轉錄者，是亦不確之論也。試取梁僧祐出三藏記集或唐道宣大唐內典錄與漢志參證，即知僧祐之例仿自七略與漢志，正出一系，漢志之小序實即七略原有之小序也。彼二書者，於每一類前，必有小序以說明此類之內容及此學之源流，然後列舉各家書之目錄。每列一家書目畢，必總計部卷之數，略述其人譯經本事。漢志則先列書目，再計卷數，然後於小序中兼述此類內容，此學源流，及各家要旨而略批評之。其間差異不能以髮。彼釋氏者方援劉向校書已見佛經以自重，（例如法經總序。其說實不可靠。）則別錄與七略之爲其所研習而模倣也，亦不足怪。（廣弘明集收及七錄，可以爲證。）故著者以謂漢志之與七略中之後六略，祇有簡繁之別，並無體例之歧。證據雖頗薄弱，幸而尚無有力之反證，姑備此說，以俟匡正。

上述諸說如能成立，則別錄、七略與漢志三者之關係可得而言：別錄者，劉向等校書，「論其指歸，辨其訛謬」之錄，別集而成者也。七略者，劉歆取別錄所載，「總括羣篇」「撮其指要」「種別」而成者也。漢志者，班固取七略，「刪其要」而成者也。班固對於七略，祇下「刪其要」之工夫，縱有差異，亦不過「出幾家入幾家」而已，自注甚明，別無增改也。故由漢志可以想見七略之原狀，由戰國策、孫卿書等書之敍錄可以想見別錄之原狀。明乎漢志之小序即七略之小序，輯略爲七略所有而別錄所無，則錄、略之別灼灼然矣。

劉歆分類編目之義例： 有此論定，然後可據漢志以測七略。七略分篇爲七，當較一卷之漢志爲詳。所詳何物？可據馬、姚諸家所輯佚文知之。蓋對於每一書皆有簡略之說明，性質同於別錄，惟較略耳。漢志既刪爲一篇，自不能保存其說明；故於毫無疑問，一般習知者，不復注釋。僅於不甚著名之撰人、同名、特異、或依託之書，加以極簡括之注，以免混淆。今請視漢志即七略之縮影，而推定劉歆等分類編目之義例如後：

（1）依學術之性質分類　先將書籍分爲六藝、諸子、詩賦、兵書、數術、方技六略。即類每大類復分爲若干種。即小類。即所謂「剖析條流，各有其部」之工作也。其略種系統如下：

六藝略分易、書、詩、禮、樂、春秋、論語、孝經、小學九種。

諸子略分儒、道、陰陽、法、名、墨、縱橫、雜、農、小說十種。

詩賦略分賦、屈原等。賦、陸賈等。賦、孫卿等。雜賦、歌詩五種。

兵書略分兵權謀、兵形勢、兵陰陽、兵技巧四種。

數術略分天文、曆數、五行、蓍龜、雜占、形法六種。

方技略分醫經、經方、房中、神仙四種。

（2）同類之書約略依時代之先後爲次：　例如雜家，雖知孔甲盤盂似非黃帝之史，亦必列於篇首。餘皆以次順列，最後始爲漢代之書。然其例並不純，例如道家中之鄭長者，以六國時人而列於漢武帝時人之後。

(3)書少不能成一類者，附入性質相近之類：　例如春秋家之後，附錄國語二十一篇，新國語五十四篇，世本十五篇，戰國策三十三篇，奏事二十篇，楚漢春秋九篇，太史公百三十篇，馮商所續太史公七篇，太古以來年紀二篇，漢著記百九十卷，漢大年紀五篇。此等史書未必概爲春秋家學，亦非皆爲編年體裁。蓋以秦火之後，諸侯史記多掃地以盡，向歆校書時，史書甚少；因其性質近似春秋，故附列入春秋家之後耳。

(4)學術性質相同者，再依思想之派別，或體裁之歧異分類：　例如賦分三類，屈原等二十家爲一類，陸賈等二十一家爲一類，孫卿等二十五家又爲一類，此必三家思想不同，或體裁有異，故分歧爲三，以相同者爲一類也。此外又有雜賦、歌詩二類，亦皆以體裁不同而分類耳。

(5)一書可入二類者，互見於二類：　章學誠謂『七略於兵書權謀家有伊尹、太公、管子、荀卿子、（漢書作孫卿子。）鶡冠子、蘇子、蒯通、陸賈、淮南王九家之書，而儒家復有荀卿子、陸賈二家之書，道家復有伊尹、太公、管子、鶡冠子四家之書，縱橫家復有蘇子、蒯通二家之書，雜家復有淮南王一家之書。兵書技巧家有墨子，而墨家復有墨子之書。惜此外之重複互見者，不盡見於著錄，容有散逸失傳之文然卽此十家之一書兩載，則古人之申明流別，獨重家學，而不避重複著明矣。』又謂：『今覯劉略重複之書僅止十家，皆出兵書略，他部絕無其例，是則互注之法，劉氏具未能深究，僅因任宏而稍存其意耳。』（並見校讎通義。）七略是否原有此例，尙爲疑問。或因校讎者既非一人，無意中致有複見二類而不及刪正，亦未可知。（班固所以删去此十家，卽因其重複。）

（6）一書中有一篇可入他類者得裁篇別出：章學誠又謂『管子，道家之言也，劉歆裁其弟子職篇入小學。七十子所記百三十一篇，禮經所部也，劉歆裁其三朝記篇入論語。蓋古人著書，有採取成說，襲用故事者，（如弟子職必非管子自撰，月令必非呂不韋自撰，皆所謂採取成說也。）其所採之書別有本旨，或歷時已久，不知所出又或所著之篇，於全書之內自爲一類者，並得裁其篇章，補苴部次，別出門類，以辨著述源流。至其全書篇次具存，無所更易，隸於本類，亦自兩不相妨。蓋權於賓主重輕之間，知其無庸互見者，而始有裁篇別出之法耳。』七略是否原有此例，亦爲疑問。或在當時，弟子職原不在管子之內，三朝記原不在大戴禮之內，後來始倂爲一書耳。

（7）摘錄敍錄之綱要： 各書敍錄備述一切，已見上節；七略以略爲名，所以備覽者循目求書，自不能如別錄之總集衆錄。故各輯本所得及漢志所存，皆戔戔數語，不過注出作者之姓名、略歷、及書之內容梗概、著作年月而已。一望書名而知義者，則漢志並小注而無之。七略容或每書各有較詳細之說明，不似漢志之尤爲節略也。試舉佚文爲例。「馮商，陽陵人，治易，事五鹿充宗，後事劉向，能屬文，後與孟都同待詔，頗序列傳，未卒，會病死。」（漢志注及漢書張湯傳注引。）此對作者之說明也。「太公金版玉匱，雖近世之文，然多善者。」（文選王文憲集序注引。）此對書之內容之說明也。「甘泉賦，永始三年待詔臣雄上。」（文選甘泉賦注引。）此對著作年月之說明也。「孝武皇帝末，有人得泰誓於壁中者，獻之，與博士使讚說之，因傳以教，今泰誓是也。」此對於書之來歷之說明也。雖不能知其全豹如何，但旣較別錄爲略，而又有解題，則其解題必從別錄摘取綱要，並非有意見之不同也。

（8）有書目而無篇目： 別錄詳而七略略，除删節敍錄外，殆又略去篇目，否則不能縮二十卷爲七卷也。其書目當如漢志之式，首以書名爲綱，隨以篇數繫之，然後注解題於後爲目。詳細篇目及詳目敍錄則諉諸別錄與各書本身，七略不暇爲盡載矣。

（9）每種書目之後有小序，每略有總序：　六藝略諸種小序皆偏重敍述經師傳授。例如論語各家書目之後，先總計「凡論語十二家二百二十九篇」。次繫小序云：「論語者，孔子應答弟子時人，及弟子相與言而接聞於夫子之語也。當時弟子各有所記，夫子既卒，門人相與輯而論纂，故謂之論語。漢興，有齊、魯之說。傳齊論者，昌邑中尉王吉、少府宋畸、御史大夫貢禹、尚書令五鹿充宗、膠東庸生，唯王陽名家。傳魯論者，常山都尉龔奮、長信少府夏侯勝、丞相韋賢、魯扶卿、前將軍蕭望之、安昌侯張禹，皆名家，張氏最後而行於世。」漢志　諸子略諸小序則偏重於其思想之優劣，例如「儒家者流，蓋出於司徒之官，助人君，順陰陽，明教化者也。游文於六藝之中，留意於仁義之際，祖述堯、舜，憲章文、武，宗師仲尼，以重其言。於道爲最高。孔子曰：『如有所譽，其有所試。』唐、虞之隆，殷、周之盛，仲尼之業，已試之效者也。然惑者既失精微，而辟者又隨時抑揚，違離道本，苟以譁世取寵。後進循之，是以五經乖析，儒學寖衰，此辟儒之患。」亦見漢志。　詩賦略雖分五種，獨無小序，僅有總序一篇。兵書略之小序最簡，祇說明類名之意義，例如「權謀者，以正守國，以奇用兵，先計而後戰，兼形勢，包陰陽，用技巧者也。」數術、方技二略則近似諸子略，評隲是非而已，對於學術源流，學者傳授，不復說明。六略小序之內容參差如是。至於總序，則每略皆有一篇，其前亦有該略書目總計，例如「凡方技三十六家，八百六十八卷。」「方技者，皆生生之具，王官之一守也。大古有岐伯、俞拊，中世有扁鵲、秦和，蓋論病以及國，原診以知政。漢興有倉公，今其技術晻昧，故論其書以序方技爲四種。」此篇最略，餘六篇則多綜述古學而總評之。

統察七略之體制，殆完全相當於後世之四庫全書簡明目錄。其與別錄相同處爲皆有解題，異處爲獨有分類。分類之法，並不精密。諸子略以思想系統分，六藝略以古書對象分，詩賦略以體裁分，兵書略以作用分，數術略以職業分，方技略則兼採體裁作用，其標準已絕對不一，未能採用純粹之學術分類法。以致學術混沌不明，貽害千載。後世目錄之分類，無論正統派或別派，無不深受七略之影響，百變不離其宗。此固政治力量束縛思想自由有以致然，而七略之始作俑亦不能無過也。

分類篇

分類之原理　西洋目錄學家每謂分類爲人類之本能；實則積得豐富之經驗後，自然有鑒別之知識耳；謂爲本能，則未必也。荀子推究『名』之起源，由於『辨同異』。所謂『同則同之，異則異之』即分類之最大作用也。故荀子正名篇所論，可借以述分類之由來。其言曰：『異形離心交喻；異物名實互紐。貴賤不明，同異不別。如是則志必有不喻之患，而事必有困廢之禍。故知者爲之分別，制名以指實，上以明貴賤，下以辨同異。貴賤明，同異別。如是，則志無不喻之患，事無困廢之禍。此所爲有名也。然則何緣而以同異？：曰緣天官。凡同類同情者，其天官之意物也同，故比方之，疑似而通，是所以共其約名以相期也。形、體、色、理，以目異；聲音清濁，調竽奇聲，以耳異；甘、苦、鹹、淡、辛、酸、奇味，以口異；香、臭、芬、鬱、腥、臊、洒、酸、奇臭，以鼻異；疾、養、滄、熱、滑、鈹、輕、重，以形體異；說故喜、怒、哀、樂、愛、惡、欲，以心異。心有徵知，徵知則緣耳而知聲可也，緣目而知形可也。然而徵知必將待天官之當簿其類，然後可也。五官簿之而不知，心徵之而無說，則人莫不然，謂之不知。此所緣而以同異也。然後隨而命之：同則同之，異則異之。單足以喻則單，單不足以喻則兼，單與兼無所相避則共。雖共，不爲害矣。知異實者之異名也，故使異實者莫不異名也，不可亂也。猶使同實者莫不同名也。故萬物雖衆，有時而欲徧舉之，故謂之物。物也者，大共名也。推而共之，共則有共，至於無共然後止。有時而欲偏舉之，故謂之鳥獸。鳥獸也者，大別名也。推而別之，別則有別，至於無別然後止。名無固宜，約之以命，約定俗成，謂之宜；異於約，則謂之不宜。名無固實，約之以命實，約定俗成，謂之實名。名有固善，徑易而不拂，謂之善名。物有同狀而異所者，有異狀而同所者，可別也。狀同而爲異所者，雖可合，謂之二實。狀變而實無別而爲異者，謂之化。有化而無別，謂之一實。此事之所以稽實定數也。此制名之樞要也。後王之成名，不可不察也。』荀子此論，雖就命名而言，然分類之原理亦盡在其中矣。目錄之兩大要素曰分類，曰編目。有書目而不分類，未得盡目錄之用也。述分類篇：

類之字義　尚書有類字二。舜典「肆類于上帝，」注：「類謂攝位事類。」太甲「予小子不明于德，自底不類，」注「類，善也。」爾雅釋詁同。似古類字猶無種類之義。然若舍舊注而逕釋爲種類，亦未嘗不可。左傳「名有五，取於父爲類；」桓公六年。「非我族類，其心必異；」成公四年。類始訓種族。「史佚所謂『毋怙亂』者，謂是類也，」宣公十二年。類始訓區別。「非君也，不類，」莊公八年。類始訓近似。「喜怒以類者鮮，易者實多，」宣公十七年。「歌詩必類，齊高厚之詩不類，」襄公十六年。「事序不類；」昭公七年「聲亦如味，一氣，二體，三類，……以相成也；」昭公二十年。則合乎義例者曰類，不合者謂之不類。要皆由種類一義引申，毫無違悖。

事物之分類　分類之應用，始於事物，中於學術，終於圖書。堯之分命羲仲、羲叔、和仲、和叔，「定四時成歲，」見尚書堯典。依時分類之始也。舜之分命伯禹、棄、契、皋陶、垂、益、伯夷、夔、龍，各司庶績，見尚書舜典。依事分類之始也。洪範之分九疇：「初一曰五行，次二曰敬用五事，次三曰農用八政，次四曰協用五紀，次五曰建用皇極，次六曰乂用三德，次七曰明用稽疑，次八曰念用庶徵，次九曰嚮用五福，威用六極。」則事物性情，莫不區分類別矣。尚書各篇之著作年代，雖尚未能確定，然應用分類之法以辨別事物，則古已有之。易象稱「君子以族類辨物，」同人。繫辭稱「方以類聚，物以羣分，吉凶見矣。」「古者包犧氏之王天下也，仰則觀象于天，俯則觀法于地，觀鳥獸之文與地之宜，近取諸身，遠取諸物。於是始作八卦，以通神明之德，以類萬物之情。」「其稱名也小，其取類也大。」易之爲術，純乎依推類演繹之法以行之。蓋古之哲人積累多數經驗，區分事物，取其類似者比附之，如「水流溼，火就燥，雲從龍，風從虎，」（乾文言。）從而爲之說辭，以斷其凶吉。觀乎殷虛卜辭，已知應用此術，則推類之始固不僅殷周爲然矣。沿及戰國時代，則論學者亦無不善用此種推類論理之術。如孟子：「夫謂非其有而取之者盜也，充類至義之盡也。」（萬章上。）「故凡同類者，舉相似也；何獨於人而疑之？」（告子上。）「指不若人，則知惡之；心不若人，則不知惡：此之謂不知類也。」（告子上。）禮記：「萬物之理，各以類相動也；是故君子反情以和其志，比類以成其行。」（樂記；荀子樂論。）荀子尤善言類，且以類爲人事最高之標準。「以類行雜，以一行萬。」（王制）其論理之最要方法也。「財非其類以養其類，夫是之謂天養。順其類者謂之福，逆其類者謂之禍，夫是之謂天政。」（天論）其論政之最大策略也。「辨異而不過，推類而不悖，聽則合文，辨則盡故。」（大略）其論人之最高圭臬也。又稱「羣而無分則爭；救患除禍，則莫若明分使羣矣。」（富國）故其王制序官，分述大師、司空、治田、虞師、鄉師、工師、傴巫跛擊、治市、司寇、冢宰、辟公、天王之職事，責任瞭然，各有分異。撰周禮者因之，詳列天官冢宰、地官司徒、春官宗伯、夏官司馬、秋官司寇、冬官司空之官屬職責，纖悉周到，經緯秩然。自古分類序官，未有若斯嚴密者。其爲政治學家之理想制度原屬顯然，不待分辨。然從分類學史論之，事物分類至周禮而歎觀止矣！

學術之分類與思想之分類 學術之分類，蓋始於孔丘。論語於君子小人之分，辨之最晰。荀子哀公篇述孔子分人爲五儀：庸人、士、君子、賢人、聖人。又云：「子以四教：文、行、忠、信。」述而 爲學之法則「志於道，據於德，依於仁，游於藝」述而 思想之術則「毋意，毋必，毋固，毋我」子罕 其教育學與論理學條理之清晰，前所未見。而論語記者述其入室弟子，分爲四科：「德行：顏淵、閔子騫、冉伯牛、仲弓。言語：宰我、子貢。政事：冉有、季路。文學：子游、子夏。」先進 使孔門原已分科也，則允爲學術分類之祖矣。後此百家雲興，分類法遂應用及於思想方面。孟軻首稱「逃墨必歸於楊，逃楊必歸於儒」。孟子盡心下 莊子天下篇更分「百家之學」爲七派：(1)鄒魯之士，(2)墨翟、禽滑釐，及相里勤、苦獲、已齒、鄧陵子之屬，(3)宋鈃、尹文，(4)彭蒙、田駢、慎到，(5)關尹、老聃，(6)莊周，(7)惠施、桓團、公孫龍，並各述其要旨，評其得失。辨析微芒，最爲精到。論斷之公允，亦爲後世論學者所取法，固不僅於分類學史佔重要之地位而已。出乎其後者，若荀子之既分百家爲(1)它囂、魏牟，(2)陳仲、史鰌，(3)墨翟、宋鈃，(4)慎到、田駢，(5)惠施、鄧析，(6)子思、孟軻六派，非十二子。 又分儒家爲(1)子張氏，(2)子夏氏，(3)子游氏三支，非十二子。 復或分(1)

愼子，（2）老子，（3）墨子，（4）宋子，（天論）或分（1）墨子，（2）宋子，（3）愼子，（4）申子，（5）惠子，（6）莊子。（解蔽）互有異同，非出一手。而韓非子謂「世之顯學：儒墨也。」並述「儒分爲八，墨離爲三，」（顯學）則非特分別學派，更能條析支流，有近乎學術史之敍述矣。其他若尸子述墨子、孔子、皇子、田子、列子、料子之相非，（廣澤篇，汪繼培輯本。）呂氏春秋述老聃、孔子、墨翟、關尹子、列子、陳駢、陽生、孫臏、王廖、兒良之相非，（不二）雖無意爲思想家分類，亦足見當時百家之盛，分派之多。然皆以諸子姓名爲標號，除儒家外，未有獨起殊稱者。及漢武帝建元元封之間，乃有司馬談論六家之要旨，特命陰陽、儒、墨、名、法、道德之名。（見史記自敍漢書卷六二）先師梁任公先生稱之曰：「莊荀以下論列諸子，皆對一人或其學風相同之二三人以立言。其隱括一時代學術之全部而綜合分析之，用科學的分類法，釐爲若干派，而比較評騭，自司馬談始也。分類本屬至難之業，而學派之分類則難之又難。後起之學派對於其先焉者必有所受，而所受恆不限於一家。並時之學派，彼此交光互影，有其相異之部份，則亦必有其相同之部份。故欲嚴格的駁以論理，而簿其類使適當，爲事殆不可能也。談所分六家，雖不敢謂爲絕對的正當；然以此隱括先秦思想界之流別，大概可以包攝；而各家相互間之界域，亦頗分明。……談之提挈，洵能知類而舉要矣。」

見飲冰室合集文集第十八冊。後來劉歆撰諸子略，即以談所論六家爲主類而益以縱橫等家。由此可見學術思想之分類對於圖書之分類關係之密切矣。

圖書分類之始　上古人事簡單，書契繁難，故典册無多，分類之情形亦不能詳。史記稱「孔子之時，周室微而禮樂廢，詩書缺。追跡三代之禮，序書傳，上紀唐虞之際，下至秦繆，編次其事。故書傳、禮記自孔氏。古者詩三千餘篇，及至孔子，去其重，取可施於禮義，上采契、后稷，中述殷周之盛，至幽厲之缺。始於衽席，故曰關雎之亂以爲風始，鹿鳴爲小雅始，文王爲大雅始，清廟爲頌始。三百五篇，孔子皆弦歌之，以求合韶、武、雅、頌之音。禮樂自此可得而述，以備王道，成六藝。孔子晚而喜易序、彖、繫、象、說卦、文言，讀易韋編三絕。孔子以詩書禮樂教弟子，蓋三千焉。」「乃因史記作春秋，上至隱公，下訖哀公十四年，十二公，據魯親周，故殷運之三代，約其文辭而指博。」卷四十七。由此所言，則孔丘於古書中特采六藝以教弟子，於六藝之中，詩復分爲風、小雅、大雅、頌，易則分爲序、彖、繫、象、說卦、文言。彼其用意雖非爲古書分類，古書亦非六藝所可概括；然孔門之教科書固儼然分爲六門，謂爲圖書分類之始，未始不可。特詩、易內容之分早已習然；書傳、史記之作由來更久；凡此分類，皆未必爲孔丘所發明，乃當日一般之習慣耳。其後，孟軻稱「王者之迹熄而詩亡，詩亡然後春秋作。晉之乘，楚之檮杌，魯之春秋，一也。」—離婁下。合三種名義不同之書爲一類，其作用乃與今日分類編目之方法無殊。乃知當日管理圖書者之必自有其分類法也。及「秦撥去古文，焚滅詩書，故明堂石室，金匱玉版，圖籍散亂。於是漢興，蕭何次律令，韓信申軍法，張蒼爲章程，叔孫通定禮儀，則文學彬彬稍進，詩書往往間出矣。」—據史記卷百三十，漢書高帝紀則多「陸賈造新語」一項。由斯而言，則漢初已分圖籍爲律令、軍法、章程、禮儀四類，皆政府所日用之書也。迨後藏書益多，乃有劉向典校中祕書之事。詳見溯源篇。

七略之分類法

向等校書既畢，各有敍錄。向子「歆遂總括羣書，撮其旨要，」隋志「種別爲七略。」—據漢書卷三十六。後漢東觀藏書，「並依七略而爲書部，」隋志故其書雖失傳，而其分類猶保存於漢志。名雖爲七，實際僅分六部。漢志稱其「有輯略，有六藝略，有諸子略，有詩賦略，有兵書略，有術數略，有方技略。」雖列輯略於首，而原書則未必然也。顏師古注：「輯與集同，謂諸書之總要。」觀乎後世仿七略而作之佛教目錄，如法經衆經目錄七卷，前六卷爲分類目錄，最後一卷謂之衆經總錄；費長房開皇三寶錄十五卷，前十四卷爲帝年代錄，入藏目，最後一卷則僅列全書總目，上書表序及諸家目錄之總目。以彼證此，則輯略之爲七略總目也無疑。推其體製，殆卽漢志全文，包括書目、篇卷數、及每類小序。其首必有劉歆上七略表，而每書目下必無小注。（說詳溯源篇。）故七略之分類表，可由輯略之後身漢志而推定其系統如下：

六藝略——五常之道
- 易——「文王重易六爻作上下篇。孔氏爲之彖、象、繫辭、文言、序卦之屬。」
- 書——「書之所起遠矣，至孔子纂焉。上斷於堯，下訖於秦，凡百篇。」
- 詩——「孔子純取周詩，上采殷，下取魯，凡三百五篇。」
- 禮——「自孔子時而不具。漢興，魯高堂生傳士禮十七篇。」
- 樂——「周衰，樂尤微渺，以音律爲節，又爲鄭、衞所亂，故無遺法。」
- 春秋——「右史記事，事爲春秋。」仲尼與左丘明因魯史記所纂。
- 論語——「孔子應答弟子時人及弟子相與言而接聞於夫子之語也。」
- 孝經——「孔子爲曾子陳孝道也。」
- 小學——書契。

儒——「助人君，順陰陽，明教化者也。游文於六經之中，留意於仁義之際，祖述堯舜，憲章文武，宗師仲尼。」

諸子略——各引一端崇其所善
- 道——「秉要執本，清虛以自守，卑弱以自持，欲絕去禮學，兼棄仁義。」
- 陰陽——「敬順昊天，歷象日月星辰，敬授民時。牽於禁忌，泥於小數，舍人事而任鬼神。」
- 法——「信賞必罰，以輔禮制。專任刑法。」
- 名——「正名。」
- 墨——「貴儉，兼愛，上賢，右鬼，非命，上同。」
- 縱橫——「權事制宜。」
- 雜——「兼儒、墨，合名、法。」
- 農——「播百穀，勸耕桑，以足衣食。」
- 小說——「街談巷語，道聽塗說者之所造也。」

詩賦略
- 屈原等賦
- 陸賈等賦
- 孫卿等賦
- 雜賦
- 歌詩——「感於哀樂，緣事而發。」

兵書略——王官之武備

- 兵權謀——「以奇用兵，先計而後戰，兼形勢，包陰陽，用技巧者也。」
- 兵形勢——「雷動風舉，後發而先至，離合鄉背，變化無常，以輕疾制敵者也。」
- 陰陽——「順時而發，推刑德，隨計擊，因五勝，假鬼神而爲助者也。」
- 兵技巧——「習手足，便器械，積機關，以立攻守之勝者也。」

數術略——明堂羲和史卜之職

- 天文——「序二十八宿，步五星日月，以紀吉凶之象。」
- 歷譜——「序四時之位，正分至之節，會日月五星之辰，以考寒暑殺生之實。」
- 五行——「五常之刑氣也。」
- 蓍龜——「聖人之所用也。」
- 雜占——「紀百事之象，候善惡之徵。」
- 形法——「大舉九州之勢以立城郭室舍形人及六畜骨法之度數，器物之形容，以求其聲氣貴賤吉凶。」

方技略——生生之具

- 醫經——「原人血脈經絡骨髓陰陽表裏以起百病之本，死生之分，而用度箴石湯火所施，調百藥齊和之所宜。」
- 經方——「本草石之寒溫，量疾病之淺深，假藥味之滋，因氣感之宜，辨五苦六辛，致水火之齊，以通閉解結，反之於平。」

房中——「情性之極，至道之際。」
神仙——「所以保性命之眞而游求於其外者也。」

「大凡書六略三十八種。」其分類之標準不一：有聚傳習一部古典之書爲一類者，如易、書、詩、禮、樂、春秋、論語、孝經八種是也。有聚學派相同之書爲一類者，如儒、道、法、陰陽、諸子略。名、墨、縱橫、農八種是也。有聚研究一種專門學術之書爲一類者，如小學、兵權謀、兵形勢、陰陽、兵書略。兵技巧、天文、歷譜、五行、蓍龜、雜占、形法、醫經、經方、房中、神仙十五種是也。有聚文章體裁相同之書爲一類者，如雜、小說、屈原等賦、陸賈等賦、孫卿等賦、雜賦、歌詩七種是也。其法草創，前無所承，原無深義。如諸子略既有陰陽，兵書略又有陰陽，種名重複，亦所不嫌，一也。「陰陽家者流，」既「蓋出於羲和之官，」其「敬順昊天歷象日月星辰，敬授民時，」又與數術略之天文、歷譜無異；而「牽於禁忌，泥於小數，舍人事而任鬼神」，亦與數術略之五行、蓍龜、雜占無異。然分列於諸子略，獨不入數術略，雖曰虛理有殊於實藝，而強剖一家之學於絕遠之域，終屬不合分類之原則，二也。詩賦略分爲五種，而前三種概以一賦字爲標題，漫無區別。小序復稱「大儒孫卿及楚臣屈原離讒憂國，皆作賦以風，咸有惻隱古詩之義。」則孫屈二家作風如一，何緣而判爲二種。」其後宋玉、唐勒，漢興枚乘、司馬相如，下及揚子雲，競爲侈麗閎衍之詞，沒其風諭之義。」既與屈原不同，何緣獨置揚雄賦於陸賈賦之後而悉列其他數家於屈原賦一種中？除非不問作風之同異而惟體裁之同異是問，否則殊乖分類之義。三也。往往同一種中又復雜附絕不同類之書，如附國語、世本、戰國策、楚漢春秋、太史公、漢大年紀十二家之書於春秋，附帝王諸侯世譜、古來帝王年譜於歷譜。若謂史書甚少，不必獨立；則其他各種，每有六七家百餘卷即成一種者；而謂以十二家五百餘篇之史書反不能另立一種乎？若謂史書與春秋原爲一家之學，不應另列；則詩賦又何以自異於詩經？其不合理四也。乃至如形法兼收地理、相面、相刀、相六畜之書爲一種，其爲乖謬，尤不待言。五也。其他如管子既列道家，而其弟子職篇又入小學；七十子所記百三十一篇（即禮記。）既列禮經，而其三朝記又入論語；伊尹、太公、管子、鶡冠子重見於兵權謀及道家，蘇子、蒯通重見於兵權謀及縱橫家，淮南王重見於兵權謀及雜家，荀卿子、陸賈重見於兵權謀及儒家，墨子重見於兵技巧及墨子；此皆一時疏忽，偶未檢點。而後人必欲推尊其書，謂有別裁互見之例。（章學誠。）甚至有爲漢志代撰條例者，（孫德謙。）多見其「託古改制」耳，豈七略之原質哉？竊謂七略之功遠遜於別錄，而其分類律例亦無足重輕。後人譽之過其實，毀之非其罪，紛紛者皆多事也。其稍可稱者，惟視實用之方技、數術、兵書與空論之六藝、諸子、詩賦並重，略具公平之態度。然亦由於校書另有專官，非必劉歆有此公道耳。

類書與目錄學　著者認類書爲主題目錄之擴大。蓋分類之道，有時而窮。惟以事物爲主題，彙列參考資料於各主題之下，使學者一目瞭然，盡獲其所欲見之書。此其功用較分類目錄爲又進一步。倘删其繁文，僅存書目，即現代最進步之主題目錄也。而我國先哲於一千七百餘年前已創其例。魏志稱魏文帝命王象劉劭等集五經羣書，以類相從，作皇覽。注引世語稱其書撰集數載始成，「合四十餘部，部有數十篇，通合八百餘萬字。」是誠空前創作，極便來學。宜乎後世倣例踵成，屢見不鮮也。如唐太宗之輯文思類要，周則天帝之輯三教珠英，宋太宗之輯太平御覽，明成祖之輯永樂大典，清聖祖之輯古今圖書集成，量愈出而愈多，類愈分而愈精，乃至分部數百，編卷逾萬。雖內容之精有遜於現代大英百科全書，然創意之早，收書之富，實足誇耀世界。即在目錄學史上，苟能闢出偏仄之分類目錄樊籬，而遠矚高瞻，則此種接近主題目錄之類書，亟宜研究之，改良之，使與主題目錄相應，與分類目錄相助。則目錄學之範圍於以擴張，而其功用亦更加顯著矣。（重要類書之編纂，別見通紀篇，本篇不復述。）

五分法之偶現與四分法之代興　世之言目錄者輒喜以四部與七略對言，非崇四而抑七，即誇七而貶四。豈知七略固無七類，仿七略之七志、七錄、七林亦不拘泥於七略之部類？又豈知荀勗之四部不祇四部；荀勗李充之四部並無小類，不同於後世之四部；隋志之四部非荀李之後裔，乃七錄之嫡血乎？考四部之興，世人僅知晉祕書監荀勗因魏祕書郎鄭默中經，「更著新簿，分爲四部，總括羣書。一曰甲部，紀六藝及小學等書。二曰乙部，有古諸子家、近世子家、兵書、兵家、術數。三曰丙部，有史記、舊事、皇覽簿、雜事。四曰丁部，有詩賦、圖贊、汲冢書。」（隋志）而不知其更收有佛經也。廣弘明集引古今書最載「晉中經簿四部書一千八百八十五部，二萬九百三十五卷。其中十六卷佛經書簿少二卷，不詳所載多少。」其第三句語意不明，似此簿共十六卷，（七錄序謂「新簿雖分爲十有餘卷，而總以四部別之。」）缺少佛經書簿二卷，故不知佛經共若干部卷。然則晉中經簿於四部之外固另有佛經一部。若據費長房開皇三寶錄較之，則後漢末年迄三國僧俗譯經固有六百七十一部，九百一十卷之多，再加晉初十五年所譯，必已逾千卷。其能佔一部類於中經簿也固宜。則世之指荀勗爲始創四部之祖者，其猶屈其姆指而忘謂手指有四乎！況勗與張華「依劉向別錄，整理記籍，」明見晉書卷三十九。而後漢東觀及仁壽閣「並依七略而爲書部。」（隋志）魏鄭默所「始制」之中經，僅僅「考覈舊文，刪省浮穢」（晉書卷四十四。）而已。未必於七略之外，另創新分類也。勗雖「因默中經，更著新簿，」然亦不過因其所有之書，而未必因其分類之法。故有推草創四部之功於鄭默者，亦未免失之好立異說也。荀勗之中經簿所異於七略者有四大特點：其一爲倂兵書、術數於諸子，其二爲特設一部以藏史書及類書，其三即上述之另有佛經書簿，合四部而爲五。此外尚有一怪事，前違七略而後異隋志者，曰四部之內，不更分類。七錄序謂「荀勗因魏中經更著新簿，雖分爲十有餘卷，而總以四部別之。」推其語意，則每卷並無種類之名稱，決然無疑矣。其有不可解者三：一、兵書與兵家何異？二、皇覽何以與史記並列？三、汲冢書何以不入丙部而附於丁部？意者汲冢書出於編定目錄之後，爲插架方便計，故置於最後之空架耶？其餘二者，則不宜意度。然從隋志之所述，則此簿於四部之下固猶有小類之分。及東晉著作郎李充以祕閣僅有書三千餘卷，故「因荀勗舊簿四部之法，而換其乙丙之書，沒略衆篇之名，總以甲乙爲次。」（阮孝緒七錄序）小類既除，四部懸立。蓋荀勗之舊例也。而五經爲甲部，史記爲乙部，諸子爲丙部，詩賦爲丁部，」見文選王文憲集序注引臧榮緒晉書。隱然成為定例。「自時厥後，世相祖述。宋祕書監謝靈運、丞王儉、齊祕書丞王亮、監謝朏等並有新進更撰目錄。宋祕書殷淳撰大四部目。」七錄序。惟宋元嘉八年祕閣四部目錄，當即謝靈運所造者。另列佛經五十五帙，四百三十八卷。古今書最。猶存荀勗五分法之意。而梁天監四年文德殿正御四部及術數書目錄，古今書最。四部目錄為學士劉孝標所撰，隋志薄錄篇。「其術數之書，更為一部，使奉朝請祖暅撰其名。故梁有五部目錄。」隋志序。文德殿本獨立於祕閣之外，故不循李充之制，同時祕閣之書，雖少於文德，古今書最。而祕書監任昉「躬加部集，」隋志「手自讎校，由是篇目定焉。」梁書卷十四。祕書丞殷鈞遂撰為梁天監六年四部書目錄四卷。隋志歷陳及隋，祕閣皆沿四部之制。梁之東宮、陳之壽安殿、德教殿、隋之觀文殿，亦準依焉。推厥淵源，乃不得不以最荒蕪最疏略之荀勗李充為大宗。江海導源於蹄涔，固亦不足引以為恥耳。

七志與七錄　荀勗李充之陋，併小類亦復沒略。上述諸家，除殷淳大目多至四十卷，宋書卷四十九。應有更詳細之小類外，殆莫能背其四分之法規。嚴格而論，眞正之四分法，惟此兩晉南朝祕閣目錄允克當之。隋志以後，四庫以前之號稱四部者，皆不應納此範域。積弊相沿，顯而易見。世有哲人，能不憤恨？起而革命者遂有三家，宋之王儉，梁之阮孝緒，隋之許善心，其魁首也。任昉稱儉「采公曾荀勗之中經，刊宏度李充之四部，依劉歆七略，更撰七志。」文選王文憲集序。阮孝緒稱儉「依別錄之體，撰爲七志。」改六藝爲經典，次諸子，次詩賦爲文翰，次兵書爲軍書，次數術爲陰陽，次方技爲術藝。以向歆雖云七略，實有六條。故別立圖譜一志，以全七限。其外又條七略及兩漢藝文志中經簿所闕之書，并方外之經，佛經、道經，各爲一錄。雖繼七志之後，而不在其數。」七錄序。隋志稱「儉撰七志：一曰經典志，紀六藝、小學、史記、雜傳。二曰諸子志，紀古今諸子。三曰文翰志，紀詩賦。四曰軍書志，紀兵書。五曰陰陽志，紀陰陽圖緯。六曰術藝志，紀方技。七曰圖譜志，紀地域及圖書。其道佛附見，合九條。而又作九篇條例，編乎首卷之中。」其書成於宋後廢帝元徽元年八月，宋書卷九。有三十卷同上或四十卷南齊書卷二十三。之多。後經賀縱補注，增至七十卷。唐志隋志則作爲今書七志七十卷。篇帙之鉅，既遠倍別錄，近比殷淳。部類之精，則能盡七略之所長，善補七略之所闕。其新增圖譜一志，道佛二錄，允爲獨步古今，未見其偶。惟滲雜經史於一鑪，不如七錄之判別；而彼之散圖歸書，終不及此之重視圖譜，有裨實用也。況有九篇條例，對於分類之理論，定有發揮，惜乎失傳。雖隋志譏其「文義淺近，未爲典則」，然指陳類例者固未有前乎王儉者也。所可惜者：「其中朝遺書，收集稍廣；然所亡者，猶大半焉。」（七錄序）。及梁武帝「普通中，有處士阮孝緒，」（隋志）「頗好搜集。凡自宋齊以來，王公縉紳之館，苟能蓄集墳籍，必思致其名簿。凡在所遇，若見若聞，校之官目，多所遺漏。遂總集衆家，更爲新錄。其方內經史至於術技，合爲五錄，謂之內篇。方外佛道，各爲一錄，謂之外篇。凡爲錄有七，故名七錄。」（原序）收書多至六千二百八十八種，四萬四千五百二十卷，可謂空前鉅製矣。其分類系統尤極清明整齊之致。廣弘明集（卷三）保存其二篇七錄五十五部之分類表如下：

經典錄內篇一
- 易部
- 尚書部
- 詩部
- 禮部
- 樂部
- 春秋部
- 論語部

孝經部
小學部

紀傳錄內篇二

- 國史部
- 注曆部
- 舊事部
- 職官部
- 儀典部
- 法制部
- 僞史部
- 雜傳部
- 鬼神部
- 土地部
- 譜狀部
- 傳錄部

儒部

- 子兵錄內篇三
  - 道部
  - 陰陽部
  - 法部
  - 名部
  - 墨部
  - 縱橫部
  - 雜部
  - 農家部
  - 小說部
  - 兵家部
- 文集錄內篇四
  - 楚辭部
  - 別集部
  - 總集部
  - 雜文部
- 天文部

- 術技錄內篇五
  - 讖緯部
  - 曆算部
  - 五行部
  - 卜筮部
  - 雜占部
  - 刑法部
  - 醫經部
  - 經方部
  - 雜藝部

- 佛法錄外篇一
  - 戒律部
  - 禪定部
  - 智慧部
  - 疑似部
  - 論記部

仙道錄外篇二
- 經戒部
- 服餌部
- 房中部
- 符圖部

孝緒自述其分類定名之旨曰：『今所撰七錄，斟酌王劉。王以六藝之稱，不足標榜經目，改爲經典，今則從之。故序經典錄爲內篇第一。劉王並以衆史合於春秋，劉氏之世，史書甚寡，附見春秋，誠得其例。今衆家紀傳，倍於經典，猶從此志，實爲繁蕪。且七略詩賦，不從六藝詩部，蓋由其書既多，所以別爲一略。今依擬斯例，分出衆史，序紀傳錄爲內篇第二。諸子之稱，劉王並同。又劉有兵書略，王以兵字淺薄，軍言深廣，故改兵爲軍。竊謂古有兵革、兵戎、治兵、用兵之言，斯則武事之總名也，所以還改軍從兵。兵書既少，不足別錄，今附於子末，總以子兵爲稱。故序子兵錄爲內篇第三。王以詩賦之名，不兼餘制，故改爲文翰。竊以頃世文詞，總謂之集，變翰爲集，於名尤顯。故序文集錄爲內篇第四。王以數術之稱，有繁雜之嫌，故改爲陰陽；方技之言，事無典據，又改爲藝術。竊以陰陽偏有所繫，不如數術之該通；

術藝則濫六藝與數術，不逮方技之要顯；故還依劉氏，各守本名。但房中、神仙，既入仙道；醫經、經方，不足別創。故合術技之稱，以名一錄，爲內篇第五。王氏圖譜一志，劉略所無；劉數術中雖有歷譜，而與今譜有異。竊以圖畫之篇宜從所圖爲部，故隨其名題各附本錄；譜既注記之類，宜與史體相參，故載於紀傳之末。自斯已上，皆內篇也。釋氏之教實被中土，講說諷味方軌孔籍。王氏雖載於篇，而不在志限，卽理求事，未是所安。故序佛法錄爲外篇第一。仙道之書由來尚矣。劉氏神仙，陳於方技之末；王氏道經，書於七志之外。今合序仙道錄爲外篇第二。王則道而後佛，今則先佛而後道；蓋所宗有不同，亦由其教有淺深也。』（七錄序。）隋志論「其分部題目，頗有次序；割析辭義，淺薄不經。」而其實則隋志部類幾於全襲七錄，且其注中稱「梁有、今亡」者皆七錄所有。試一推究，則知隋志之分類法實近承七錄，遠接七略。而七錄在分類史中所佔之地位實爲一承先啓後之關鍵。經典錄之分九部與六藝略之分九種，子兵錄之前十部與諸子略之分十種，標名序次符合無殊，惟因兵書甚少，故合四種爲一部，附於子末，與七略不同。術技錄併數術、方技二略爲一，其天文、五行、雜占、刑法四部仍依數術略之原名。歷譜、蓍龜改爲曆算、卜筮，新增讖緯，固七略以後新興之學也。惟將方技略之房中、神仙二種提入仙道錄，僅存醫經、經方二部，又特增雜藝一部耳。此皆略錄之大同小異處。其所以保留技術一錄者，蓋有祖暅之術數書目錄爲藍本耳。至其迴異之點，一在改詩賦略爲文集錄，廢賦詩之種名，創分楚辭、別集、總集、雜文四部。二在創立紀傳錄，蔚然擴爲十二部，收書多至一千二十種，一萬四千八百八十八卷。（古今書最。）三在特立佛法、仙道二錄，收書多至二千八百三十五種，六千五百三十八卷。是誠七略所瞠乎其後，望塵莫及者。抑亦時代潮流使然，無所用其抑揚也。考荀勗已收佛經入中經簿，且提列史記、舊事爲四部之一，王儉並收道經、佛經而不在七志之限。孝緒仿意重編，既特錄紀傳，又騈列仙佛，挹荀王之長，補七略之短，又復細分部類，銓配適當，故能廣羅萬書，垂範百世。隋志仰承成例，稍加删併，竟爲後世四部目錄不祧之祖。較其異同：僅移緯讖入經部，改紀傳錄爲史部，删鬼神而增雜史，析注曆爲古史、起居注，併子兵、術技二錄爲子部，删雜藝，併卜筮、雜占、刑法入五行，合醫經、經方爲醫方，屏道經、佛經目錄於志外，僅錄其大綱。其所謂四部者，原爲空洞之外殼。試揭其內幕，則隋志之四十種原無以大異於七錄四十六部。（佛道九部除外。）然較之荀勗李充之僅以甲乙丙丁爲部次，不復再分種類者，則其詳略精粗既已迴殊，名義宗旨亦復不同。故著者以爲自荀勗經李充至梁陳之四部目錄，僅爲以甲乙丙丁部次書名之分類法，確可謂之單純四分法，（但荀勗、謝靈運、文德殿則應稱五分法，殷淳則不詳。）最多僅可認爲四部目錄之第一時期。與後世隋志以下迄四庫全書總目之四部絕對不同。隋志之四部，貌似荀李而質實劉阮，遠承七略之三十八種，近繼七錄之四十六部。嫡脈相傳，間世一現。治目錄學者絕不可謬認七略七錄之學已失傳而妄謂隋志爲荀李四部之血嗣也。七錄隋志之間，尚有隋祕書丞許善心於開皇十七年「倣七錄更制七林，各爲總敍冠於篇首，又於部錄之下，明作者之意，區分類例焉。」（隋書卷五十八。）隋志各部小序殆即摘錄善心七林之原文而成。然隋志簿錄篇竟不著錄其書。時代近接，應未遺佚，其猶漢志之不錄別錄與七略歟！

五代史志之經籍志　自荀勗以來，四部僅有甲乙丙丁之號，並無經史子集之名。吾友毛春翔君謂甲乙丙丁猶之ＡＢＣＤ，一二三四，乃分類之號碼，非分類之標題。其說實發古人所未發，殆合實情。著者則謂直至隋代，祕閣及及內殿藏書，仍依甲乙部次，未用經史類名。觀乎隋煬帝命將「祕閣之書，限寫五十副本，於東都觀文殿東西廂構屋以貯之，東屋藏甲乙，西屋藏丙丁。」（隋志序。）即可證吾說之不謬矣。及唐初祕書監魏徵、虞世南、顏師古等先後抄校四部書，（舊唐書卷百九十上。）「數年之間，祕府燦然畢備。」（唐會要卷三十五。）太宗貞觀十五年，乃詔于志寧、李淳風、韋安仁、李延壽同修五代史志，至高宗顯慶元年始成。合記梁、陳、北齊、周、隋之事，別自單行。其後始併入隋書，故通稱隋志。（本書所稱隋志僅指五代史志之經籍志。）其經籍志考見存之書，分爲四部四十種，「遠覽馬史、班書，近觀王、阮志錄，挹其風流體制，削其浮雜鄙俚，離其疏遠，合其近密，約文緒義，凡五十五篇，（按實際僅有四十篇，不知何故。）各列本條之下。」（原序）其各篇小序，摘錄於次：

易：『歸藏漢初已亡，案晉中經有之，唯載十巫石，似聖人之旨。以本卦尙存，故取貫於周易之首，以備殷易之缺。』（按歸藏是僞書。）

書：『又有尙書逸篇出於齊梁之間，考其篇目，似孔壁中書之殘缺者，故附尙書之末。』（按逸書是僞書。）

詩：（不錄）

禮：（不錄）

樂：『魏晉以後，雖加損益，去正轉遠，事在聲樂志。今錄其見書，以補樂章之闕。』（按此篇之書既非上古所傳，便不應入經部。）

春秋：不錄

孝經：不錄

論語：『論語者，孔子弟子所錄。……其孔叢、家語，並孔氏所傳，仲尼之旨。爾雅諸書，解古今之意。幷五經總義，附於此篇。』

緯讖：『然其文辭淺俗，顛倒舛謬，不類聖人之旨。相傳疑世人造爲之後，或者又加點竄，非其實錄。……今錄其見存，列于六經之下，以備異說。』按既非聖人之書，何以混列一部？

小學：『自後漢佛法行於中國，又得西域胡書，能以十四字貫一切音，文省而義廣，謂之婆羅門書，與八體六文之義殊別。今取以附體勢之下。又後魏初定中原，軍容號令，皆以夷語。後染華俗，多不能通，故錄其本言，相傳教習，謂之國語。今取以附音韻之末。又後漢鐫刻七經，著於石碑，皆蔡邕所書。魏正始中，又立一字石經，相承以爲七經正字。……其相承傳拓之本，猶在祕府，幷秦帝刻石，附於此篇，以備小學。』

以上爲經部：『班固列六藝爲九種，或以緯書解經合爲十種。』按實際則解經附於論語，並不與緯書合。

正史：『世有著述，皆擬班馬，以爲正史，作者尤廣。一代之史，至數十家。唯史記漢書師法相傳，並有解釋。……今依其世代，聚而編之，以備正史。』

古史：『紀年……蓋魏國之史記也，其著書皆編年相次，文意大似春秋經，諸所記事，多與春秋、左氏扶同。學者因之以爲春秋則古史記之正法，有所著述，多依春秋之體。今依其世代，編而敍之，以見作者之別，謂之古史。』

雜史：『戰國策……楚漢春秋……越絕……吳越春秋，其屬辭比事，皆不與春秋史記漢書相似，蓋率爾而作，非史策之正也。靈獻之世，天下大亂，史官失其常守。博達之士，愍其廢絕，各記聞見，以備遺亡。是後羣才景慕，作者甚衆。又自後漢已來，學者多鈔撮舊史，自爲一書，或起自人皇，或斷之近代，亦各其志，而體制不經。又有委巷之說，迂怪妄誕，眞虛莫測。然其大抵皆帝王之事，通人君子，必博采廣覽，以酌其要，故備而存之，謂之雜史。』按此篇最雜，幾不成類。

霸史：『自晉永嘉之亂，皇綱失馭，九州君長據有中原者甚衆，……而當時臣子亦各記錄。後魏克平諸國，據有嵩華，始命司徒崔浩博采舊聞，綴述國史。諸國記注，盡集祕閣。尒朱之亂，並皆散亡。今擧其見在，謂之霸史。』

起居注：『起居注者，錄紀人君言行動止之事。……今之存者，有漢獻帝及晉代已來起居注，皆近侍之臣所錄。晉時又得汲冢書，有穆天子傳，體制與今起居正同。……今依其先後，編而入之。其僞國起居，唯南燕一卷，不可別出，附之於此。』

舊事：『古者朝廷之政，發號施令，百司奉之，藏于官府，各脩其職，守而弗忘。……搢紳之士，撰而錄之，遂成篇卷。然亦隨代遺失。今據其見存，謂之舊事篇。』

職官：『漢末，王隆、應劭等以百官表不具，乃作漢官解詁、漢官儀等書，是後相因，正史表志，無復百僚在官之名矣。搢紳之徒，或取官曹名品之書，撰而錄之，別行於世。宋齊已後，其書益繁，而篇卷零疊，易爲亡散，又多瑣細，不足可紀，故刪其見存可觀者，編爲職官篇。』

儀注：『漢興，叔孫通定朝儀，武帝時始祀汾陰后土，成帝時初定南北之郊，節文漸具。後漢又使曹褒定漢儀，是後相承，世有制作。然猶以舊章殘缺，各遵所見，彼此紛爭，盈篇滿牘。而後世多故，事在通變，或一時之制，非長久之道。載筆之士，刪其大綱，編于史志。而或傷於淺近，或失於未達，不能盡其旨要。遺文餘事，亦多散亡。今聚其見存，以爲儀注篇。』

刑法：『刑法者，先王所以懲罪惡、齊不軌者也。……漢律久亡，故事駁議又多零失。今錄其見存可觀者，編爲刑法篇。』

雜傳：『操行高潔，不涉於世者，史記獨傳夷齊，漢書但述楊王孫之儔，其餘皆略而不記。又漢時阮倉作列仙圖，劉向典校經籍，始作列仙列士列女之傳，皆因其志尚，率爾而作，不在正史。後漢光武始詔南陽撰作風俗，故沛、三輔有耆舊、節士之序，魯、廬江有名德、先賢之讚。郡國之書，由是而作。魏文帝又作列異，以序鬼物奇怪之事。嵇康作高士傳，以敍聖賢之風。因其事類，相繼而作者甚衆，名目轉廣，而又雜以虛誕怪妄之說。推其本源，蓋亦史官之末事也。載筆之士，删採其要焉。魯沛三輔序贊並亡，後之作者亦多零失。今取其見存，部而類之，謂之雜傳。』按此篇實併括七錄紀傳錄之鬼神部。

地理：『劉向略言地域，丞相張禹使屬朱貢條記風俗，班固因之作地理志。其州國郡縣，山川夷險，時俗之異，經星之分，風氣所生，區域之廣，戶口之數，各有攸敍，與古禹貢周官所記相埒。是後……記注甚衆，今……錄……以備地理之記焉。』

譜系：『氏姓之書，其所由來遠矣。……今錄其見存者，以爲譜系篇。』

簿錄：『古者史官既司典籍，蓋有目錄以爲綱紀，體制堙滅，不可復知。孔子删書，別爲之序，各陳作者所由。韓、毛二詩，亦皆相類。漢時劉向別錄，劉歆七略，剖析條流，各有其部。推尋事跡，疑則古之制也。自是之後，不能辨其流別，但記書名而已。博覽之士，疾其渾漫，故王儉作七志，阮孝緒作七錄，並皆別行。大體雖準向歆，而遠不逮矣。其先代目錄，亦多散亡。今總其見存，編爲簿錄篇。』

以上爲史部：『夫史官者，必求博聞強識，疏通知遠之士，使居其位。百官衆職，咸所貳焉。是故前言往行，無不識也。天文地理，無不察也。人事之紀，無不達也。內掌八柄，以詔王治，外執六典，以逆官政。書美以彰善，紀惡以垂戒，範圍神化，昭明令德，窮聖人之至賾，詳一代之亹亹。……班固以史記附春秋，今開其事類，凡三十（名達按三十當爲十三之誤。）種，別爲史部。』

儒：『儒者，所以助人君明教化者也。』

道：『道者，蓋爲萬物之奧，聖人之至賾也。』

法：『法者，人君所以禁淫慝，齊不軌而輔於治者也。』

名：『名者，所以正百物，敍尊卑，列貴賤，各控名而責實，無相僭濫者也。』

墨：『墨者，強本節用之術也。』

縱橫：『縱橫者，所以明辯說，善辭令，以通上下之志者也。』

雜：『雜者，兼儒墨之道，通衆家之意，以見王者之化，無所不冠者也。』

農：『農者，所以播五穀，藝桑麻，以供衣食者也。』

小說：『小說者，街說巷語之說也。』

兵：『兵者，所以禁暴靜亂者也。』

天文：『天文者，所以察星辰之變而參與政者也。』

曆數：『曆數者，所以揆天道，察昏明，以定時日，以處百事，以辨三統，以知阨會吉隆終始，窮理盡性而至於命者也。』

五行：『五行者，金、木、水、火、土，五常之形氣者也。』

醫方：『醫方者，所以除疾疢，保性命之術者也。』

以上爲子部：『……漢書有諸子，子兵，數術，方技之略，今合而敍之，爲十四種，謂之子部。』

楚辭：『楚辭者，屈原之所作也。』

別集：『別集之名，蓋漢東京之所創也。自靈均已降，屬文之士衆矣，然其志尙不同，風流殊別。後之君子欲觀其體勢而見其心靈，故別聚焉，名之爲集。辭人景慕，並自記載，以成書部。年代遷徙，亦頗遺散。其高唱絕俗者，略皆具存。今依其先後，次之於此。』

總集：『總集者，以建安之後，辭賦轉繁，衆家之集，日以滋廣。晉代摯虞苦覽者之勞倦，於是採擿孔翠，芟剪繁蕪，自詩賦下，各爲條貫，合而編之，謂爲流別。是後又集總鈔，作者繼軌，屬辭之士，以爲覃奧而取則焉。今次其前後，幷解釋評論，總於此篇。』

以上爲集部：『文者所以明言也。……世有澆淳，時移治亂，方體遷變，邪正或殊。……古者陳詩觀風，斯亦所以關乎盛衰者也。班固有詩賦略，凡五種，今引而伸之，合爲三種，謂之集部。』

右爲隋志小序。自來一般目錄學家，對於隋志莫不推尊稱贊，認爲媲美漢志，垂裕四庫。故不憚煩而錄其要點於此。其分部爲四，自不免受有荀勗李充之暗示。然彼則但標甲、乙、丙、丁，此則明稱經、史、子、集。經名仿自七志，子名由於七略，集則七錄創稱史部則緣七錄之紀傳錄而簡括改易之耳。其先後次第，則李充定之，阮孝緒因之，隋志順受其成，了不足異，所可異者，則荀勗李充而後有部無種，「沒略衆篇之名，但以甲乙爲次」，至隋志乃釐爲四十種，依準七錄而整齊之。其種名之同異分合已見上文，足徵其親屬關係，無庸贅辭。今所當論次者，則隋志之分部分種是否合理是也。古今議者紛紜，文繁意雜，不復徵述，但抒鄙見，以醒眉目。

一曰經史子集四部之界畫並不謹嚴也：漢志六藝略於六藝之外，兼收論語孝經與小學。論語、孝經，孔門所述，無妨附屬。小學則人人習用之文字，有何關係而亦同略？隋志經部沿襲其謬，且更益與六藝背馳之僞書——緯讖。「夫經籍也者，機神之妙旨，聖哲之能事，所以經天地，緯陰陽，正紀綱，弘道德，顯仁足以利物，藏用足以獨善。」隋志既已自言之矣。彼緯讖者，既「文辭淺俗，顛倒舛謬，不類聖人之旨，相傳疑世人造爲之後，或者又加點竄，非其實錄。」（亦隋志原文。）何爲亦尊之而廁於經部乎？若謂經部專收上古之書，則緯讖既「起王莽好符命，光武以圖讖興」，樂經「及秦而頓滅」，乃錄魏晉已後之書以補其闕，是又自違其例也。史部之義，引見上文，大抵皆政治史與傳記、地理、簿錄之屬。而總集篇中，復有歷朝詔集，豈帝王之詔制尚不足以備史料乎？簿錄既以司於史官而入史部，則天文、歷數、五行「亦太史之職，」何爲而又別置子部？若謂天文等科爲專門，則地理亦專門之學也。若謂史部專記人事，天文等科乃屬技術，則雜傳篇中多鬼怪神仙之記，並非人事。若謂鬼神傳記亦有時間性，則職官、儀注、刑法之書皆係個別獨立於空間，並無系統之敍述。若謂職官等書皆政治產物，則經部之禮、樂豈非政治產物乎？無論用何標準以繩之，史部之範圍皆未能確定也。至於子部，則空談理論之諸子，（自儒至雜。）記載實用之技藝，（自兵至曆數及醫方。）充滿迷信之術數，（五行）摭拾異聞之小說，混同一部，眞所謂薰蕕同器，不倫不類矣。若謂子部皆專門之學，則樂章豈非專門之學？何爲獨入經部乎？此由一方欲拘守李充之四部，一方又須遵照七略七錄之小類，（略之種，錄之部。）故削足以就履，併方技、術數、兵書於諸子，致成此四不像耳。集部專載詩賦文辭，宜稍整齊；然既雜收詔集，又復外置小說及鬼神之記。未見其爲純屬文學也。他如經部之詩與集部之楚辭及詩集何殊？經部之尚書、春秋與史部之正史、古史何殊？經部之禮與史部之儀注何殊？經部之易與子部之五行何殊？此皆淺學所能識，而古目錄學家乃不之悟，恥矣！

二曰各篇小類之內容並不單純也：所貴乎部類者，以其大可包小也。四部之無一定界畫，猶可諉爲範圍太大，包攝非易。至於小類，則宜盡其所有，不遺親屬於外，亦不雜仇敵於內，庶幾合理。若隋志之小類，則誠莫明其妙也。經部各類比較單純，可無苛究。然雜經解於論語，亦復不倫。至如史部之雜史，則筆記體、紀傳體、編年體、實錄體、紀事本末體，乃至傳記、瑣記及史抄咸備，庬雜之弊，可謂極矣。雜傳則妄併七錄之鬼神部於一篇，以致虛實雜揉，人鬼莫辨。通史部而合論之，則其分類之標準，多至三種。正史爲紀傳表志混合體，古史爲編年體，起居注爲日記體，舊事爲記事體，雜傳爲列傳體，譜系爲譜牒體，此皆以體裁爲分類標準者也。霸史則以所述之對象爲偏霸之國，各種體裁均備。職官、儀注、刑法、地理、簿錄，則以所述之對象爲專門之事物，故從其性質而分類，亦不問其體裁也。夫惟以體裁爲標準，則人、鬼、神、仙可以同列雜傳，姓氏、錢、竹可以同列譜系，事之荒謬，有過於此者乎？既以體裁爲標準矣，又復有所謂雜史、霸史；致記事體之戰國策可以不列舊事，王劭之隋書可以不列正史，編年體之梁皇帝實錄及十六國春秋可以不列古史。執一則不通，兼兩則自紊其例。至於子部，則諸子以宗旨分，而猥以雜家爲龍蛇之菹，乃至佛家之目錄、傳記，及雜書類書皆入其中，妙不可言。技術諸篇，宜以對象性質而分類：然曆數則兼曆法、數學；五行則兼卜筮、雜占、相面、相馬、相地、游戲；醫方則兼生理、醫藥、房中術。其不單純，一望可知。集部則楚辭以一書而獨成一類，若書、詩然，殆以有後人音疏之故，否則同時同一作風之荀況宋玉二集何以又入別集類？而所謂別集者，凡一人所作之詩賦文辭，以集名者咸入焉。合若干之作爲一集者，則入總集類。嚴格論之，每一作家之詩文，既無一定之體裁，又無一定之對象，其文集既盡收其所作，則內容泛及一切學術與一切事物。其不能成爲純文學也必矣。然則所謂集者卽現代所謂總類也。既不能豆剖瓜分，則隨人結集亦宜。若夫總集則不然：有選集各家之詩者，有選集各家之某種文辭者，有專集樂府歌辭者，有專集連珠碑文者，甚至有單篇之賦焉，有專門之作焉，（如文心雕龍。）有漠不相關之女誡焉，有絕非文學之詔集焉，有表奏，有露布，復有啓事，隋志所載，五花八門，極淩亂滲雜之致。此豈總集？乃雜書耳。其實祇須稍一分析，則文學史學各有攸歸。而撰隋志者憚爬梳之煩苦，蹈七錄之覆轍，又復併雜文於總集，乖分類之義遠矣。

以上所論，雖指隋志以立言，實則上箴七略、七錄，下譏崇文總目、四庫總目。凡古人之失，後人不敢糾正，僅僅稍事增併而已。泥古不化，固我國學術之通弊，目錄學何能獨免？抑著者敢正告晚近自矜之目錄學家曰：君倘以七略爲「主賓」，四部爲「主體」乎？倘以七略與四部互競，四部興而七略沒乎？抑知隋志之四部非復李充之四部，隋志之四十種即由七略之三十八種、七錄之四十六部而來否？故明顯言之：李充之四部，單純之四分法也。隋志之四部，祗可謂之四十分法。隋志者，固七錄之子，七志之孫，而七略之曾孫也。請用算術演式表示七略、七錄及隋志之分類關係如下：

∵　七略：七錄＝（六藝略＋諸子略＋詩賦略＋兵書略＋術數略＋方技略）：（經典錄＋紀傳錄＋子兵錄〔諸子＋兵書〕＋文集錄＋術技錄〔術數＋方技〕＋佛法錄＋仙道錄）－（紀傳錄＋佛法錄＋仙道錄）

∵　七錄：隋志＝（經典錄＋紀傳錄＋子兵錄＋文集錄＋術技錄＋佛法錄＋仙道錄）：（經部＋史部＋子部〔子兵＋技術〕＋集部＋道經＋佛經）

∴　七略＝七錄　　七錄＝隋志

∴　七略＝隋志

正統派四部分類法之源流　自隋志採用七錄之分類法，删併爲四部四十種後，一千二三百年來，官簿私錄，十九沿襲，視爲天經地義，未敢推翻另創。故此項第二時期之四部分類法，(非第一時期之李充單純四部分類法。)實爲中國目錄學史之主要潮流，亦即分類史之正統派。試取歷代正史藝文志觀之，未有不用其法者。私家著錄，現存最古之晁公武郡齋讀書志、(簡稱晁志。)尤袤遂初堂書目、(簡稱尤目，見說郛。)陳振孫直齋書錄解題、(簡稱陳錄。)馬端臨文獻通考經籍志(簡稱馬志。)四家及爲明志藍本之黃虞稷千頃堂書目，亦莫不遵其矩範。明清以後，著錄益繁，較其部類，極少改革。偶有二三賢哲頗能闖出藩籬，自創新法，事具別章，茲不先述。謹將正統派四部分類表臚列於後，勘比異同，一目可盡。溯其淵源，始於七略，窮其宗裔，蔚爲四庫全書總目。攝述變化，可得而言：四部之稱，創自隋志，一成不變，無待煩辭。考其由來，則以經典稱錄，由於七錄。更泝其源，實發於七略之六藝略。紀傳脫離經典而獨立，亦爲七錄創格；而以史記舊事合類書雜事爲丙部，則荀勗晉中經簿已首創其例矣。七略受秦燒諸侯史記之影響，獨乏史書，未能成略，固不足責。子部最雜，幾經併合而成，實爲七略中諸子、兵書、術數、方技之複合體。一經七錄之複合爲子兵、技術，再變即成隋志之子部矣。文集之名，亦始見於七錄，推其宗祖，實即七略之詩賦略，不過加入散文耳。至於種類之分合，亦極微少。經部諸類，自易、書、詩、禮、樂、春秋、論語、孝經，至小學，凡九種，由七略確定後，絕未有能變革者。隋志所異，僅移七錄技術錄中之讖緯入經部，並附爾雅及五經總義於論語之後而已。讖緯入錄，後世惟古今書錄、（即舊唐書經籍志所本。）新唐書藝文志、（簡稱新唐志。）陳錄、馬志四家，餘悉屏除。小學則古今書錄析爲詁訓、小學，尤目析爲文字、音韻，四庫全書總目（簡稱四庫。）析爲訓詁、字書、韻書。論語則尤目附入孝經、孟子於其後，陳錄遂合稱論孟，明史藝文志（簡稱明志。）更創爲四書之稱。經解成類，創於古今書錄，明志改稱諸經，四庫定爲五經總義。自餘六藝，惟四庫析禮爲周禮、儀禮、禮記、三禮通義、通禮、雜禮書，陳錄獨缺樂，尤目獨聚合刻九經及善本各經爲經總類，此外則絕無歧異。經部之可言者盡於此矣。史部諸類則自七錄確定而後，變化亦尠。隋志改七錄之國史爲正史，諸志謹遵，無或違異。編年則首由新唐志創稱，其先則稱注曆或古史，而明志獨附之於正史之後。故事亦由新唐志，其先但稱舊事，而陳錄之典故不得與焉。職官獨無異名，惟四庫析之爲官制、官箴耳。儀注則七錄名儀典，陳錄名禮注。刑法則七錄名法制，陳錄名法令，餘志無異稱，而四庫獨倂二類爲政書一類，復析爲通制、典禮、邦計、軍政、法令、考工六屬。七錄之僞史，隋志改爲霸史，四庫改爲載記，餘錄各有依違。傳記則由新唐志以上皆稱雜傳，自隋志倂入七錄之鬼神後，或依或違，各從其意，惟四庫獨析爲聖賢、名人、總錄、雜錄、別錄五屬。地理始於隋志，七錄則名士地，四庫析至九屬之多。其目爲總志、都會郡縣、河渠、邊防、山川、古蹟、雜記、遊記、外紀，詳悉極矣。他如譜狀、譜系、譜牒、氏族、姓氏之異稱，簿錄、略錄、目錄之歧名，四庫更分經籍、金石二屬。原無深意，惟明志獨缺目錄，四庫獨缺譜牒，爲足怪耳。以上所述史部諸類，莫非七錄首創。至於七錄所無，後來漸增者，僅下文數類耳。章奏創於尤目，陳錄改爲奏議，原隸於集部，四庫始合爲一類，改入史部。歲時始於崇文總目，簡稱崇文。陳錄改爲時令，雜史始於隋志，惟宋志獨無。別史創於陳錄，惟宋志、四庫繼述。詔令亦創於陳錄，後錄莫不仿之。乃至隋志、古今書錄、新唐志、陳錄及馬志之起居注，有似崇文總目、晁志及尤目之實錄；晁志之史評，尤目之史學，有似馬志之史評、史鈔合一類。及宋志、明志之史鈔，而四庫始析爲史評、史鈔二類；而尤目獨多國史、本朝雜史、本朝故事、本朝雜傳四類，特別注重近代史書，在諸志中爲特異。此皆後錄之軼出七錄規範者也。子部則自七略分類以後，大體而論，反似有減無增。如諸子略之陰陽家，自隋志以下不復入錄，法、名、墨、縱橫四家明志概併入雜家，四庫則留法家而併其餘三家。兵書略之權謀、形勢、陰陽、技巧，自經七錄併爲兵家後，不復分析。但或名兵法、兵書耳。術數略之天文、歷譜二種，有併爲一類者，崇文，晁志，陳錄，四庫。有併入他類者。尤目五行、蓍

七略
- 輯略 I
- 六藝略 I：1 易　2 書　3 詩　4 禮　5 樂　6 春秋　7 論語　8 孝經　9 小學
- 諸子略 II：1 儒　2 道　3 陰陽　4 法　5 名　6 墨　7 縱橫　8 雜　9 農　10 小說
- 兵書略 V：1 兵權謀　2 兵形勢　3 兵陰陽　4 兵技巧
- 數術略 VI：1 天文　2 曆譜　3 五行　4 蓍龜　5 雜占　6 形法
- 方技略 VII：1 醫經　2 經方　3 房中　4 神仙
- 詩賦略 IV：1 賦(屈原等)　2 賦(陸賈等)　3 賦(孫卿等)　4 雜賦　5 歌詩

七錄
- 經典錄 I：1 易部　2 尚書部　3 詩部　4 禮部　5 樂部　6 春秋部　7 論語部　8 孝經部　9 小學部
- 記傳錄 II：1 國史部　2 注曆部　3 舊事部　4 職官部　5 儀典部　6 法制部　7 偽史部　8 雜傳部　9 鬼神部　10 土地部　11 譜狀部　12 簿錄部
- 子兵錄 III：1 儒部　2 道部　3 陰陽部　4 法部　5 名部　6 墨部　7 縱橫部　8 雜部　9 農部　10 小說部　11 兵家部
- 術技錄 V：1 天文部　2 讖緯部　3 曆算部　4 五行部　5 卜筮部　6 雜占部　7 形法部　8 醫經部　9 經方部
- 仙道錄 VII：1 經戒部　2 服餌部　3 房中部　4 符圖部
- 佛法錄 VI：1 戒律部　2 禪定部　3 智慧部　4 疑似部　5 論記部
- 文集錄 IV：1 楚辭部　2 別集部　3 總集部　4 雜文部

隋書經籍志
- 經部 I：1 易　2 書　3 詩　4 禮　5 樂　6 春秋　7 孝經　8 論語(爾雅附)　9 讖緯　10 小學
- 史部 II：1 正史　2 古史　3 雜史　4 霸史　5 起居注　6 舊事　7 職官　8 儀注　9 刑法　10 雜傳(鬼神附)　11 地理　12 譜系　13 簿錄
- 子部 III：1 儒　2 道　3 法　4 名　5 墨　6 縱橫　7 雜　8 農　9 小說　10 兵　11 天文　12 曆數　13 五行　14 醫方
- 集部 IV：1 楚辭　2 別集　3 總集
- 道經部 V：1 經戒　2 餌服　3 房中　4 符錄
- 佛經部 VI：1 經(大乘·小乘·雜經)　2 律(大乘·小乘·雜律)　3 論(大乘·小乘·雜論)　記

古今書錄(舊唐志同)
- 甲部經錄 I：1 易　2 書　3 詩　4 禮　5 樂　6 春秋　7 孝經　8 論語　9 圖緯　10 經解　11 詁訓　12 小學
- 乙部史錄 II：1 正史　2 古史　3 雜史　4 霸史　5 起居注　6 舊事　7 職官　8 儀注　9 刑法　10 雜傳　11 地理　12 譜系　13 略錄
- 丙部子錄 III：1 儒家　2 道家　3 法家　4 名家　5 墨家　6 縱橫家　7 雜家　8 農家　9 小說家　10 兵法　11 天文　12 曆數　13 五行　14 醫方
- 丁部集錄 IV：1 楚辭　2 別集　3 總集

新唐書藝文志
- 甲部經錄 I：1 易類　2 書類　3 詩類　4 禮類　5 樂類　6 春秋類　7 孝經類　8 論語類　9 讖緯類　10 經解類　11 小學類
- 乙部史錄 II：1 正史類　2 編年類　3 偽史類　4 雜史類　5 起居注類　6 故事類　7 職官類　8 雜傳記類　9 儀注類　10 刑法類　11 目錄類　12 譜牒類　13 地理類
- 丙部子錄 III：1 儒家類　2 道家類　3 法家類　4 名家類　5 墨家類　6 縱橫家類　7 雜家類　8 農家類　9 小說類　10 天文類　11 曆算類　12 兵書類　13 五行類　14 雜藝類　15 類書類　16 明堂經脈類　17 醫術類
- 丁部集錄 IV：1 楚辭類　2 別集類　3 總集類

崇文總目
- 經部 I：1 易類　2 書類　3 詩類　4 禮類　5 樂類　6 春秋類　7 孝經類　8 論語類　9 小學類(上下)
- 史部 II：1 正史類　2 編年類　3 實錄類　4 雜史類(上下)　5 偽史類　6 職官類　7 儀注類　8 刑法類　9 地理類　10 氏族類　11 歲時類　12 傳記類(上下)　13 目錄類
- 子部 III：1 儒家類　2 道家類　3 法家類　4 名家類　5 墨家類　6 縱橫家類　7 雜家類　8 農家類　9 小說類(上下)　10 兵書類　11 類書類(上下)　12 算術類　13 道書類(一～九)　14 醫書類　15 卜筮類　16 天文占書類　17 曆數類　18 五行類(上中下)　19 釋書類(上中下)　20 藝術類
- 集部 IV：1 總集類(上下)　2 別集類(一～七)　3 文史類

郡齋讀書志
- 經部 I：1 易　2 書　3 詩　4 禮　5 樂　6 春秋　7 孝經　8 論語　9 經解　10 小學
- 史部 II：1 正史　2 編年　3 實錄　4 雜史　5 偽史　6 史評　7 職官　8 儀注　9 刑法　10 地理　11 傳記　12 譜牒　13 目錄
- 子部 III：1 儒家　2 道家　3 法家　4 名家　5 墨家　6 縱橫家　7 雜家　8 農家　9 小說　10 天文曆數　11 兵家　12 類家　13 神仙　14 醫書　15 釋書　16 雜藝
- 集部 IV：1 楚辭　2 別集　3 總集

遂初堂書目
- 經部 I：1 經總類　2 周易類　3 尚書類　4 詩類　5 禮類　6 樂類　7 春秋類　8 論語類(孟子附)　9 小學類(文字·聲韻)
- 史部 II：1 正史類　2 編年類　3 雜史類　4 故事類　5 雜傳類　6 偽史類　7 國史類　8 本朝雜史　9 本朝故事　10 本朝雜傳　11 實錄類　12 職官類　13 儀注類　14 刑法類　15 姓氏類　16 史學類　17 目錄類　18 地理類
- IV：2 章奏類
- 子部 III：1 儒家類　2 雜家類　3 道家類　4 釋家類　5 農家類　3 小說類　6 兵書類　7 數術家類(天文·曆議·陰陽·五行·卜筮·形勢)　9 雜藝類　10 譜錄類　11 類書類　12 醫書類
- 集部 IV：1 別集類　3 總集類　4 文史類　6 樂曲類

直齋書錄解題
- 經部 I：1 易類　2 書類　3 詩類　4 禮類　5 春秋類　6 孝經類　7 論孟類　8 經解類　9 讖緯類　10 小學類
- 史部 II：1 正史類　2 別史類　3 編年類　4 起居注類　5 詔令類　6 偽史類　7 雜史類　8 典故類　9 職官類　10 禮注類　11 時令類　12 傳記類　13 法令類　14 譜牒類　15 目錄類　16 地理類
- IV：6 奏議類
- 子部 III：1 儒家類　2 道家類　3 法家類　4 名家類　5 墨家類　6 縱橫家類　7 農家類　8 雜家類　9 小說家類　10 神仙類　11 釋家類　12 兵書類　13 曆象類(天文·曆算)　14 陰陽家類　15 卜筮類　16 形法類　17 醫書類　18 音樂類　19 雜藝類　20 類書類
- 集部 IV：1 楚辭類　2 總集類　3 別集類　4 詩集類　5 歌詞類　7 文史類

文獻通考經籍考
- 總敘
- 經部 I：1 易　2 書　3 詩　4 禮　5 春秋　6 論語　7 孟子　8 孝經　9 經解　10 樂　11 儀注　12 諡法　13 讖緯　14 小學
- 史部 II：1 正史　2 編年　3 起居注　4 雜史　5 傳記　6 偽史霸史　7 史評史鈔　8 故事　9 職官　10 刑法　11 地理　12 時令　13 譜牒　14 目錄
- IV：6 章奏
- 子部 III：1 儒家　2 道家　3 法家　4 名家　5 墨家　6 縱橫家　7 農家　8 雜家　9 小說家　10 天文　11 曆算　12 五行　13 占筮　14 形法　15 兵書　16 醫家　17 神仙家　18 釋氏　19 類書　20 雜藝術
- 集部 IV：1 賦詩　2 別集　4 歌詞　6 總集　7 文史

宋史藝文志
- 經部 I：1 易類　2 書類　3 詩類　4 禮類　5 樂類　6 春秋類　7 孝經類　8 論語類　9 經解類　10 小學類
- 史部 II：1 正史類　2 編年類　3 別史類　4 史鈔類　5 故事類　6 職官類　7 傳記類　8 儀注類　9 刑法類　10 目錄類　11 譜牒類　12 地理類　13 霸史類
- 子部 III：1 儒家類　2 道家類(釋氏及神仙附)　3 法家類　4 名家類　5 墨家類　6 縱橫家類　7 農家類　8 雜家類　9 小說家類　10 天文類　11 五行類　12 蓍龜類　13 曆算類　14 兵書類　15 雜藝術類　16 類事類　17 醫書類
- 集部 IV：1 楚辭類　2 別集類　3 總集類　4 文史類

明史藝文志
- 經部 I：1 易類　2 書類　3 詩類　4 禮類　5 樂類　6 春秋類　7 孝經類　8 諸經類　9 四書類　10 小學類
- 史部 II：1 正史類(編年附)　2 雜史類　3 史鈔類　4 故事類　5 職官類　6 儀注類　7 刑法類　8 傳記類　9 地理類　10 譜牒類
- 子部 III：1 儒家類　2 雜家類　3 農家類　4 小說家類　5 兵書類　6 天文類　7 曆數類　8 五行類　9 藝術類(醫書附)　10 類書類　11 道家類　12 釋家類
- 集部 IV：1 別集類　2 總集類　3 文史類

四庫全書總目
- 經部 I：1 易類　2 書類　3 詩類　4 禮類(1 周禮　2 儀禮　3 禮記　4 三禮總義　5 通禮　6 雜禮書)　5 春秋類　6 孝經類　7 五經總義類　8 四書類　9 樂類　10 小學類(1 訓詁　2 字書　3 韻書)
- 史部 II：1 正史類　2 編年類　3 紀事本末類　4 別史類　5 雜史類　6 詔令奏議類(1 詔令　2 奏議)　7 傳記類　8 史鈔類　9 載記類　10 時令類　11 地理類　12 職官類　13 政書類(1 通制　2 典禮　3 邦計　4 軍政　5 法令　6 考工)　14 目錄類　15 史評類
- 子部 III：1 儒家類　2 兵家類　3 法家類　4 農家類　5 醫家類　6 天文算法類(1 推步　2 算書)　7 術數類(1 數學　2 占候　3 相宅相墓　4 占卜　5 命書相書　6 陰陽五行　7 雜技術)　8 藝術類　9 譜錄類　10 雜家類(1 雜學　2 雜考　3 雜說　4 雜品　5 雜纂　6 雜編)　11 類書類　12 小說家類　13 釋家類　14 道家類
- 集部 IV：1 楚辭類　2 別集類　3 總集類　4 詩文評類　5 詞曲類

龜、雜占、形法四種，有併爲五行一類者，（自隋志至新唐志及明志。）有併爲二三類者。（自崇文至宋志，惟四庫獨分析爲七屬。）方技略之醫經、醫方二種，則自隋志以下，多併爲醫方一類，（或名醫家、醫書，惟新唐志分二類。）房中則惟七錄獨有。神仙則惟鼂、陳、馬三家有之。（七錄另有仙道錄。）除此之外，如儒、道、雜、農、小說，則諸錄皆謹守不改。（惟四庫分雜家爲雜學、雜考、雜說、雜品、雜纂、雜編之屬，小說爲雜事、異聞、瑣語三屬。）其爲後錄所新增者，僅雜藝，（崇文改爲藝術，陳錄改爲雜藝術，四庫分爲書畫、琴譜、篆刻、雜技四屬。）創於七錄，類書創於新唐志，音樂創於陳錄，（仿自鄭氏樂書。）譜錄創於尤目，（四庫獨分爲器用、食譜、草木、鳥獸蟲魚四屬。）是寥寥者僅三類耳。集部諸類自七錄確定楚辭、別集、總集、雜文四部，隋志删去雜文以後，僅崇文總目增文史，（四庫改爲詩文評。）陳錄增詩集、詔令，尤目增章奏（四庫改入史部。）、樂曲（陳錄改爲歌詞，四庫改爲詞曲，又分爲詞集、歌選、詞話、詞譜、詞韻、南北曲之屬。）而已。楚辭以一書而成類，有似六藝，本不合理，故崇文、尤目、明志皆删併之。揆以詩詞文賦皆以單篇結集之例，則詔令、奏議之入集部也亦宜。雖然，談四部之義者，固不必過分深求也。

四部分類源流一覽表

右表上下左右各有關係：自上至下，則部類始末，此廢彼興，莫不明悉。循右而左，則某錄分類若干，總爲幾部，分合删併，觸目會心。讀是表者，當可瞭然於隋志、四庫爲七略、七錄之後裔，非復其仇敵矣。

隋志以前之專科目錄　正統派四部分類法之主流既如上述，遍求古錄，能軼出其牢籠，別創新意者，爲書極少。前乎隋志者，舍術數、文史、書畫、佛、道無聞焉。術數有祖暅撰錄，已見上文。自三國時，已有朱士行撰漢錄，詳名不知。爲佛經有錄之始。晉宋以降，作者數十家，及隋唐而蔚爲二三十卷之鉅帙，駸駸有與四部目錄抗衡之勢。迄今數隋唐以前之古錄，除漢志與隋志幸附漢書隋書而偶存之外，悉屬佛經目錄，可謂盛矣。本書以是特闢宗教目錄篇以詳述佛錄之偉蹟，而道錄亦附著焉。道經有專目，殆始於劉宋陸修靜之靈寶經目及同時之上清原統經目。故王儉七志、阮孝緒七錄皆特爲佛經、道經闢一錄焉。隋志始距道佛經目於四部之外，而猶錄其分類大綱，且敍其史蹟於小序中。開元錄遂絕對不收佛道之書，而另有毋煚撰開元內外經錄，與其古今書錄並行。崇文總目以下，有兼收道書、釋書於子部者，崇文有兼收神仙、釋氏於子部者，晁志、陳錄、馬志。有獨收釋氏而混道教即所謂神仙。於道家者，尤目、明志、四庫。有更併釋氏、神仙於道家者。宋志然皆偶爾摭拾少數經傳，聊備一格，未能盡舉大藏、道藏之所有。至如隋志雜家竟有佛教類書華林遍略、佛教目錄歷代三寶記、佛教傳記釋氏譜、高僧傳之屬，其爲荒謬，不究可知。姑敍彼二教經錄與正統派四部目錄之分合於此，以見正統派以外固尙有若干支流云爾。至於書畫目錄，則隋志以前，亦早已獨立於四部之外。考其淵源，起自劉宋。東晉王羲之、獻之父子號稱書聖，墨寶流傳，片楮千金。宋人虞龢首撰二王鎮書定目各六卷，又撰羊欣書目一卷，鍾張等書目一卷，見虞龢論書表。法書目錄六卷。見舊新唐志。同時有王情撰文字志，上卷敍古書三十六種，見張彥遠法書要錄及新舊唐志。想亦同一體裁。此書法目錄之始也。宋末，王儉七志首闢圖譜志，「紀地域及圖書，」內容不詳；然古所謂圖書實卽圖畫，圖畫之獨成一類，得佔目錄之一角，自此始矣。晉末，「桓玄性貪，好奇，天下法書名畫必使歸己。及玄篡逆，晉府眞跡，玄盡得之。」據張彥遠歷代名畫記。玄敗，劉裕先使臧喜入宮，載焉。王儉之所錄，殆卽據宋宮所有也。「南齊高帝又科其尤精者，錄古來名筆，不以遠近爲次，但以優劣爲差。自陸探微至范惟質四十二人爲四十二等，二十七帙，三百四十八卷。聽政之餘，旦夕披玩。」見何法盛中興書輯本。而郭若虛圖畫見聞志謂南齊高帝撰有名畫集，此集殆卽圖畫最初之目錄歟？梁武帝時，祕書丞殷鈞「又受詔料檢西省法書古迹，別爲品目。」見梁書卷二十七。貞觀公私畫史所謂太清目，殆卽是也。同時傅昭撰書法目錄，見寶泉述書賦注。陳祕閣亦有圖書法書目錄一卷。隋志隋大業初，於東都觀文殿東西廂構屋分藏正御四部書，「又聚魏已來古跡名畫，於殿後起二臺，東曰妙楷臺，藏古跡，西曰寶臺，藏古畫」。（隋志序。）其法書目錄多至六卷，較諸正御書目錄僅少三卷，（並見隋志簿錄篇。又雜家有寶臺四法藏目錄一百卷，亦「大業中撰」，不知內容爲大藏抑古畫。）書畫目錄之足與四部目錄分庭抗禮，於斯見之矣。隋人姚最撰法書錄，（見寶泉述書賦注。）唐人朱景玄撰書品目錄，（見百川書志。）竇蒙撰齊梁畫目錄。（見馬志。）以上各錄並已失傳傳世最古者，書目以褚遂良右軍書目，畫目以裴孝源貞觀公私畫史（史一作錄。）爲最，並撰於貞觀十三年前後，距今一千三百年矣。至於文史目錄，則新舊唐志載有楊松珍史目三卷，摯虞文章志四卷，宋明帝晉江左文章志二卷，沈約宋世文章志二卷，傅亮續文章志二卷，殆皆別錄文史書目或篇目之作，爲四部目錄所不能範圍者。又北魏祕書丞盧昶撰有甲乙新錄，（見魏書卷八十四。）北齊祕書監尉瑾校書亦僅限於五經諸史，（見北齊書卷四十五。）豈魏齊藏書不收子集，故目錄所載祇有經史歟？姑附其事於此。唐宋以來，專錄漸興；爰及近代，益多鉅著。別見專科目錄篇，此不先述。

隋志以後闖出四部牢籠之十幾種分類法　自隋志規定四部四十種之分類法後，乾封、開元、天寶、貞元、開成祕府幾經校理，其所著錄殆無不一準隋志。（參看通紀篇。）唐代私家，惟開元、天寶間，韋述藏書至二萬卷，兼有古今朝臣圖、歷代知名人畫，魏晉已來草隸眞跡數百卷；古碑、古器、藥方、格式、錢譜、璽譜之類、當代名公尺題,無不畢備。」見唐書卷一百二。收藏既不限於書籍,而廣及於書畫、金石等類,其必有特殊目錄,而非四部所能牢籠,殆可想見。此外不乏藏家,間有目錄,而久已失傳,莫測眞相。以管窺天,固不妨逕謂有唐一代除佛道另有專錄外,完全爲四部之世界,別無例外也。直至宋仁宗皇祐元年,吾人始知河南李淑撰有邯鄲書目十卷,又號圖書十志,見陳錄。經、史、子、集四部分類至五十七,見晁錄。其不恪遵隋志可知。「其外又有藝術志、道書志、書志、畫志,通爲八目。」見晁錄。則於四分之外,又創八分法。惜其類目失傳,否則以李淑之淵博高明,當可大有裨於分類學也。宋敏求之書目惜亦失傳。北宋之末,有董逌撰廣川藏書志,「及於諸子而止。」直齋書錄解題嘗仿其例,以時日、祿命、遁甲爲陰陽家類,足見其分類法亦有不同於四部目錄者。南宋初年,莆田鄭樵撰通志,其藝文略盡列古今目錄所收之書於一篇,分爲十二類,一百五十五小類,小類之下,更分二百八十四目,纖悉極矣!其經類雖全依隋志,而抽出禮、樂、及小學各爲一類,史類略同,諸子提出天文、五行、藝術、醫方及類書獨立,文類即集部之別名。對於各書個別之銓配,錯誤雖多,而對於四部四十類成法徹底破壞;對於小類節目之分析,不憚苛細:其膽量之鉅,識見之宏,實曠古一人。列其分類表於後:

經類第一

易——（分古易，石經，章句，傳，注，集注，義疏，論說，類例，譜，考正，數，圖，音，讖緯，擬易十六目。）

書——（分古文經，石經，章句，傳，注，集注，義疏，問難，義訓，小學，逸篇，圖，音，續書，讖緯，逸書十六目。）

詩——（分石經，故訓，傳，注，義疏，問辨，統說，譜，名物，圖，音，緯學十二目。）

春秋——（分經，五家傳注，三傳義疏，傳論，序，條例，圖，文辭，地理，世譜，卦繇，音，讖緯十三目。）

春秋外傳國語——（分注解，章句，非駁，音四目。）

孝經——（分古文，注解，義疏，音，廣義，讖緯六目。）

論語——（分古論語，正經，注解，章句，義疏，論難，辨正，名氏，音釋，讖緯，續語十一目。）

爾雅——（分注解，圖，義，音，廣雅，雜爾雅，釋言，釋名，方言九目。）

經解——（分經解，諡法二目。）

禮類第二

周官——（分傳注，義疏，論難，義類，音，圖六目。）

儀禮——（分石經，注，疏，音四目。）

喪服——（分傳注，集注，義疏，記要，問難，儀注，譜，圖，五服圖儀九目。）

禮記——（分大戴，小戴，義疏，書鈔，評論，名數，音義，中庸，讖緯九目。）

月令——（分古月令，續月令，時令，歲時，四目。）

會禮——（分論鈔，問難，三禮，禮圖，四目。）

- 儀注——（分禮義，吉禮，賓禮，軍禮，嘉禮，封禪，汾陰，諸祀儀注，陵廟制，家禮祭儀，東宮儀注，后儀，王國州縣儀注，會朝儀，耕籍儀，車服，書儀，國璽，十八目。）

通志藝文略

- 樂類第三——（分樂書，歌辭，題解，曲簿，聲調，鍾磬，管絃，舞，鼓吹，琴，讖緯，十一小類。）
- 小學類第四——（分小學，文字，音韻，音釋，古文，法書，蕃書，神書，八小類。）
- 史類第五
  - 正史——（分史記，漢，後漢，三國，晉，宋，齊，梁，陳，後魏，北齊，後周，隋，唐，通史，九目。）
  - 編年——（分古史，兩漢，魏，吳，晉，宋，齊，梁，陳，後魏，北齊，隋，唐，五代，運歷，紀錄，十五目。）
  - 霸史
  - 雜史——（分古雜史，兩漢，魏，晉，南北朝，隋，唐，五代，宋朝，九目。）
  - 起居注——（分起居注，實錄，會要，三目。）
  - 故事
  - 職官
  - 刑法——（分律，令，格，式，勅，總類，古制，專條，貢舉，斷獄，法守，十一目。）
  - 傳記——（分耆舊，高隱，孝友，忠烈，名士，交遊，列傳，家傳，列女，科第，名號，冥異，祥異，十三目。）
  - 地里——（分地里，都城，宮苑，郡邑，圖經，方物，川瀆，名山，洞府，朝聘，行役，蠻夷，十目。）
  - 譜系——（分帝系，皇族，總譜，韻譜，郡譜，家譜，六目。）
  - 食貨——（分貨寶，器用，豢養，種藝，茶，酒，六目。）

目錄——（分總目，家藏總目，文章目，經史目，四目。）

諸子類第六
儒術
道家——（分老子，莊子，諸子，陰符經，黃庭經，參同契，目錄，傳記，論書，經科儀，符籙，吐納，胎息，內視，道引，辟穀，內丹，外丹，金石藥，服餌，房中，修養，二十五目。）
釋家——（分傳記，塔寺，論議，詮述，章鈔，儀律，目錄，音義，頌贊，語錄，十目。）
法家
名家
墨家
縱橫家
雜家
農家
小說
兵家——（分兵書，軍律，營陣，兵陰陽，邊策，五目。）

天文類第七
天文——（分天象，天文總占，竺國天文，五星占，雜星占，日月占，風雲氣候占，寶氣，八目。）
歷數——（分正歷，歷術，七曜歷，雜星歷，刻漏，五目。）
筭術——（分竺國，筭法，二目。）

五行類第八：分易占，軌革，筮占，龜卜，射覆，占夢，雜占，風角，鳥情，逆刺，遁甲，太一，九宮，六壬，式經，陰陽，元慶，三命，行年，相法，相笏，相印，相字，堪餘，易圖，婚嫁，產乳，登壇，宅經，葬書三十小類。

藝術類第九：分射，騎，畫錄，畫圖，投壺，弈棊，博塞，象經，樗蒲，彈棊，打馬，雙陸，打毬，彩選，葉子格，雜戲格，十六類。

醫方類第十：分脈經，明堂，鍼灸，本草，本草音，本草圖，本草用藥，採藥，炮炙，方書，單方，胡方，寒食散，病源，五藏，傷寒，腳氣，嶺南方，雜病，瘡腫，眼藥，口齒，婦人，小兒，食經，香薰，粉澤二十六小類。

類書類第十一

文類第十二：楚辭，別集（再分時代），總集，詩總集，賦，贊頌，箴銘，碑碣，制誥，表章，啓事，四六，軍書，案判，刀筆，俳諧，奏議，論，策，書，文史，詩評二十二小類。

不特此也，鄭樵通志又特撰校讎略，披陳其對求書、校書、分類、編目之意見。其編次必謹類例論尤多古人未發之議。古來素少關於分類之討論，故其言有足觀者焉。

曰：『學之不專者，爲書之不明也。書之不明者，爲類例之不分也。有專門之書，則有專門之學；有專門之學，則有世守之能。人守其學，學守其書，書守其類，人有存沒而學不息，世有變故而書不亡。以今之書，校古之書，百無一存，其故何哉？士卒之亡者由部伍之法不明也；書籍之亡者由類例之法不分也。類例分則百家九流，各有條理，雖亡而不能亡也。巫醫之學，亦經存沒而學不息；釋老之書，亦經變故而書常存。觀漢之易書甚多今不傳，惟卜筮之易傳；法家之書亦多今不傳，惟釋老之書傳。彼異端之學，能全其書者，專之謂矣。』『十二野者，所以分天之綱；即十二野不可以明天。九州者，所以分地之紀；即九州不可以明地。七略者，所以分書之次；即七略不可以明書。欲明天者在於明推步，欲明地者在於明遠邇，欲明書者在於明類例。噫！類例不明，圖書失紀，有自來矣。臣於是總古今有無之書，爲之區別，凡十二類：經類第一，禮類第二，樂類第三，小學類第四，史類第五，諸子類第六，星數類第七，（但藝文略作天文類。）五行類第八，藝術類第九，醫方類第十，類書類第十一，文類第十二。……總十二類，百家，四百二十二種，朱紫分矣。散四百二十二種書，可以窮百家之學；斂百家之學，可以明十二類之所歸。』『易本一類也，以數不可合於圖，圖不可合於音，讖緯不可合於傳注，故分爲十六種。詩本一類也，以圖不可合於音，音不可合於譜，名物不可合於詁訓，故分爲十二種。禮雖一類而有七種，以儀禮雜於周官，可乎？春秋雖一類而有五家，以崔趙雜於公穀，可乎？樂雖主於音聲，而歌曲與管絃異事，小學雖主於文字，而字書與韻書背馳，編年一家而有先後，文集一家而有合離，日月星辰豈可與風雲氣候同爲天文之學？三命元辰豈可與九宮太一同爲五行之書？以此觀之，七略所分，自爲苟簡；四庫所部，無乃荒唐？』『類書猶持軍也，若有條理，雖多而治；若無條理，雖寡而紛。類例不患其多也，患處多之無術耳。』『今所紀者，欲以紀百代之有無。然漢晉之書，最爲希闊，故稍略。隋唐之書，於今爲近，故差詳。崇文四庫及民間之藏，乃近代之書，所當一一載也。』『類例既分，學術自明。以其先後本末具在，觀圖譜者可以知圖譜之所始，觀名數者可以知名數之相承。讖緯之學，盛於東都；音韻之書，傳於江左；傳注起於漢魏；義疏成於隋唐。觀其書可以知其學之源流。或舊無其書而有其學者，是爲新出之學，非古道也。』校讎略中又有見名不見書論，指斥諸錄分類之誤。謂『編書之家，多是苟且：有見名不見書者，有看前不看後者。尉繚子，兵書也，班固以爲諸子類，寘於雜家，此之謂見名不見書。隋唐因之，至崇文目，始入兵書類。顏師古作刊謬正俗，乃雜記經史，惟第一編說論語，而崇文目以爲論語類，此之謂看前不看後。應知崇文所釋，不看全書，多只看帙前數行，率意以釋之耳。按刊謬正俗當入經解類。』此外，尚有編次之訛論，指摘隋志、唐志、崇文總目、四庫書目分類之誤。並謂『一類之書當集在一處，不可有所間也。』『古今編書所不能分者五：一曰傳記，二曰雜家，三曰小說，四曰雜史，五曰故事。凡此五類之書，足相紊亂。又如文史與詩話亦能相濫。』更有編書不明分類論、編次不明論，攻擊劉向、班固，『胸中元無倫類』『初無獨斷之學』語多武斷，不堪盡錄。其所長者非羣書之部次，乃分類之理論耳。而明人焦竑、清人章學誠顧齗齗辨其部次銓配之得失，頑固之徒死守七略四部之古壘者又從而攻之，多見其胡鬧也。通志之關涉目錄學，校讎、藝文二略而外，尙有圖譜一略，首抒圖譜必需有目錄之原理，繼乃備列古今圖譜之名稱，分爲記有、記無二大類，記無類又分地里、會要、紀運、百官、易、詩、禮、樂、春秋、孝經、論語、經學、小學、刑法、天文、時令、算數、陰陽、道家、釋氏、符瑞、兵家、藝術、食貨、醫藥、世系二十六目。門類不齊，未爲典則。其可貴者，亦在議論自古提倡圖書表譜，意識最清出力最大，固未有踰於鄭樵者也。其言曰：『河出圖，天地有自然之象，洛出書，天地有自然之理。天地出此二物，以示聖人，使百代憲章必本於此，而不可偏廢者也。圖，經也，書，緯也。一經一緯，相錯而成文。圖，植物也，書，動物也。一動一植，相須而成變化。見書不見圖，聞其聲不見其形；見圖不見書，見其人不聞其語。圖，至約也，書，至博也。即圖而求易，即書而求難。古之學者爲學有要：置圖於左，置書於右，索象於圖，索理於書。故人亦易爲學，學亦易爲功。舉而措之，如執左契。後之學者，離圖即書，尙辭務說，故人亦難爲學，學亦難爲功。雖平日胸中有千章萬卷，及寘之行事之間，則茫茫然不知所向。秦人雖棄儒學，亦未嘗棄圖書，誠以爲國之具不可一日無也。蕭何知取天下易，守天下難，當衆人爭取之時，何則入咸陽，先取秦圖書，以爲守計。一旦干戈既定，文物悉張，故蕭何定律令而刑罰清，韓信申軍法而號令明，張蒼定章程而典故有倫，叔孫通制禮儀而名分有別。且高祖以馬上得之，一時間武夫役徒，知詩書爲何物？而此數公又非老師宿儒，博通古今者。若非圖書有在，指掌可明，見則一代之典，未易舉也。然是時挾書之律未除，屋壁之藏不啓，所謂書者有幾？無非按圖之效也。後世書籍既多，儒生接武。及乎議一典禮，有如聚訟，玩歲愒日，紛紛紜紜，縱有所獲，披一斛而得一粒，所得不償勞矣！何物其然哉？歆向之罪，上通於天！漢初典籍無紀，劉氏創意，總括羣書，分爲七略，只收書，不收圖。藝文之目，遞相因習，故天祿、蘭臺、三館、四庫，內外之藏，但聞有書而已。蕭何之圖，自此委地。後之人將慕劉班之不暇，故圖消而書日盛。惟任宏校兵書一類，分爲四種，有書五十三家，有圖四十三卷，載在七略，獨異於他。宋齊之間，羣書失次，王儉於是作七志，以爲之紀。六志收書，一志專收圖譜，謂之圖譜志。不意末學而有此作也。且有專門之書，則有專門之學，有專門之學，則其學必傳，而書不失。任宏之略，劉歆不能廣之，王儉之志，阮孝緒不能續之。孝緒作七錄，散圖而歸部錄，雜譜而歸記注。蓋積書猶調兵也，聚則易固，散則易亡。積書猶賦粟也，聚則易贏，散則易乏。按任宏之圖，與書幾相等。王儉之志，自當七之一。孝緒之錄，雖不專收，猶有總記。內篇有圖七百七十卷，外篇有圖百卷，未知譜之如何耳。隋家藏書，富於古今，然圖譜無所繫。自此以來，蕩然無紀。至今虞、夏、商、周、秦、漢上代之書俱在，而圖無傳焉。圖既無傳，書復日多，茲學者之難成也！天下之事，不務行而務說，不用圖譜可也。若欲成天下之事業，未有無圖譜而可行於世者。作圖譜略。』（右索象。）又曰：『何爲三代之前，學術如彼？三代之後，學術如此？漢微有遺風，魏晉以降，日以陵夷。非後人之用心不及前人之用心，實後人之學術不及前人之學術也。後人學術難及，大槩有二：一者義理之學，二者辭章之學。義理之學尚攻擊，辭章之學務雕搜。耽義理者則以辭章之士爲不達淵源，玩辭章者則以義理之士爲無文彩。要之，辭章雖富，如朝霞晚照，徒焜燿人耳目；義理雖深，如空谷尋聲，靡所底止。二者殊途而同歸，是皆從事於語言之末，而非爲實學也。所以學術不及三代，又不及漢者，抑有由也。以圖譜之學不傳，則實學盡化爲虛文矣。其間有屹然特立，風雨不移者，一代得一二人，實一代典章文物法度紀綱之盟主也。然物希則價難平，人希則人罕識。世無圖譜，人亦不識圖譜之學。張華，晉人也。漢之宮室，千門萬戶，其應如響，時人服其博物。張華固博物矣；此非博物之效也，見漢宮室圖焉。武平一，唐人也。問以魯三桓、鄭七穆，春秋族系，無有遺者，時人服其明春秋。平一固熟於春秋矣；此非明春秋之效也，見春秋世族譜焉。使華不見圖，雖讀盡漢人之書，亦莫知前代宮室之出處。使平一不見譜，雖誦春秋如建瓴水，亦莫知古人氏族之始終。當時作者，後世史臣，皆不知其學之所自，況他人乎？臣舊亦不之知。及見楊佺期洛京圖，方省張華之由。見杜預公子譜，方覺平一之故。由是益知圖譜之學，學術之大者。且蕭何，刀筆吏也，知炎漢一代憲章之所自。歆、向，大儒也，父子紛爭於言句之末，以計較毫釐得失，而失其學術之大體。何秦人之典，蕭何能收於草昧之初；蕭何之典，歆、向不能紀於承平之後？是所見有異也。逐鹿之人，意在於鹿，而不知有山。求魚之人，意在於魚，而不知有水。劉氏之學，意在章句，故知有書而不知有圖。嗚呼！圖譜之學絕紐，是誰之過與？』右原學。

又曰：『善爲學者，如持軍治獄。若無部伍之法，何以得書之紀？若無覈實之法，何以得書之情？今總天下之書，古今之學術，而條其所以爲圖譜之用者，十有六：一曰天文，二曰地理，三曰宮室，四曰器用，五曰車旂，六曰衣裳，七曰壇兆，八曰都邑，九曰城築，十曰田里，十一曰會計，十二曰法制，十三曰班爵，十四曰古今，十五曰名物，十六曰書。凡此十六類，有書無圖，不可用也。人生覆載之間，而不知天文地理，此學者之大患也。在天成象，在地成形。星辰之次舍，日月之往來，非圖無以見天之象；山川之紀，夷夏之分，非圖無以見地之形。天官有書，書不可以仰觀；地理有志，志不可以俯察。故曰：天文地理，無圖有書，不可用也。稽人之事，有宮室之制，有宗廟之制，有明堂辟廱之制，有居廬堊室之制，有臺省府寺之制，有庭寢丘隴之制。凡宮室之屬，非圖無以作室。有尊彝爵斝之制，有簠簋俎豆之制，有弓矢鈇鉞之制，有圭璋璧琮之制，有璽節之制，有金鼓之制，有棺槨之制，有重主之制，有明器祭器之制，有鉤盾之制。凡器用之屬，非圖無以制器。爲車旂者，則有車輿之制，有驂服之制，有旟旐之制，有儀衛鹵簿之制，非圖何以明章程？爲衣服者，則有弁冕之制，有衣裳之制，有履舄之制，有笄總之制，有襚含之制，有杖經之制，非圖何以明制度？爲壇域者，則有壇壝之制，有丘澤之制，有社稷之制，有兆域之制，大小高深之形，非圖不能辨。爲都邑者，則有京輔之制，有郡國之制，有閭井之制，有市朝之制，有蕃服之制，內外重輕之勢，非圖不能紀。爲城築者，則有郛郭之制，有苑囿之制，有臺門魏闕之制，有營壘斥候之制，非圖無以明關要。爲田里者，則有夫家之制，有溝洫之制，有原隰之制，非圖無以別經界。爲會計者，則有貨泉之制，有貢賦之制，有戶口之制，非圖無以知本末。法有制，非圖無以定其制。爵有班，非圖無以正其班。有五刑，有五服，五刑之屬有適輕適重，五服之別有大宗小宗。權量所以同四海，規矩所以正百工。五聲，八音，十二律，有節，三歌，六舞，有序。昭夏，肆夏，宮陳，軒陳，皆法制之目也，非圖不能舉。內而公卿，而大夫，外而州牧侯伯，貴而妃嬪，賤而妾媵，官有品，命有數，祿秩有多寡，考課有殿最，繼籍有數，玉帛有等，上下異儀，尊卑異事，皆班爵之序也，非圖不能舉要。通古今者不可以不識三統五運，而三統之數，五運之紀，非圖無以通要。別名物者不可以不識蟲魚草木，而魚蟲之形，草木之狀，非圖無以別要。明書者不可以不識文字音韻，而音韻之清濁，文字之子母，非圖無以明。凡此十六種，可以類舉，爲學者而不知此，則章句無所用。爲治者而不知此，則紀綱文物無所施。』（右明用。）右皆鄭樵議論，深切著明，得未曾有。時至今日，治圖書館之學者，猶多重書而輕圖，有愧於樵遠矣。樵又撰有羣書會記三十六卷，蓋即藝文略之單行本。其後，端平中，樵之族孫鄭寅「以所藏書爲七錄，曰經、曰史、曰子、曰藝、曰方技、曰文、曰類」一（亦見直齋書錄解題。）蓋亦祖述樵例，而改集爲文，併禮、樂、小學入經錄，併天文、醫方入方技錄，（天文是否改入方技尚未可定。）故合十二類爲七類耳。此在分類學中，頗近合理。蓋空談之諸子，萬不可與消遣之藝術，實用之方技合部，類書包含一切，更不宜屈居子末。今鄭寅能拔藝、技、類與四部抗顏行，眞可謂目光如炬矣。自是以後，作者無聞。惟輟耕錄稱莊肅「書目以甲乙分十門」，「經、史、子、集、山經、地志、醫、卜、方技、稗官小說，靡所不具」。究竟十門爲何，尙弗之曉。爰及明英宗正統六年，始有楊士奇、馬愉、曹鼐等奏上文淵閣書目。其分類法雖陋，然能不守四部之成規，實開有明一代之風氣。首曰國朝，特錄明帝御製、敕撰、政書、實錄等項。此例一開，陸深、沈節甫、葉盛、焦竑、孫能傳皆倣行勿違，幾成明代衆錄之共同特色。次曰易、書、詩、春秋、周禮、儀禮、禮記、禮書、樂書、諸經總類、四書、性理、經濟。並無經部總名，其善一。禮書、樂書皆後世之作，不雜入禮經，不冒充樂經，其善二。特闢性理、經濟二類，其善三。惟諸經總類實兼收無類可歸之經書，義兼總雜，失之渾沌。次曰史，史附、史雜，漫無界限。次曰子書、子雜、雜附，弊與史同。次曰文集、詩詞，劃出散文與韻文對立，可稱特識。較之衆錄但分總集別集者精善多矣。次則類書不附於子，韻書不附於經，姓氏、法帖、畫譜、諸譜附。政書、刑書、兵法、算法、陰陽、醫書、農圃、道書、佛書，各各獨立，不相比附，亦頗合理。尤以政刑分門，譜帖異類，爲他錄所不及。又因地方志特多，故特分爲古今志、雜志附。舊志、新志三類。綜其全目，本無深意。較之四部舊法，固如上述，偶有所長，而劣點更多，不足相掩。然有明一代，除高儒、朱睦㮮、胡應麟、焦竑、徐𤊹、祁承㸁六家仍沿四部之稱而大增其類目外，私家藏書，多援文淵目爲護符，任意新創部類，不復恪守四部成規。此在分類史中實爲一大解放，而摧鋒陷陣之功，要不能不歸文淵目也。成化二十二年錢溥私撰祕閣書目，所據亦係正統五年文淵閣之藏書，分類亦多相同。浙江圖有鈔本。例如憲宗成化間葉盛之菉竹堂書目，即全仿其分類名次，惟改稱國朝爲聖製耳。其後武宗正德三年間，陸深撰江東藏書目，遂更創十四分之例。其言曰：『夫書莫尚於經；經，聖人之書也。後有作焉，凡切於經，咸得附矣；故錄經第一。理性之書，倡於宋而盛之，然經之流亞也，故錄理性第二。語曰：「經載道，史載事，」故錄史第三。書作於經史間，而非經史可附者，槩曰古書，故錄古書第四。聖轍既逝，諸子競馳，故錄諸子第五。賢漸趨華而文集興焉，故錄文集第六。四詩既删，體裁益衍；案厥世代，考高下焉；故錄詩集第七。山包海匯，各適厥用，然姸媸錯焉，類書之謂也，故錄類書第八。紀見聞，次時事，而掌不在官，通謂之史可也，故錄雜史第九。山經、地志，具險易，敍貢賦，寓王政矣，故錄諸志第十。聲音之道，與天地通，而禮樂所由出也，故錄韻書第十一。不幼教者不懋成，不早醫者不速起，其道一也，故錄小學、醫藥第十二。方藝伎術，故有成書者，孔子曰：「雖小道，必有可觀者焉，」故錄雜流第十三。聖作物覩，一代彰矣，宣聖從周，遵一統故也，特爲一錄，以次宸章令甲，示不敢瀆云，目曰制書。』見經籍會通及式古堂書畫考。其特立制書、理性、詩集、類書、諸志、雜史爲一部，實仿文淵閣書目；惟合併小學、醫藥，失之不倫；別古書於經、史、子之外，亦屬多事。較其大體，則視文淵略爲整潔。繼而起者，嘉靖中有晁瑮、孫樓二家，嘉、隆間有沈節甫一家，萬曆中有孫能傳、陳第兩家，崇禎中有茅元儀一家，皆自出心裁，唾棄四部。晁瑮嘉靖進士，撰有寶文堂書目三卷，「以御製爲首。上卷分諸經、總錄、五經、四書、性理、史、子、文集、詩詞等十二目。五經分五目。中卷分類書、子雜、樂府、四六、經濟、舉業等六目。下卷分韻書、政書、兵書、刑書、陰陽、醫書、農譜、藝圃、算法、圖誌、年譜、姓氏、佛藏、道藏、法帖等十五目。」見北平圖月刊第三卷第一號至第六號。其作風又別成一格：標四六、舉業、年譜之目，分樂府於詩詞之外，並古錄所未曾及者。孫樓以嘉靖三十年撰博雅堂藏書目錄，「其分類：一經，二史，三諸子，四文集，五詩集，六類書，七理學書，八國朝雜記，九小說家，十志書，十一字學書，十二醫書，十三刑家，十四兵家，十五方技，十六禪學，而道書附焉，十七詞林書，又特錄制書類，而附以試錄、墨卷。」自序，見百川集。故實有十八類，頗覺秩然。而祁承㸁稱沈節甫玩易樓藏書目錄亦「首重王言，故一曰制，二曰謨，三曰經，四曰史，五曰子，六曰集，七曰別，別者道其所道，非聖人之所謂道也。八曰志，九曰類，十曰韻字，十一曰醫，十二曰雜。」

（見澹生堂書庚申整書略例引）較前數家，特爲簡略。及萬曆三十三年，敕房辦事孫能傳、張萱、秦焜等奉諭撰內閣書目，（即文淵閣之書。）亦仿陸、孫、沈三家之例，廢除小類，一律稱部。以官書而從私家體裁，在往古實所未聞。其部名爲（1）聖製、（2）典制、（3）經、（4）史、（5）子、（6）集、（7）總集、（8）類書、（9）金石、（10）圖經、（11）樂律、（12）字學、（13）理學、（14）奏疏、（15）傳記、（16）技藝、（17）志乘、（18）雜部。觀其別志乘於圖經，析傳記於史部，剖總集於集部，特立金石、樂律二部，似有進於前人。然細按各部內書目，則銓配失當，觸目皆是，苟簡極矣。後十二年，有陳第撰世善堂藏書目錄，先分經、四書、子、史、集、各家六部，再分小類。經部有周易、尚書、毛詩、春秋、禮記、二戴、周禮、儀禮、禮樂、各著、孝經、諸經總解、爾雅十二類。四書部有大學、中庸、論語、孟子、四書總論五類。子部有諸子、輔道、諸儒書、各家傳世名書三類。史部有正史、編年、學堂、鑑選、明朝紀載、稗史野史雜記、語怪各書、實錄、偏據僞史、史論、訓誡書、四譯、載記、方州各志、歷代典制、律例、詔令奏議、譜系、類編十八類。集部有帝王文集、歷代大臣將相文集、兩漢晉魏六朝諸賢集、唐諸名賢集、（南唐附。）宋元諸名賢集、明諸名賢集、緇流集、閨閣集、詞曲、諸家詩文名選、金石法帖、字學十二部。各家部有農圃、天文、時令、歷家、五行、卜筮、堪輿、形相、風鑑、兵家書、醫家、神仙道家、釋典、雜藝十三類。詳其類名，較以前各家特爲詳悉。立類標準亦與衆不同，頗具創造之精神。如分置釋經之爾雅與通俗之字學於異部，特立四書部以與經部對立，集部之分類兼用時代、人物、體裁三個標準，史部新設學堂鑑選、明朝紀載、訓誡書、四譯載紀、類編等類，皆其特優之點。惟合道、釋與術、藝爲各家部，殊覺不倫。揣其用意，蓋謂是皆異端小道，不堪與經、史、子、集及四書同部，故屏之於另一部耳。除此之外，尚有所謂九學十部之白華樓書目，顯標學字，一掃雜稱，於諸家中獨爲明潔，有似乎現代之十分法焉。但非十進。

茅坤，嘉靖戊戌進士。藏書甲海內。崇禎中，其孫元儀編爲九學十部目。自述云：『九學者，一曰經學，二曰史學，三曰文學，四曰說學，五曰小學，六曰兵學，七曰類學，八曰數學，九曰外學。十部者，即九學之部而加以世學。世學不可以示來世，然時王之制，吾先人以茲名於世，吾敢忽諸？蓋指制藝墨卷。』見湖錄及吳興藏書錄。

向來目錄之弊，惟知類書，不知類學。類之有無，一依書之多少而定。司馬談分思想爲六家之旨，後世徒存其遺蛻於子部，而不能充之於各部，乃至以不成學術之名稱猥爲部類之標題，自七略、七錄已不能無其弊，隋志以下抑又甚焉。今茅元儀獨能以學術爲分類之標準，且劃一其名稱，整齊其部次，賢於往哲多矣。綜觀上述文淵、菉竹、江東、寶文、博雅、玩易、內閣、世善、白華九家目錄，皆能廢棄四部舊法，或約其類目，或增其部名，駸駸有奪隋志寶座之勢。流風所及，雖固守四部殘壘者，亦不復能絲毫不增減其類目焉。詳見下章。爰及清代，此風不泯。順治中錢曾讀書敏求記，即以經、禮樂、字學、韻書、書、數書、小學爲一卷，史、時令、器用、食經、種藝、豢養、傳記、譜牒、科第、地理輿圖、別志爲一卷，子、雜家、農家、兵家、天文、五行、六壬、奇門、歷法、卜筮、星命、相法、宅經、葬書、醫家、鍼灸、本草、方書、傷寒、攝生、藝術、類家爲一卷，集、詩集、總集、詩文評、詞爲一卷。每卷之首，雖有經、史、子、集之目，然僅爲小類，非屬總部。合計四十四類，與隋志略等，而精確過之。且經、史、子、集既不復統攝他類，則無扞格之虞。錢曾又撰有述古堂藏書目錄，分類尤爲纖細。卷一有經、易、書、詩、春秋、禮、禮樂、易數、儒、小學、六書、金石、韻學、史、襍史、傳記、編年、年譜、襍編、姓氏、譜牒、政刑、文獻、女史、較書，卷二爲子、子雜、文集、詩集、詞、詩文評、四六、詩話、類書，卷三爲小說家、儀注、職官、科第、兵家、疏諫、天文、占驗、六壬、太乙、奇門、歷法、軍占、地理總志、輿圖、名勝、山志、游覽、別志、人物志、外夷，卷四爲釋部、神仙、醫書、卜筮、星命、相法、形家、農家、營造、文房、器玩、歲時、博古、清賞、服食、書畫、花木鳥獸、數術、藝術、書目、國朝掌故，合計七十八部。據粵雅堂叢書本。較讀書敏求記爲尤詳，而對於四部之徹底破壞也尤力。詆之者固可以有似類書譏之；然欲部次羣書臻於妥善，則非類目繁多不爲功。古錄之不能盡其責任，正坐類目太少耳。述古堂書目有一別本，名也是園書目，凡十二卷，分經、史、子、集、三藏、道藏、古今雜劇七部。（據鄭堂讀書記卷三十二。）余未之見，不復推論。然列雜劇爲一大部者，固以錢曾爲最早也。康熙間有王聞遠撰孝慈堂書目，亦有錢曾之風。其類名如下：經總、易經、尙書、詩經、春秋、三禮、樂、論語、續語、爾雅、孝經、孟子、四書、字書、韻書、碑刻、書、小學、正史、通史、編年、雜史、史學、史傳記、政事職官、謚法、國璽篆刻、家禮職掌、律令、時令、寶貨器用、酒茗食品、樹藝豢養、遺逸、仙佛、校書、方輿郡邑、役行、關夷、川瀆名山、陵寢、名勝、人物文獻、譜牒、姓氏、年譜、書目、子總、儒家、道學、道家、墨家、法家、名家、縱橫家、兵家、農家、雜家、小說、天文、宅葬、陰陽、曆家、數學、卜筮、星命、相法、醫書、藝術家、書錄、類書、詔誥、表奏、騷賦、詩文集、總詩文集、詩餘、詩文評、詞餘、釋經、釋氏著述、道經。凡八十五目，較述古堂書目更爲繁多，而鉅細不齊，廣狹同觀，或異學而同類，或學同而類分，其得失亦與錢曾比焉。及乾隆中，朝廷盛開四庫全書館，採用隋志四部分類法爲準則。四庫全書總目既成，四部遂有一統分類界之絕對優勢。然當書館初開，總目未成之際，猶有周厚堉、章學誠二家反對四部之法。書成以後，更有孫星衍撰孫氏祠堂書目，公然另創新法而不依四庫總目，亦可見四部並非『古今不易之法』矣。厚堉撰來雨樓書目二卷，『上卷爲經、史、子、集四類，下卷爲總選、類纂二類。類纂又分理學、經濟、博雅、技術、閒叢五子目』。周中孚謂其『所分門目，大都亂雜無章』。（並見鄭堂讀書記卷三十二。）然其所添類目皆昔人所未稱，亦一奇也。學誠撰和州志其藝文書序例謂『七略能以部次治書籍，而四部不能不以書籍亂部次』，以『儀注不入禮經，職官不通六典，譔詁離絕尙書，史評分途諸子』爲非。主張將文集『撥其大旨，略其枝葉』，『論次其源流所自，附其同於』儒、墨、名、法之某一家中。（看章氏遺書劉承幹刻本。）推其極旨，蓋欲廢四部而返七略，去史、集而存經、子，以達到其所夢想之『官守其書，師傳其學，弟子習其業』之目的，謂非如此，則不能成就專門之學也。然不久卽因四庫館開，淸帝謂『從來四庫書目以經、史、子、集爲綱領，裒輯分儲，實爲古今不易之法』。（見四庫總目卷首。）學誠膽爲之怯，不敢堅持其說，故於校讎通義中又謂『七略之流而爲四部，勢之所不容已者也。凡一切古無今有，古有今無之書，其勢判如霄壤，又安得執七略之成法，以部次近日之文章乎？』（見同上。）較其矛盾，不及孫星衍之有膽有識遠矣。星衍撰孫氏祠堂書目序，時爲嘉慶五年，學誠猶未歿，四庫成書未久，正總目風行草偃之際也。而星衍之分部乃非四而爲十二。『曰經學第一：漢魏人說經，出於七十子，謂之師傳，亦曰家法。六朝唐人疏義，守之不失。以及近代，倣王氏應麟輯錄古注，皆遺經佚說之僅存者。學有淵原，可資誦法。至宋明近代說經之書，各參臆見，詞有枝葉，不合訓詁。或有疑經，非議周漢先儒，疑誤後學，宜別存之，以供取舍。曰小學第二：先以字書，次及聲韻。六義不明，則說經不能通貫，或且望文生義。文字之變，隸楷遞改，滋生日多。旣集漢魏字書，亦及後世，以盡其變。聲言反切，雖起六朝，或推本讀若舊音而作，且引古字書，足資校證，亦宜兼列。曰諸子第三：九流區分，互有改易。班書隋志，部分最當，依此爲類，庶非臆見。六韜舊入於儒，管子還列於道。周秦述作之才，幾於聖哲，或多古韻古字。僞書後出，判然可知。唐宋依托前人，號爲子書，文多膚淺，入錄甚少。曰天文第四：黃帝、巫咸、甘石之學，是有五官分野，按五行以占吉凶，出於保章左史。其書最古，謂之天部。九章五曹之書，惟知轉算，不必長於觀象，謂之算法。遯甲六壬，其術亦古，不可中廢。合以命書、算法，謂之陰陽。三者俱屬天文，各有專門。後世或不能辨，僅傳算學。曰地理第五：先以統志，次以分志，或總紀區宇，或各志封域。禹貢古文說及周地圖之言，存於列代地志及水經注、括地志諸書。宋元方志，多引古說證經注史，得所依據，宜存舊說。地名更易，今古殊目，兼載今志，以資博考。曰醫律第六：先以醫學，次以律學。醫律二學，代有傳書，並設博士。生人殺人，所關甚重。經稱「十全爲上」，「一醫不三世，不服其藥。」史稱郭鎮、陳寵世傳法律。此學古書，未火於秦，歷代流傳，尤不可絕。醫則祛其後出偏見者；律則令代損益盡善，欲悉源流，兼載古時令甲云。曰史學第七：先以正史，次以雜史，次以政書。古今成敗得失，一張一弛，施之於政，厥有典則，存乎正史。史臣爲國曲諱，或有牴牾，尤賴雜史，以廣異聞。朝章國典，著作淵藪，舉而措之，若指諸掌，則政書尤要云。曰金石第八：金石之學，始自宋代，其書日增，遂成一家之學。鐘鼎碑刻，近代出土彌多，足考山川，有裨史事。古今兼列，無所刪除。曰類書第九：先以事類，次以姓類，次以書目。古書亡佚，獨賴唐宋人采錄，存其十五，非獨獺祭詞章，實亦羽儀經史，謂之事類。譜學之傳，自東晉板蕩，南宋播遷，周秦世系，不可復尋，或多僞託。唐宋學有專家，傳書幸在，故爲姓類。流傳書籍，自有淵源，證以各家著錄，僞書缺帙，不能妄託，宜存其目。曰詞賦第十：先以總集，次以別集。漢、魏、六朝、唐人之文，足資考古，多有舊章，美惡兼存。自宋以下，人自爲集，取其優者，入於書目，餘則略之。曰書畫第十一：先以總譜，次之分譜。六朝以來，以行楷爭奇，存乎絹素；或摹繪山川故事，以傳往迹。書畫小技，不絕於今，宜考其眞贋。鑑賞之學，游藝及之，所謂賢於博弈。曰小說第十二：稗官野史，其傳有自。宋以前所載，皆有出典，或寓難言之隱。今則矯誣鬼神，憑虛臆造，並失虞初志怪之意。

擇而取之，餘同自鄶焉。』此序成後十年，始刊其書目，部類分併，有異於序者。列而存之，以見四庫總目之外，尙有不守規矩之目錄焉：『經學第一：(1)易、(2)書、(3)詩、(4)禮、(5)樂、(6)春秋、(7)孝經、(8)論語、(9)爾雅、(10)孟子、(11)經義。小學第二：(1)字書、(2)音學。諸子第三：(1)儒家、(2)道家、(3)法家、(4)名家、(5)墨家、(6)縱橫家、(7)雜家、(8)農家、(9)兵家。天文第四：(1)天部、(2)算法、(3)五行術數。地理第五：(1)總編、(2)分編。醫律第六：(1)醫學、(2)律學。史學第七：(1)正史、(2)編年、(3)紀事、(4)雜史、(5)傳記、(6)故事、(7)史論、(8)史鈔。金石第八。類書第九：(1)事類、(2)姓類、(3)書目。詞賦第十：(1)總集、(2)別集、(3)詞、(4)詩文評。書畫第十一。說部第十二。』此目配隸失當之處甚多，詳見陶濬宣所作之跋。較其類目，亦不如四庫之詳。然其劃小學於經學之外，出天文於諸子之中，析地理與史學爲二，不強戴四部於各類之上，而新設數類以容性質獨立之書，此皆有得於明人諸錄之遺意。雖誤合醫、律爲一，大失專門別類之理，而不懾於四庫總目之權威，膽敢立異，勇壯可嘉，不愧爲別派之後勁矣。溯自北宋李淑另創八分法以來，迄於孫星衍之十二分法，七百六十年間，（西一〇四九年至一八一〇年。）作者十數人，背四部而騁馳，獨適意而草創。其間不乏良法美意，足資啓發；所惜諸家著錄，聊備檢尋，原無深入研究之志，隨意分合，未必一一合乎分類之原理。此種不專精、不徹底之學風，百科皆然，非可獨責目錄學家。一方則文化之惰性深入人心，憚於革命而安於守成者比比皆是。四部之類目比較繁多，系統比較分明；故自七錄創格，隋志採用以後，除明朝官錄獨加屛棄外，唐宋及淸祕閣藏書莫不資爲部次架列之準繩，惟恐稍有違背；私家目錄，靡然從風，其聲勢之浩大遠過於本章所述之「別派」。彼其所以成爲正統派者，固有由矣。

對於隋志部類之修正與補充

隋志四部四十類之綱目確定，蔚爲正統派之圭臬以後，如上一章所述，已有對之不滿，起而另創分類法者，然蚍蜉撼泰山，終未能淘汰隋志代之而興，則補偏救弊，隨宜修正之功，亦不可少。故自開元羣書四部錄以下，直至四庫全書總目，皆不能不有所增删改易焉。如上文正統派四部分類之源流一章及四部分類源流一覽表所顯，正統派各錄對於隋志之類目已微有更動矣。然其差異極少，所以列之爲正統派。此派之外，尙有僅守四部之大綱而大改其類目者，其風亦始於明代。蓋楊士奇等之文淵閣書目既已廢棄四部法，而其新法又不足爲永制，故除葉盛之菉竹堂書目以外，未有謹遵之者。縱使不用四部法，亦皆起意另創。紛紛近十家，或簡而不能並包萬有，或繁而不能複見重出。故私家藏書別有一派，仍用四部而增減其類目焉。所可知者，有高儒、朱睦㮮、胡應麟、焦竑、徐𤊹、祁承㸁六家。高儒以嘉靖十九年撰百川書志，首增類目至九十三門。經志於習見之十二類外，增經總於孝經之後，儀注於小學之前，道學、蒙求分立於樂之先後，皆有別於所謂正經。史志於習見之十四類外，增御記於故事之後，姓譜於目錄之後，新創史詠、文史、野史、外史、小史等類。子志於七略之十家外，增德行、崇正、政教、隱、格物、翰墨六家於其後；復於醫家後加衛生、房中術；於卜筮、曆數、五行、陰陽各家後，加占夢術、刑法家；於神仙家、佛家後加雜藝術、子鈔、類書。集志之類目尤爲詳悉：既分詩文時代爲秦漢六朝文、唐文、宋文、元文、聖朝御製文、睿制文、名臣文、漢魏六朝詩、唐詩、宋詩、元詩、聖朝御製詩集、睿製詩集、名臣詩集；又分文體爲詔制、奏議、啓劄、對偶、歌詞、詞曲、文史；最後復有總集、別集、唱和、紀跡、雜集等類。自來依四部分類者，未有若斯之詳明者也。然「以道學編入經志，以傳奇爲外史，瑣語爲小史，俱編入史志，可乎？儒家外，別分德行、崇正二家，亦太叢雜不倫矣。」見鄭堂讀書記。史志既有文史，集志復有文史，異實同名，亦無可自解。後來諸家，所以不復依循也。及隆慶四年，朱睦㮮撰萬卷堂書目，經類凡十一，史類凡十二，子類凡十，集類凡三，觀古堂書目叢刻本。出入於正統派各家之間，了不足異，惟史類多一制書耳。萬曆中，胡應麟二酉藏書山房書目始分子類爲二十二，集類爲十四，或有得於百川書志，不同於他錄；而經類十三，史類十，想亦無大異點。書既不傳，惟見述於經籍會通。不能懸斷。徐𤊹紅雨樓書目，史、子、集三部變動極大，惟經部於六藝、論、孝之外，僅增學、庸、孟子、爾雅、經總，略存舊態。史部則分正史、旁史、本朝世史、彙人物傳、再分聖賢、歷代、各省、名賢四目。姓氏、族譜、年譜、科目、家訓、方輿再分總目、分省、外夷、各省雜志、各省題詠五目。十類。子部分諸子、子、小說、兵、卜筮、地理、即堪輿。醫、農、圃、器用、藝術、韻字、書書法畫、彙書、傳奇、道、釋十八類。集部分集、再分唐、宋、明三目。總集、總詩、詞調、詩話、啓劄、四六、連珠、家集九類。鉅細不倫，殆不足觀。見北平圖月刊三卷六號至四卷四號。稍可觀者，惟焦竑國史經籍志。其書有特色三：(一)於四類之前，首列制書類，內分御製、中宮御製、勅修、記注時政四項，似有異於隋志而近於文淵目。(二)然仍以經、史、子、集四類冠罩各項之上，各項名稱亦十九與隋志同；自序甚明。(三)各項之下，再分子目，却又用通志藝文略之例。所收書名，不問其存佚與否，亦仿鄭樵之意。子目過多，時與藝文略相出入，無甚關係，不復比述。其經類分項十一，亦無異於正統派，所獨異者，惟列算法於小學耳。史類分項十五，較隋志則多時令、食貨二項。較藝文略則多時令、儀注二項，則參合衆錄而記之也。子類分項十六，亦包括道、釋二家在內。集類分項六，於別集、總集、詩文評之外，更有制詔、表奏、賦頌，亦從正統派之尤、陳諸家折衷而得之耳。其書本在國史館所作，而濫收前代，斷限不明，見譏後世。書末附錄糾繆一卷，對漢志、隋志、唐志、唐四庫書目、宋志、崇文總目、藝文略、晁志、馬志一一摘其分類之非，編目之誤。而其書本身却又不能無過，致勞後人再糾其繆。（看章學誠校讎通義。）此固規模太大之工作所不可免者。然而其在分類史上，所貢獻者則亦僅矣。統觀有明一代中，對於隋志之修正，分類之研究，比較肯用心思有所發明者，允推祁承㸁爲冠軍。其所撰澹生堂藏書目錄，既增減類名，復詳分細目。名詞之確當，大勝於上文諸錄。而其庚申整書略例，推究分類之方法有四：『一曰因。因者，因四部之定例也。部有類，類有目，若絲之引緒，若網之就綱，井然有條，雜而不紊。故前此而劉中壘之七略、王仲寶之七志、阮孝緒之七錄，其義例不無取裁；而要以類聚得體，多寡適均，惟荀氏之四部稱焉。兩漢而下，志藝文者無不守爲功令矣。若嘉隆以來，陸文裕公之藏書，分十三則，一錄經，次錄性理，又次錄史，錄古書，錄諸子，錄文集，錄詩，錄類書，錄雜史，錄志，錄韻書，錄小學醫藥，錄雜流，而以宸章令甲別爲制書，示不敢凟也。沈少司空稍爲部署，而首重王言，故一曰制，二曰謨，三曰經，四曰史，五曰子，六曰集，七曰別——別者道其所道，非聖人之所謂道也。八曰志，九曰類，十曰韻字，十一曰醫，十二曰雜。雖各出新裁，別立義例，然而王制之書不能當史之一，史之書不能當集之三。多者則叢聚而易淆，寡者又寂寥而易失。總不如經、史、子、集之分，簡而盡，約而且詳，循序倣目，簡閱收藏，莫此爲善。而間有未備，如釋氏家，鄭漁仲之所收，皆東土之著述，而西土重譯單譯者，俱無聞焉。則釋藏總目條分甚析，經有大小乘之分，乘有重譯單譯之辨，爲律，爲論，爲疏註，爲詮述，皆一一可考。總之，不嫌襲故。一曰益：益者，非益四部之所本無也，而似經似子之間，亦史亦玄之語，類無可入，則不得不設一目以彙收；而書有獨裁，又不可不列一端以備攷。故洪荒邈矣，而竹書紀年之後，有荒史，有邃古記，有考信等編；世代繁矣，而皇極經世之後，有稽古錄，有大事記，有世略治統等書。此數十種者，皆於十許卷之中，約千萬之事，既非正史之敍述，亦非稗史之瑣言，蓋於記傳之外，自爲一體者也。故益以約史者一。性理一書，奉欽纂於文皇，雖近錄宋儒之詮述，然而言乎天地之間則備矣。他如伊洛淵源、近思錄、及眞文忠公之讀書記、黃東發之日鈔、與湛文簡公之格物通、王文成公之則言、傳習錄、及前後諸儒論學之語，或援經釋傳，或據古證今。此皆六經之註脚，理學之白眉，豈可與諸子並論哉？故於經解之後，益以理學者二。代制出於王言，非臣子所敢自擅；經筵關乎主德，非講義之可例觀。然而兩者皆無專刻，惟各取本集之所載，而特附其名目於詔制、經解之內。故益代言、經筵者三。叢書之目，不見於古，而冗編之著，疊出於今。旣非旁搜博採，以成一家之言；復非別類分門，以爲考覽之助。合經史而兼有之，採古今而並集焉。如後世所刻百川學海、漢魏叢書、古今逸史、百名家書、稗海、祕笈之類，斷非類家所可倂收。故益以叢書者四。文有滑稽，詩多豔語。搜耳目未經見之文，旣稱逸品；品摘古今所共賞之句，獨誇粹裘。非可言集，而要亦集之餘也。益餘集者五。其他各目所增，固難槩數。雖似別蜂房之戶，而實非爲蛇足之添。如有請益，以俟再舉。一曰通：通者，流通於四部之內也。事有繫於古而簡於今，書有備於前而略於後。故一史記也，在太史公之撰著，與裴駰之註，司馬貞之索隱，張守節之正義，皆各爲一書者也。今正史則兼收之，是一書而得四書之實矣。一文選也，昭明之選，與五臣之註，李善之補，皆自爲一集。今行世者則倂刻之，是一書而得三書之用矣。所謂以今之簡，可以通古之繁者，此也。至於前代制度，特悉且詳，故典故、起居注及儀注之類，不下數百部；而今且寥寥也，則視古爲略矣。故附記注於小史，附儀注於國禮，附食貨於政實，附歷法於天文，此皆因繁以攝簡者也。古人解經，存者十一。如歐陽公之易童子問、王荆公之卦名解、曾南豐之洪範傳，皆有別本而今僅見於文集之中。惟各摘其目，列之本類，使窮經者知所考求，此皆因少以會多者也。又如靖康傳信錄、建炎時政記，此雜史也，而載於李忠定之奏議；宋朝祖宗事寔及法制人物，此記傳也，而收於朱晦翁之語錄；如羅延平之集，而尊堯錄則史矣；張子韶之集，而傳心錄則子矣。他如瑣記、稗史、小說、詩話之類，各自成卷，不行別刻，而附見於本集之中者，不可枚舉。即如弇州集之藝苑巵言、宛委餘編，又如馮元敏集之藝海洞酌、經史稗譚，皆按籍可見，人所知也。而元美之名卿蹟記、元敏之寶善編，即其集中之小傳者。是兩書久已不行，苟非爲之標識其目，則二書竟無從考矣。凡若此類，今皆悉爲分載。特明註原在某集之內，以便簡閱，是亦收藏家一捷法也。一曰互：互者，互見於四部之中也。作者既非一途，立言亦多旁及。有以一時之著述，而倏爾談經，倏而論政；有以一人之成書，而或以摭古，或以徵今，將安所取衷乎？故同一書也，而於此則爲本類，於彼亦爲應收；同一類也，收其半於前，有不得不歸其半於後。如皇明詔制，制書也，國史之固不可遺，而詔制之中亦所應入。如五倫全書，勅纂也，既不敢不尊王，而入制書，亦不可不從類而入纂訓。又如焦氏易林、周易占林，皆五行家也，而易書占筮之內亦不可遺。又如王伯厚之玉海，則玉海耳，鄭康成之易詩地理之考，六經天文，小學紺珠，此於玉海何涉？而後人以便於考覽，總列一書之中；又安得不各標其目，毋使溷淆者乎？其他如水東日記、雙槐歲鈔、陸文裕公之別集、于文定公之筆麈，雖國朝之載筆居其強半，而事理之詮論亦略相當，皆不可不各存其目，以備攷鏡。至若木鐘臺集、閒雲館別編、歸雲別集、外集、范守己之御龍子集，如此之類，一部之中，名籍不可勝數；又安得槩以集收，溷無統類？故往往有一書而彼此互見者，同集而名類各分者，正爲此也。余所詮次，大略盡是。聊引其端，庶幾所稱詳而核，雜而不厭者乎！」紹興先正遺書本。承㸌此論，實有古人未發者兩端。其所謂通，卽後來章學誠所謂別裁；其所謂互，卽學誠所謂互著。欲使分類恰當，非善用此兩法不可。此古人所不識，石破天驚，允推承㸌爲分類學之一大發明家。其所標分類表子目，略仿鄭樵、焦竑，類目則仍以四部爲依歸。但不標經、史、子、集部名，一若各類獨立也者。(1)易類分古易、章句、注傳、疏義、集解、詳說、拈解、攷正、圖說、卜筮、易緯、擬易十目。(2)書類分章句、注疏、傳說、圖譜、攷訂、外傳五目。(3)詩類分章句、注疏、傳解、攷正、圖說、音義、注釋、外傳五目。(4)春秋類分經傳總、左傳、公羊、穀梁、通解、攷證、圖譜、外傳八目。(5)禮類分周禮、儀禮、二戴禮、通解、圖攷、禮緯、中庸、大學八目。(6)孝經類分注疏、叢書、書或爲說之訛。外傳三目。(7)論語類分章句、注疏、解說、別編、圖志、外傳五目。(8)孟子類分章句注疏、雜解、外傳三目。(9)經總解類分傳說、考定、音釋、經筵四目。(10)理學類分性理、詮集、遺書、語錄、論著、圖說六目。(11)小學類分爾雅、蒙書、家訓、纂訓、韻學、字學六目。(12)國朝史類分御製、勅纂、彙錄、編述、分紀、武功、人物、典故、時務、雜記、行役、風土十二目。(13)正史類不分目。(14)編年史類分通鑑、綱目、紀、記事四目。(15)通史類分會編、纂略二目。(16)約史類不分目。(17)史鈔類分節詳、摘略二目。(18)史評類分攷正、論斷、讀史三目。(19)霸史類分列國、偏霸二目。(20)雜史類分野史、稗史、雜錄三目。(21)記傳類分別錄、垂範、高賢、彙傳、別傳、忠義、事蹟、行役、風土九目。(22)典故類分故實、職掌二目。(23)禮樂類分國禮、家禮、樂律、祀典四目。(24)政實類分時令、食貨、刑法、官守、事宜五目。(25)圖志類分統志、通志、郡志、州志、邑志、關鎮、山川、攬勝、園林、祠宇、梵院十一目。(26)譜錄類分統譜、族譜、年譜、世家、試錄、姓名、書目七目。(27)儒家類不分目。(28)諸子類分墨家、法家、名家、縱橫家、雜家五目。(29)小說家類分說彙、說叢、佳話、雜筆、閒適、清玩、記異、戲劇八目。(30)農家類分民務、時序、雜事、樹藝、牧養五目。(31)道家類分老子、莊子、諸子、諸經、金丹、彙書、詮述、修攝、養生、記傳、餘集十一目。(32)釋家類分大乘經、小乘經、宋元續入經、東土著述、律儀、經典疏注、大小乘論、宗旨、語錄、止觀、警策、詮述、提唱、淨土、因果、記傳、禪餘、文集十八目。(33)兵家類分將略、兵政二目。(34)天文家類分占候、曆法二目。(35)五行家類分占卜、陰陽、星命、堪輿四目。(36)醫家類分經論、脈法、治法、方書、本草、傷寒、婦人、小兒、外科九目。(37)藝術家類分書、畫、琴、棋、數、射（附投壺）雜伎七目。(38)類家類分會輯、纂略、叢筆三目。(39)叢書類分國朝史、經史子雜、子彙、說彙、雜集、彙集六目。(40)詔制類分王言、代言二目。(41)章疏類分奏議、書牘、啓牋、四六四目。(42)辭賦類分騷賦二目。(43)總集類分詩文總集、文編、詩編、郡邑文獻、家乘文獻、遺文考識、制科藝七目。(44)餘集類分逸文（附摘錄）、豔詩、（附詞曲）逸詩（附集句摘句）三目。(45)別集類分帝王集、漢魏六朝詩文集、唐詩文集、宋詩文集、元詩文集、國朝御製集、國朝閣臣集、國朝分省諸公詩文集八目。(46)詩文評類分文式、文評、詩式、詩評、詩話五目。此種四十五分法，承㸌雖自承爲「因四部之定例」，而實際兼具反四部之精神。其所增添約史、理學、詔制、叢書、餘集五類，除理學仿自文淵、江東之理性，詔制仿自陳錄之詔令，餘悉新創。尤以叢書之獨立，於分類學之功勳最鉅。俗儒乃謂至張之洞書目答問始創叢部，或又謂姚際恆好古堂書目之「經史子集總」一爲「近世別立叢書部類之濫觴，」（柳跋）陋矣。子目之分配，亦較鄭、焦二家爲審愼，蓋由確有其書，故無濫入之弊。例如史評類能分辨考據，評論，及研究史法之別，別立禮樂一類，不混雜於禮類之中，合著錄專門之書如族譜、年譜、試錄、書目等項爲譜錄類，（從體裁言，不爲錯誤。）不以雜家爲無類可歸者之淵藪，此皆向來諸錄所未能辨到者。歷觀古今四部目錄，未有能超錄此澹生堂書目者也。其惟一缺憾爲未有應用技術一類，此則儒者藏書向輕實藝，不足責矣。自爾以往，崇禎中惟檇李姚氏賴古堂書目於四部之前添一制部，猶依焦竑之例。（見鄭堂讀書記。）趙琦美脈望館書目（涵芬樓祕笈本。）則於經部之首添經書總類，子部之首亦添總子，史部多聖製、經濟、吏部、戶部、禮部、兵部、刑部、工部，子部有字學、書畫、書目、樂書、襍書、譜牒、大西人術。（卽西洋人譯書。）其書本未定之備檢帳册，取便藏置，故多異類同廚，不堪深究。惟經總、總子之立，清初錢謙益、姚際恆猶沿其例。際恆亦好添子目，其書亦未定之本。經、子二部之末皆有彙集一類，史部有所謂集古、時政、食貨、器用、蟲魚、方物、名勝、川瀆，集部則合表奏、策論爲一類，合騷賦、四六、尺牘爲一類。要之皆一時備用之作，原無意於問世也。謙益絳雲樓書目亦非極盛時完備之錄，其分類亦無四部之名。除一般習見者外，新增類名爲道學、壬遁、天主教、僞書等類，惟既有道家，復有道藏、道書，既有類家，復有類書，層見疊出，不知何意。集則分別詩、文、斷截時代，皆明代舊習。其外更有騷賦、金石、論策、奏議、文說、詩話，以金石文字夾於詩文中間，較古錄之漫入目錄類者猶爲得之。史則有本朝制書實錄、本朝實錄、本朝國紀、傳記、典故、雜記等類，皆屬明人撰著，蓋爲私修明史所備，並非收藏史書之全豹也。與謙益同時者有黃虞稷千頃堂書目。其經部分類十一，史部分類十八，子部分類十二，並無特異，惟史部冠以國史耳。集部則分別集、制誥、表奏、騷賦、詞曲、制舉、總集、文史八類，純然一明錄典型也。與際恆約略同時者有金檀文瑞樓書目，其史部多運歷、宗藩、謚法、外夷、制詔、職掌、科甲、山陵、行役等類，地志、史傳各有子目。子部則分子書、儒家、道學家、訓、規勸、類書、時令、農家、種藝、貨寶、食貨、小學家、（分四子目。）釋家、仙家、小說家，（再分代分朝。）中復雜有古文、騷賦、四六、尺牘等類，蓋誤訂也。集部詩文概分代分朝，所收之集最多，是其特長。又有詩話、樂府、詞、總集等類。統觀其書漫無典則，惟小說及詩文集分別朝代，最便循讀；然亦明人早創之例也。往後，乾隆三十九年之浙江採集遺書總錄，遂循其法，別集全以時代爲目，總集則一以時代爲次，一以地爲次。以地爲次，祁承㸁早已創行。子部特立叢書類，亦承㸁之遺法。惟說家類再分總類、文格、詩話、金石、書畫、小說四目，一反昔人舊例。史部亦有特例數端：新立掌故類，分設總類、職官、食貨、儀制、兵刑、河渠、水利、營造八日傳記類既有總類，復以時代爲次，以地爲次。地理類分目亦詳。經部則惟分爾雅、小學與六書爲三，是其特點。往後不久，卽爲四庫全書總目統一整個目錄學界之時代，除上章所述之孫星衍外，未有敢違背其成法者。直至百年之後，始有張之洞撰書目答問，（實際係繆荃孫代筆。）始於四部之外，別增叢書、別錄兩目，以收容古今人著述合刻叢書、國朝一人著述合刻叢書、羣書讀本、考訂初學各書、詞章初學各書、童蒙初學各書。集部四分，散詞曲於總、別集。總集分文選、文、詩、詞，別集分時代，而於淸人復分理學家、考訂家、古文家、駢體文家、詩家、詞家六目，略具專家分門之意。子部大半同於四庫，惟增周秦諸子，移譜錄入史部，倂釋、道爲一，儒家分議論經濟、理學、考訂三目，天文算法分中法、西法、兼用中西法三目耳。史部大體亦同，惟增古史而去史鈔、職官，散目錄爲譜錄、金石，此其特異。史評分論史法、論史事二目，蓋得自祁承㸁。金石專錄金石目錄、金石圖象、金石文字、金石義例，蓋得自孫能傳、孫星衍。譜錄兼收書目、姓名、年譜、名物，亦承㸁舊例也。其餘則正史、編年、雜史、地理、政書各有子目，較四庫爲略，不足述。惟經部獨大異於四庫，祇分正經正注、列朝經注經說經本考證、小學三類，劃正文與後儒之專著爲二，斯爲特異，古人所不及爲。要之，書目答問在分類史上之地位，不在創造而在對四庫總目加以他人所不敢爲之修正。以張之洞之權威，答問之流行；適值東、西洋譯書日多，四部分類法正苦不能容納之時，纂新書目錄者遂得借口另起鑪灶，不復仿傍四庫總目。張氏雖絕對無意於打倒四庫，而四庫之敗壞自此始萌其朕兆也。自光緒之年，答問刊行以後，六十餘年來，舊派目錄家感於四庫總目之類目缺乏，多有起而補充者。所謂頭痛醫頭，腳痛醫腳，未有其能起死回生也。稍可述者，惟近年南京國學圖書館之總目。（簡稱國學目。）國學目對於四庫目之部類，有增補而無改減。於四部之外，新加志、圖、叢三部。叢部分類刻、（再分經、史、子、集、志五項，每項又分目。）彙編、郡邑、（分雜編、詩文二項。）氏族、（同上）獨撰（分時代。）五類。圖部專收地圖，自全國、省、縣、城市、水道、交通、歷史、交界、軍用、經濟、天象、地質、雜圖，以至世界、東西洋、歷史、日本，凡十六類。志部專收地方志，分省、府州廳縣、鄉鎮、（再分省。）志叢三類。此其用意惟在取便庋藏，以方志太多，地圖異樣，故特設大部以儲之耳。若從學術分類之理論言之，則以一地理學而兼佔兩大部，復在史部中佔一地理類，在書庫中既分居數處，不便參考，在目錄中又層見疊出，甚乖專科分類之義，甚不可也。叢書之獨立，從古錄言之，原較附居於類書者爲進步；然至現代則學術以專科而益精，已有散歸各類之必要；而一般目錄所以仍舊保存此類者，特偷懶畏煩耳。是則以叢部與四部抗衡，非特書目答問不得專美於前，即國學目亦無須誇口於後也。國學目之特點，在散新書以歸舊類；其無類可歸者，則立新類以納之。以其藏書特多，則小類子目亦最多而備。最顯異者尤爲子部，新增工家、商業、交通、釋教、神道、耶教、回教、東方各教、哲學、自然科學、社會科學十一類之多，幾於平分原有各類之天下矣。四部復各有叢類，（經史則名總類。）與叢部類刻類互見。其尤奇者，於雜家類特增雜志之屬，下分二十子目，凡現代各種定期刊物概以入焉。揆以該目「特多」「異樣」之圖書應另設部之義，則雜志之宜特設一部而不應屈居一類中之一項也必矣。其他各類之中，分項別目，最詳最備，不能盡述。要之，國學圖書館總目在目錄學分類表中，不失爲正統派四部分類法之最後殘壘（縱使其爲七部而非四部，）然而其不能傳世而行遠也，則大勢所趨，無可奈何者矣。——凡此所述，對正統派而言，可稱修正派，蓋異乎正統派之固守不變，亦不似別派之相背而馳也。

新分類法創造之嘗試　四部分類法之不合時代也，不僅現代爲然。自道光咸豐允許西人入國通商傳教以來，繼以派生留學外國，於是東西洋譯籍逐年增多。學術翻新，迥出舊學之外。目錄學界之思想自不免爲之震動。故五六十年前，已有江人度上書張之洞論之曰：『第思目錄之學最難配隸適當。四庫提要所列門目，與昔之目錄家頗有出入。中堂書目答問與四庫復有異同。移甲就乙，改彼隸此，要亦難爲定論也。章實齋致慨於四部不能復七略，由史籍不可附春秋，文集未便入諸子。然處今之世，書契紛繁，異學日起，匪特七略不能復，卽四部亦不能賅，竊有疑而願獻也。藝文一志，列於漢書，後世遂以目錄歸史部。不知班氏斷代爲書，秦火以後，所存篇籍，自宜統加收纂，以紀一代之宏規。而目錄家豈可援以爲例？蓋目錄者，合經、史、子、集而並錄。（如劉向之輯略。）安得專歸史部乎？史氏可以編藝文，而目錄不得登乙館。此配隸未當者一也。隋志以類書入子部，考諸子之學，儒、墨未礙於並立，名、法亦有所取材，宗旨各殊，不嫌偏宕，畦徑獨闢，別具精深，所謂自成一家言也。類書者，餖飣經、史，漁獵子、集，聯百衲以爲衣，供獺祭於枵腹，豈可雜廁丙籍，混跡子家？（中堂原注亦有類書實非子之語。）此配隸未當者二也。（叢書雜纂同。）金石之學，隋志列經，宋志屬史，已覺歧異。且昔之考核者少，尚可附麗；今之研究者多，豈容牽合六義？附庸蔚爲大國，夾漈通志所以別爲一略也。蓋其中有證經者，有資史者，居之甲部，既病其偏枯；置之乙帙，亦嫌其氾濫。此配隸未當者三也。（四庫以金石入史部目錄類之子目，尤非。）他若譜錄、圖畫諸書，精心殫慮，各有專長。經、史非其族者，子、集亦非其倫，橫牽強附，究多未安。且東西洋諸學子所著，愈出愈新，莫可究詁，尤非四部所能範圍，恐四庫之藩籬終將衝決也。蓋七略不能括，故以四部爲宗；今則四部不能包，不知以何爲當？如彼枘方試圓鑿，每虞其扞格；譬之算術得大數，而尚有畸零。夙懷此疑，敢以貢之左右。』（見書目答問箋補卷首。）張之洞對此懷疑有何解決之方案，不得而知；然以其平昔「中學爲體，西學爲用」之態度卜之，殆亦未能進一步而廢棄四部也。對於中外新舊之學術綜合條理而分爲若干科目者，據吾所知，以袁昶爲最先。（同文館、製造局之類，時代雖較早，而偏重西方格致語文之學。）昶以光緒二十年主講中江書院，略仿當時「四明之辨志文會、滬上之求志書院、鄂渚之兩湖書院，分科設目，」計十有五。「每日之中，再分子目。曰經學，小學、韻學附焉。曰通禮學，樂律附焉。曰理學。曰九流學。曰通鑑三通政典之學，歷代正史，則系傳分代史志分門，部居散隸，以便檢閱善敗起訖與夫因革損益之迹焉。曰輿地學。（宜詳於圖表。）曰掌故學，宜詳於國朝，以爲根柢，漸推上溯，以至於近代。曰詞章學，金石碑版附焉。曰兵家學，（宜有圖。）仍略仿班志形勢、技巧、權謀、陰陽四目，宜添製造一門。曰測算學。曰邊務學。曰律令學，吏治書分類附焉。曰醫方學。曰考工學。曰農家學。此十五目皆有益國故政要民生日用。」（見經籍舉要中江書院本。）規模之闊大，實一掃往古專治制藝帖括之積弊，而暢開新目錄學之機運。蓋當日袁昶所講授之學，實際仍不離書本，故其所分之學科，實際亦即書目之分類也。次年，康有爲撰日本書目志，遂首創新分類法分（1）生理、（2）理學、（3）宗教、（4）圖史、（5）政治、（6）法律、（7）農業、（8）工業、（9）商業、（10）教育、（11）文學、（12）文學語言、（13）美術、（14）小說、（15）兵書，凡十五門。每門各分子目，自數項至數十項不等。特其用意在使中國人知日本有此種要籍而譯讀之，故吾人不能以分類之當否律之。如小說不附於文學，交通附屬於商業，社會、經濟、家政等學附屬於政治，皆不甚妥恰。尤以併物理、理化、天文、曆、氣象、地質、鑛山、地震、博物、生物、人類、動物、植物、哲論理、心理、倫理等學合稱理學，漫無自然、社會之分，最爲乖戾。雖然，揭日本新學之全貌，使國人爽然自失者，固莫之或先也。又明年，梁啓超撰西學書目表，「將譯出各書，都爲三類，一曰學，二曰政，三曰教。」除宗教一類之書不錄外，「自餘各書分爲三卷。上卷爲西學諸書，其目曰算學，曰重學，曰電學，曰化學，曰聲學，曰光學，曰汽學，曰天學，曰地學，曰全體學，曰動植物學，曰醫學，曰圖學。中卷爲西政諸書，其目曰史志，曰官制，曰學制，曰法律，曰農政，曰礦政，曰工政，曰商政，曰兵政，曰船政。下卷爲雜類之書，其目曰游記，曰報章，曰格致總，曰西人議論之書，曰無可歸類之書。」（見飲冰室合集文集第一冊。）梁先生明知「凡一切政皆出於學，則政與學不能分，」而又「強爲區別。」乃至併農、礦、工、商等實業亦視爲政之一項，未免作繭自縛。自此例一開，頗有仿行之者。例如古越藏書樓書目亦成學政二部。然此表重西學而輕東學，其弊正與日本書目志之有東籍而無西籍相同。故徐維則又撰東西學書錄，顧燮光補充之，於光緒二十五年、二十八年一再刊行，分類凡三十八。及三十年，燮光復續一編，近年始刊爲譯書經眼錄。其目爲史志、法政、學校、交涉、兵制、農政、礦務、工藝、商務、船政、理化、象數、地學、全體學、博物學、衛生學、測繪、哲理、宗教、體操、遊記、報章、議論、雜著、小說。此外復有沈兆褘新學書目提要，分法制、歷史、輿地、文學、西學、西藝、雜錄、小說八類，其法制類刊於光緒二十九年。皆梁先生專錄譯書一派之繼起者也。譯書既多，國人自著者亦隨之日衆。其始各錄皆附繫於譯書目後。後來附庸蔚爲大國，倍蓰於譯書。各種學術既與舊學不同，遂非舊有之四部所能安插，故當時新興之圖書館頗有收新書目錄於舊書目錄之後，自成一部者。發其意者，殆爲黃慶澄之普通學書目錄。其書卷一所列爲中學入門書、經學、子學、史學、文學、中學叢刻書。試取以與書目答問比較，即知其由答問脫胎而來。卷二列西學入門書、算學、重學、電學、化學、聲光學、汽機學、動植學、礦學、製造學、圖繪學、航海學、工程學、理財學、兵學、史學、公法學、律例學、外交學、言語學、教門學、寓言學、西學叢刻書。其分類較西學書目表略多而名稱不妥。卷三爲天學、地學、人學。（人學即醫學。）書撰於光緒二十四年，原爲指授初學，融貫中西而設，雖非藏書目錄，且淺之無甚精義。然混合新舊之目錄於一編者，固未之或先也。是後遂有以新書爲時務部，列於四部之後者。流風所扇，入民國後猶有若干公立圖書館習用此種新舊分列之辦法。如江蘇省立第二圖書館之舊書亦分五部，新書則分文學、政事、實業三類，（每類各分子目。）合名新部；廣西圖書館之新書部分爲教育、政法、軍學、實業、哲學、醫學、修身、經學、國文、外國文、歷史、地理、算學、理科、體操、圖畫、樂歌、雜誌、小說十九部，（每部或分若干類；或不分類。）雲南圖書館之科學部分法政、財政、軍事、警察、教育、倫理、文學、歷史、地理、博物、理化、算學、樂歌、體操、圖畫、手工、農業、工藝、商業、雜著二十類，皆其顯者也。新書日多，一部不足以容納，則有提出新書獨立於舊書之外各編目錄者。例如光緒三十三年之浙江藏書樓書目，編者楊復、胡煥既以甲編依書目答問之法「爲國粹之保存」，復「循附錄外編之例」，將新書編爲乙編，「各行其是，兩不相師。」計分十六類：（1）法律、（章程附。）（2）政治、（3）宗教、（4）教育、（5）圖史、（6）文學、（7）文字、（8）理學、（9）算學、（10）美術、（11）雜誌、（12）工業、（13）商業、（14）兵書、（15）生理、（16）農業。然各類之下並無子目，藏書不多，未爲定例。至宣統三年之涵芬樓新書分類目錄，舊書亦兼用答問及四庫法。始有最完密之類目。分部十四：（1）哲學、（2）教育、（3）文學、（4）歷史、地理、（5）政法、（6）理科、（7）數學、（8）實業、（9）醫學、（10）兵事、（11）美術、（12）家政、（13）叢書、（14）雜書。每部幾皆有總記及雜類。哲學部兼含倫理、論理、心理、哲學，教育部兼含法令制度、教育學、教育史、教授法、管理法、學校衞生、體操及遊戲、特殊教育、幼稚園及家庭教育、社會教育。文學部兼含文典及修詞學、讀本、尺牘、詩歌、戲曲、外國語、字帖、小說。史地部兼含本國史、東洋史、西洋史、傳記、史論、本國地理、外國地理、遊記。政法部兼含政治、法制、本國法制、經濟、社會。理科部兼含博物學、理化學、天文、地文。數學部兼含算術、代數、幾何、三角、高等數學。實業部兼含農業、工業、商業。醫學部兼含衞生、醫學、藥物學。兵事部兼含陸軍、海軍、兵器。美術部兼含音樂、繪畫、游藝、寫眞。家政部兼含簿記、裁縫。每一類中各有子目。在十進法未輸入我國以前，此涵芬樓新目實爲新書分類之最精最詳者。然新書目錄與舊書目錄分爲二册，則同類之書散見各處，集中研究，勢不可能，對於學術之進步妨礙殊大。故混合新舊統一部類，使同一學科之書，不問新舊，庋藏一處，以便於檢尋研究，實爲至緊要之事。功追溯近代，首先混合庋藏統一分類者，實爲光緒二十八年由邵寅署名之杭州藏書樓書目。編者何人，未及考出。計其數目：(1)經學，小學附，(2)史學，掌故、輿地附，(3)性理，哲學家言附，(4)辭章，(5)時務，(6)格致，醫學附，(7)通學，即叢書。(8)報章，(9)圖表。雖書少目略，要亦自闢門戶，不蹈昔人從徑者。然其規模完備，分類確當，不若古越藏書樓書目。此目先分學、政二部，學部再分易學、書學、詩學、禮學、春秋學、四書學、孝經學、爾雅學、羣經總義學、性理學、生理學、物理學、天文算學、黃老哲學、釋迦哲學、墨翟哲學、中外各派哲學、名學、法學、縱橫學、攷證學、小學、文學上下二十三類。政部再分正史兼補表補志攷證、編年史、紀事本末、古史、別史、雜史、載記、傳紀、詔令奏議、譜錄、金石、掌故、典禮、樂律、輿地、外史、外交、教育、軍政、法律、農業、工業、美術、稗史二十四類。每類之下各分若干子目，系統分明，在此派中可謂登峯造極者。惜學、政二部不足以包攝各類耳。入民國以後，各地圖書館紛紛設立，或強新書入舊類，或別置新書而另創部類，或以新書立科學部與四部並列，或混合新舊書而仿杜威十進法，罕見專爲舊書另創新分類表者。惟陳乃乾南洋中學藏書目獨分爲(1)周秦漢古籍，(2)歷史，(3)政典，(4)地方志乘，(5)小學，(6)金石書畫書目，(7)記述，(8)天文算法，(9)醫藥術數，(10)佛學，(11)類書，(12)詩文，(13)詞曲小說，(14)彙刻，十四部，標準不一，次序無理，每部所分之類，亦不足述。

此在新分類法之嘗試，殆爲最失敗者。總之，本章所述，實四部初衰，十進法未興之際，幼稚者羣對於新分類法之開始研究。當時能讀西文書者既少，研究圖書館學及目錄學者尤絕未見。故十進法興起之後，此項不新不舊之過渡法遂歸淘汰。居今日而參觀各地圖書之林，除少數私家藏書樓仍沿用四庫總目或書目答問之舊法外，其採用此項過渡法者殆已絕跡矣。惟蘇州某圖仍舊分列新舊，舊書用洪有豐法，新書用杜定友法，不能統一，甚可笑。

西洋近代分類法之進步

圖書之插架，其法有二。一曰固定排列法：或標部類名稱於廚架，俾與目錄適合，如東觀藏書「並依七略而爲書部」是也。或標字號於廚架，而註其字號於目錄，如開元釋教錄略出、道藏目錄、及文淵閣書目之以千字文編號是也。無論依照部類或字號以排列圖書，圖書之位置皆已固定，不能任意移動。插架之先，必預算某類有書若干，佔架幾具，然後按次列書。此在飽和自滿，不復增益之舊式藏書樓，固無不可。若在日進月益之圖書館，當某一類新購之書增至該架不能容納時，即不得不侵佔附近稍空之地位；設使附近亦已飽和，勢必遠覓空架，任意暫置。脉望館書目及文瑞樓書目之所以淩亂無序，殆即此因。欲除其患，惟有以數目字之號碼代表部類之名稱，標記於圖書之上，按次排列，不必限定某類書永列某架，如此則目錄既可免登記架號之煩，而新書復無無架可插之患，此之謂活動排列法。然必有賴於分類之用號碼始得如意。向來我國目錄學家從未注意及此，故部類之增減雖層出不窮，而求其最便於庋藏檢尋者，迄未之見也。直至近十餘年，始有西洋分類法之輸入，然後靡然從風，頓改舊觀焉。西法之中，尤以美國人杜威（Melvil Dewey）之十進法爲最流行。故述現代中國之分類法，不可不略知西洋近代分類法之進步情形。

西洋古代之分類法亦不知以號碼代部類，其弊正與我國目錄相同。直至十九世紀，因受工業革命之影響，新書出版之速度日增，舊法之類目不能收容，近代化之圖書館到處興起，新目錄學之研究漸精。爲適應活動排列法而創製之編號分類法，始見於一八七〇年美國人哈利斯（William T. Harris）之路易斯（Louis Public）中學圖書館。哈氏分圖書爲一百類，每類各代以號碼，自一號Science 至一〇〇號 Periodical，類號比次，各有一定。同類中如再分類，則加 a b c 等字母以別之。此種方法發表未久，即爲各地圖書館所採用。次年，又有美國人雪華爾茲（Tacob Schwartz）另發表一種助記憶分類法。先分學術爲二十三大類，各代以A至W之字母，然後各附以號碼。其代替大類之字母，除 Language 之代符爲K，不合原字外，餘皆適與各類原字之第一字母相同，例如以A代 Arts，以B代 Biography，以H代 History，可謂巧極天工。每大類中又分爲九中類，各冠以1至9之數字。每中類中又可再分小類，各冠以一字母。以上兩法流行不久，即爲杜威之新法所代替。杜威以一八七六年，取兩法之精神，別出心裁，製爲完全使用號碼，適合活動排列之十進分類表（原名 Decimal Classification and Relative Index）。先將一切圖書分爲十部：（1）總部（General Works），（2）哲學（Philosophy），（3）宗教（Religion），（4）社會科學（Social Sciences），（5）言語學（Philology），（6）自然科學（Natural Science），（7）應用技術（Useful Arts），（8）美術（Fine Arts），（9）文學（Literature），（10）歷史（History）。每部各分十類，每類各分十目，每目仍可再各十分，直可分至無窮。以0代總部，以1代哲學，順推至以9代歷史。無論其爲單位，十位，百位，各號碼所代表之意義均有一定。以百位代部，十位代類，單位代目，單位以下，隔以小數點，儘可增加號碼以代表各項小科目。如用二位小數，即有包含十萬科目。以之應付日出翻新之科學，略無擁擠慌亂之苦。將分類號碼登記於書皮，依其算學順序，排列廚架。苟能熟知某號即某類某目，檢之卽得。如中間某類新增之書太多，卽可將以下各類之書往後推移，架上既無須號碼，可免改易之煩。目錄中及書皮上之號碼既非隨時變動之書架號碼而爲永久固定之分類號碼，則一成不變，亦無時時塗寫之勞。且號碼次序，略有連帶關係。如 500 爲自然科學，510 爲數學，511 爲算術，512 爲代數，513 爲幾何，大部既可包含小類，小類之毗連亦有密切之學術關係。非但便於記憶便於尋找；卽在學術研究時亦有觸類旁通之妙。在過去各種分類法中，實未有更便於杜威者，故能流行世界，蔚爲目錄學界最大之權威也。雖然，各種學術之領域，或寬或窄，極非一致，杜威純用十進之例，瓜分每種學術爲十類，儼若學術皆循算學之級數而進展者，其不合理可知。且社會科學與歷史關係甚深，言語學與文學尤相表裏。而杜威竟分隔於懸遠之地，不使相隣，無怪傳入我國之後，起而變更其部次者多過於恪守不動者也。杜威之分類號碼，於一八九五年得不魯塞爾國際目錄學會之公認與修正，且由該會於一九〇五年發表補助符號五種：以 00 表示著者之觀察點，以（2）至（9）表示地理之區別，如（42）爲英國。以“　”表示時代之劃分，如“18”爲十八世紀。以（0）表示形式之特異。以 = 2 至 = 9 表示語言之歧離。此外又以：表示一書中二種題材之互相關係，以——

表示題材之性質。概加於分類號碼之後，統名之曰不魯塞爾擴大十進法（Brussels' Expanded Decimal）。杜威之法因是而益宏其功用。然傳至我國以後，性質略變，此種補助符號亦甚少使用者。

杜威以外，現代西洋別派流行，足相抗衡之分類法，尚有三大派，在我國幾無人仿用。其一爲美國人卡特（Charles A. Cutter）之展開分類法，其書名爲 Expansive Classification，第一表發表於一八九一年，卡特逐漸製造第二三表至第七表，卽病卒，後來猶有專家繼述其志，陸續編纂出版。其法爲由簡而詳，第一表僅分八部，第二表將每部各分若干類，第三表將每類再各分若干項，第四表又將每項各分若干目，繼續分剖，直至無可再分。用其法者可以任意伸縮，書少則可用第一表，再多則可用第二表，更多則可用第三表，圖書逐漸增多，分類亦可逐漸加詳，無更張塗改之紛煩，而有日新月異之便利。故名曰展開式。其第一表以A代總部（General Works），以B代哲學與宗教（Philosophy and Religion），以E代歷史（History），以H代社會科學（Social Sciences），以L代科學與藝術（Science and Arts），以X代語言學（Language），以Y代文學（Literature），以YF代小說（Fiction）。自第二表以下，亦各用字母代替，無論何部何類何目，皆再分二十六項，充其量可分至一萬七千五百七十六項。任何方法,皆無此法之詳盡。所可惜者,字母代替學科,漫無意義,不似雪華爾茲之以學科之首一字母代表該學科,故記憶極不易。且字母既非我國所習用,自不如數字號碼之通行易記耳。其二爲美國國會圖書館之分類法,發表於一八九七年,略仿卡特之展開式,而祇用兩個字母代表部與類,每類再分目,則用數字而不用字母,數字用至第四位卽止。此外尚有許多符號以分細目。其排列之次序,純依ABC之順序,無學理之關係。分類表洋洋鉅册,亦非旦夕所可理解。茲僅錄其二十部名於下:(1)A總部(General Works, Polygraphy),(2)B哲學宗教(Philosophy, Religion),(3)C歷史——補助科學(History-Auxiliary),(4)D歷史與地誌——美國除外(History and Topography〔Except America〕),(5)EF美國(America),(6)G地理學人類學(Geography, Anthropology),(7)H社會科學(Social Sciences),(8)J政治科學(Political Science),(9)K法律(Law),(10)L教育(Education),(11)M音樂(Music),(12)N美術(建築學繪畫術)(Fine Arts〔Architecture, Graphic Arts〕),(13)P語言學(語言與文學)(Philology〔Language and Literature〕),(14)Q科學

(Science)，(15) R醫學 (Medicine)，(16) S農業，植物與動物之實業 (Agriculture, Plant and Animal Industry)，(17) T工藝學 (Technology)，(18) U軍事學 (Military Science)，(19) V海軍學 (Naval Science)，(20) Z目錄與圖書館學 (Bibliography and Library Science)。

除上述二派外，尚有英國人布朗 (J. D. Braun)，於一九〇六年發表之主題分類法，（一般原譯標題，鄙意竊謂不如譯為主題。）(Subject Classification) 與美國式之三種完全不同。其要點為悉聚研究或記載同一目的物之圖書於一處。例如以腦為主題，則凡研究腦之生理，腦之病理，腦病之治法各項有關於腦之圖書，皆應集中於此主題之下，若引得 (Index)，然初不問其為解剖學生理學，抑或病理學，醫學也。若依普通分類法，則凡屬某科學之書，必列入某科學之類目。如是，則研究一物之書，勢必分散數處，不能集中。惟改用主題分類法，則可免此弊。故布朗之法，確有特長。我國之類書，西洋之百科全書，以及中外通行之辭書，即活用此項原理以成功者。所可惜者，主題之確定，極覺困難。欲將宇宙間萬物萬事各賦以一定之主題，實屬不易。且每一書之所言者，決不限於某一主題，其兼包並論，界限模糊；必使繫屬於某一主題，尤難得當。勢必於最小不能再分之基本主題之上，遞層加以能包括性質相近之較大之主題層積既多，又有混沌不明之弊，正與普通分類法之科學部名相同。如不遞層包攝，則又嫌過於繁雜。故布朗之分類表亦未見悉合論理也。布朗將人類知識大別爲（1）物質與力量（Matter and Force），（2）生命（Life），（3）思想（Mind），（4）記錄（Record）四部。以（1）爲宇宙之原動力，（2）即由（1）而生，而（2）復生（3），（3）復生（4）。再將各部加以論理學之分析，而冠以總類，共爲十一類，如下表：

A	總類(Generalia)	
B—D	物理學(Physical Science)	物質與力量
E—F	生物學(Biological Science)	生命
G—H	人種學與醫學(Ethnology and Medicine)	
I	實用生物學(Economic Biology)	
J—K	哲學與宗教(Philosophy and Religion)	思想
L	社會與政治科學(Social and Political Science)	
M	語言學與文學(Language and Literature)	

N　文學之形式(Literary Forms)
O—W　歷史地理(History, Geography)　}記錄
X　傳記(Biography)

最奇者，其總部中除以A0代普通書(Generalia)外，竟包含A1教育(Education)，A2論理學(Logic)A4數學(Mathematics)，A6繪畫與雕刻(Graphic and Plastic Arts)，A9普通科學(General Science)。布朗以爲此數者皆超越一切科學之學術也，其荒謬抑甚可笑。所用字母只限一個，後附數字只限三位，故每部皆可分爲一千類。較卡特、美國會圖皆較簡單。分類雖稍廣漠，其採用主題之原則則甚便利於專門學者。故我國近日亦有仿其意而編專科參考目錄者焉，特全仿其部類號碼以編藏書目錄者，則尙未發見耳。

杜威十進法之接受與修正　上文已述現代西洋各種分類法之四大派別，因卡特與美國會圖皆兼用字母與數字，且其系統比較不如杜威之分明，布朗之法在實施上又有困難，故杜威之十進法，獨能盛行於我國。接受其法而加以修正者，依發表之先後而列舉之，則如次：

(1)沈祖榮，胡慶生：仿杜威書目十類法本章簡稱沈法。民國七年一月文華公書林初版，十二年改訂版。

(2)杜定友：圖書分法類初稱世界圖書分類法，後去世界二字，最後又加杜氏二字。十四年上海圖協會初版，二十四年中國圖服務社增訂版。

(3)洪有豐：十五年八月，商務印書館圖書館組織與管理之第十二章。

(4)陳天鴻：中外一貫圖書分類法十五年八月上海民立中學圖印本。

(5)查修：清華學校圖中文書籍目錄十六年該圖印本。查修又有杜威書目十類法補編，見清華學報二卷一期。

(6)陳子彝：圖書分類法十七年，中央大學區立蘇州圖印本。

(7)王雲五：中外圖書統一分類法十七年十二月，商務印書館本。

(8)劉國鈞：中國圖書分類法十八年一月，金陵大學圖初版，二十五年三月增訂版。

(9)王文山：南開大學中文書籍目錄分類法十五年四月該圖中西合編本。

(10)施廷鏞：國立清華大學圖中文書目二十年十月該圖本。

(11)何日章，袁湧進：中國圖書十進分類法二十三年五月，北平師範大學圖本。

(12)皮高品：中國圖書十進分類法二十三年文華圖學校印本。

(13)陳東原：安徽省立圖圖書分類法（二十四年一月該圖本。）

(14)桂質柏：國立中央大學圖分類大全（二十四年一月該圖印本。桂質柏前此尚有杜威書目十類法，齊魯大學圖印本。）

(15)金天遊：浙江省立圖圖書分類表（二十五年該圖圖書之分類之第三章。）

此十五家雖皆受杜威之影響，而宗旨各殊，類目迥異，擷其特色，可分爲五派。第一派爲倣杜威十分十進之意而變更部類之名稱次序者，如沈祖榮、杜定友、洪有豐、陳天鴻、陳子彝、陳東原、桂質柏等皆是也。第二派爲保存杜威之十部及大多數類目而增加及變動許多類目者，如王文山、何日章、皮高品、金天遊等皆是也。第三派爲倣杜威用三位數字作分類號碼之意而另創部類不用十分法者，如施廷鏞、劉國鈞等是也。第四派爲遵守杜威成法而稍微增改一二子目者，如查修是也。第五派爲絕對不改動杜威成法而增加幾種符號及號碼以容納中國之書者，惟王雲五一家爲然。第一派諸家鑒於杜威之過重宗教、語言，且賦予中國書之號碼過少且過小，故祇用其十進之意而完全不守其部類名次。沈祖榮與胡慶生之法成於民國六年十月，次年一月出版，可謂倣杜之最早者。其分類表規定O爲經部及類書，1爲哲學，2爲宗教，3爲社會學，4爲政治，5爲科學，6爲醫學，7爲美術，8爲文學，9爲歷史。析社會科學爲社會與政治，併語言於文學，易技術爲醫學，是其不同於杜威處。然十二年改訂版又併哲學與宗教爲1，科學與醫學之先後對調，加工藝爲6。杜定友倣其意，亦併宗教於哲學，擴教育學爲2，抑方言學爲7，而將自然科學、應用科學、美術遞移向前一位。後來屢經增訂，至二十四年之杜氏圖書分類法，又將藝術提前爲4，而抑二種科學隨於其後。陳天鴻則祇增教育於2，而不更其他部次。至於小類子目，則三家無一保留杜威原來名次者。然對於大部名稱次第猶十九保留也。至洪有豐則併名稱次第亦盡改舊觀矣。其法以0爲叢，1爲經，2爲史地，3爲哲學與宗教，4爲文學，5爲社會科學，6爲自然科學，7爲應用科學，8爲藝術。又無900，故實際僅有九類，悖杜威十分十進之義遠矣。故嚴格論之，有豐亦應歸入第三派也。桂質柏之中央大學圖分類大全因之，加革命文庫爲900，湊成十部。質柏在齊魯大學圕時原有嚴守杜法之意，後因職業關係，故改從有豐之法耳。在此派中，改動大部最少者爲陳東原。其法僅移文學於語言之地位，而新設地理部於文學原位，餘悉不動。然於部以下之類目，則亦以意自造。總之此派名爲倣杜，實只倣其意，則並不守其例。其中以杜定友之細目最完備，倣用者亦最多。自餘諸家，惟劃疆自守而已。第二派比較前派穩健，大體不甚變動，而僅增改若干類目之名義及次第。其增改最少而細目最詳，可備一般圖員參考者，允推皮高品之中國圖書十進分類法及索引。此派之趨勢最值得注意，蓋其用意祇在補偏救弊，而不欲另起鑪灶也。第三派則與之絕對相反。如劉國鈞即不用十分法者。彼雖用三位數字而非完全十進。蓋鑒於學術之以大包小，並無一定，每學十分，尤屬呆板。杜威之法，強類目以就數字，實有不合論理之處。故雖沿杜威大部之名義而變動其次第，合語文為一部，擴史地部佔二部之號碼。其順序如下：0為總部、1為哲學，2為宗教，3為自然科學，4為應用科學，5為社會科學，67為史地，8為語文，9為美術。其設立類目也，每視中國書之有無多寡而定，故於中國書之庋藏頗有較便於他法者。倣而用之，亦數數見。施廷鏞之法，則又與劉國鈞不同，乃有得於布朗兼用字母數字之意。先分八類，以甲、乙、丙、丁、戊、己、庚、辛代表總類、哲學宗教、自然科學、應用科學、社會科學、史地、語文、藝術。每類各分十目，共用100至999九百號。雖每類中亦用十進十分之法，而實際已有千位，大類且屬八分，較之杜威，夐乎遠矣。有與此派完全相反者，可舉查修為例。彼除加經書於000至009外，絕對遵守杜威原來之名次。縱有一二改動，而無傷大體。然杜威固輕視中國書者也，故以中國四部之一之文集僅得佔一分位895.1焉；史部之位數略大，亦僅得951。其他渺小之學，杜威原用十位者，亦祇得依之。故音樂之書，屈指可盡，反可列入780矣。或則削足以適履，或則小人穿大衣，大小不倫，全悖杜威十進之義。其見譏於世也宜矣。王雲五有鑒於此，知墨守杜法之不適於中國，與妄改杜法之不合於西書，其弊正同。故發明＋士卄等符號以安排中國書，使中外可以並列，而大小不致倒置。對於杜威原定名次號碼絕對不動，而惟加符號於號碼之前以代表中國。凡有＋之號碼必排列於無＋而絕對相同者之前。有卄之號碼必排列於無卄而十位相同者之前。有士之號碼縱有小數亦必排列於無士而整數相同者之前。自此三種符號後，則中國書之號碼用之不盡，中外對譯之書亦可並肩駢立矣。

體質篇

目錄之體質

目錄之內容，以其記載之對象不同而有藏書目錄與非藏書目錄之異。非藏書目錄之體質，本書將撰史志、宗教目錄、專科目錄、特種目錄等篇以述之。藏書目錄實爲目錄學之主流，其名目至爲繁賾，向爲學者所注重，且有爲之列表彙集者。著者以爲遍舉之則不能盡，擇舉之則有所遺，且其對象不變而分類及體質則時時有進步，故本書祇擷取其分類及體質之不同，分撰二篇，系統敍述，不復備稱其名目撰人焉。夫所謂體質者，構成目錄之質料，目錄構成之體式，皆是也。通俗言之，則爲編目。然現代所謂編目，含義略狹，未能廣包。故改用「體質」以統攝編目、解題、引得、小序、總序等等構成目錄之質料，與活頁、辭典、類書、年表、散文等等目錄構成之體式。語意所及，却又並不限於藏書目錄。蓋藏與非藏之分，古代相距甚近，原不必強加隔離。且非藏書目錄之分類與體質，亦同樣有提出合述之必要也。或曰：藏書目錄既爲目錄學之主流，何以獨不自成一篇？曰：頃已言之矣：對象不變，則其內容大多從同，祇須擷取有異者敍述於分類篇與體質篇足矣！何必備列其名數哉？

編目法之演進　現代最古目錄爲漢書藝文志，其前身卽七略。今觀其編目法，首爲總序，敍漢室藏書校書之源流。次列書目撰人篇數，其例有四：有先著書名而後繫撰人（此撰人通指注者編者。）篇數者，如「易經十二篇，施孟梁丘三家」是也。有先著撰人而後繫書名篇數者，如「劉向五行傳記十一卷」是也。有僅著書名篇數而不錄撰人者，（或因未詳何人，或因多人累積。）如「周書七十一篇」是也。有卽以撰人爲書名，逕繫篇數者，如「太史公百三十篇」是也。有加文體於撰人後，卽以爲書名而繫以篇數者，如「屈原賦二十五篇」是也。再次則有小注，其內容有六類：一、如「名何，字叔元，菑川人」係介紹撰人。二、如「自甲子至壬子，說易陰陽」係解釋書之內容。三、如「出孔子壁中」係說明書之來歷。四、如「多問王、知道」係記載篇目之多寡。五、如「有錄無書」係斷定書之存佚。六、如「陸賈所記」係補注書之撰人。七、如「六國時所作，託之力牧。力牧，黃帝相」係判定書之時代及眞僞。此皆自七略摘要而來，原皆敍錄之一二語也。並列同種之書，暗中彷彿仍有子目，同屬一子目者，則以時代爲次。一種之後，必計其總數，如「凡易十三家二百九十四篇」是也。然後有一段小序，其例文已引見於溯源篇，大體敍述此種學術之源流，並論定其是非得失，或說明自成一類之理由。合若干種爲一略，必有一段稍長之序，統論此略學術之大勢，批評之意多而敍述之語少。最後則有一行「大凡書六略，三十八種，五百九十六家，萬三千二百六十九卷」以總括大數。漢志之體質若是，後世之史志遂以爲宗。其不同之處，惟隋書經籍志始一律首列書名及卷數爲綱，改以撰人爲注。對於撰人不復詳介，而祇敍其時代官銜。書之內容眞僞，亦仿漢志之例，間或注明。但特創分別存亡殘缺之注，一以七錄爲準。如「梁有江淹齊史十三卷，亡」雖附注於沈約齊紀之下，其實無關。此一例也。又如「後漢記六十五卷」注云：「本一百卷，梁有，今殘缺。」此二例也。當時現存者則不備注存字。後世經義考之創立存，佚，闕，未見四柱，卽有得於隋志之遺意。然一般藏書目錄與史志皆未用此例，而獨對於首列書名之例則守之最嚴，成爲習用之定法矣。每類小序及每部總序，隋志本漢志之舊而接述後事。下至開元羣書四錄、古今書錄猶有此風。自舊唐書以下始加翦除，除明焦竑國史經籍志、近人黃逢元補晉書藝文志嘗恢復小序外，其他各家無論是否藏書目錄，皆不復注意及此。漢隋之間，則惟七志、七錄、七林有之，其他亦不甚可考。此在體質史中，實爲有小序之一派，其旨在敍述學術源流，章學誠所最恭維者也。三七之外，兩晉、南北朝之祕閣目錄，自荀勖「但錄題及言盛以縹囊，書用緗素；至於作者之意，無所論辯」後，介紹撰人，解釋內容，批評得失之敍錄，遂被屏棄不用。試觀隋志所載王儉宋元徽元年四部書目錄，殷鈞梁天監六年四部書目錄，陳天嘉六年壽安殿四部書目錄，陳德教殿四部目錄，開皇四年四部目錄，開皇八年四部目錄，香廚四部目錄，皆祇四卷，便知其正合開元七年令麗正殿寫書應於四庫各爲目錄之詔，蓋原來皆在書庫中備檢尋之用，故各成一卷，合之四庫，適爲四卷也。此種四卷之四部目錄，隋志譏其「不能辨其流別，但記書名而已。」晉隋之間，目錄學最爲衰敝，正坐「但記書名！」唐初始稍稍革新，而明代又蹈覆轍。如文淵閣書目僅有書名冊數，併撰人亦不能盡列。此在目錄之體質史中，實爲僅有書名之一派，簡陋之藏書樓目錄每每如此，其旨祇在備尋書之用，原非著作也。介乎上述二者之間，無前者之小序而詳於後者之但記書名者，則爲一般藏書目錄，溯其原始，或漢代私藏之家業已有之。史籍所載，則以梁人任昭爲最早。但其體質如何，究不可知，今存之書以南宋尤袤之遂初堂書目爲最古，但又出於任意刪削古書之說郛中，故是否原來之眞相，亦不可知。姑據以考察，則書名之外，更繫卷數及撰人，如有數種版本，則兼載之。此例一開，遂成後世最習用之體質，現存明清二代之藏書目錄，十分之八皆此類也。論此道最精者，爲清孫從添之藏書紀要。其第六則編目有云：「大凡收藏家編書目有四，則不致錯混顛倒遺漏草率。檢閲清楚，門類分晰，有條有理，乃爲善於編目者。一編大總目錄，分經史子集，照古今收藏家書目行款，或照經籍考、連江陳氏書目，俱爲最好，可謂條分縷晰精嚴者矣。前後用序跋。每一種書分一類，寫某書若干卷，某朝人作。該寫著者、編者、述者、撰者、錄者、注者、解者、集者、纂者，各各寫清，不可混書。依宋板、元板、明板、時刻、宋元鈔、舊鈔、明人鈔本、新鈔本，一一記清。校過者，寫某人校本，下寫幾本或幾册，有套無套。一種門類寫完後，有存白頁以備增寫新得之書，編成一部。末後記書若干部，共若干册，總數於後，以便查閲有無，將來即爲流傳之本。其分年代，不能全定，因得書先後不一，就其現在而錄之，可也。釋道二氏之經典語錄，附於後。寫清裝成，藏於家。二編宋元刻本鈔本目錄，亦照前行款式寫，但要寫明北宋、南宋、宋印、元印、明印本，收藏跋記、圖章姓名，有缺無缺，校與未校。元板亦然。另貯一櫃，照式行款寫之。櫃用封鎖，不許擅開。精鈔、舊鈔、宋元人鈔本、祕本書目，亦照前行款式寫，但要寫明何人鈔本，記跋圖章姓名，有缺無缺，不借本，印宋鈔本，有板無板。校過者，書某人校本或底本臨本。錄成一册，雖目錄亦不可輕放，恐人借觀遺失。非常行書籍，皆罕有之至寶，收藏者愼之寶之。三編分類書櫃目錄一部，以便檢查而易取閱。先將書櫃分編字號，櫃內分三隔，櫃門背左實貼書單三張，分上中下，各照櫃隔寫書目本數於上，以便查取。右門背貼書數目，亦分三張，上下中另寫一長條於傍，記書總數目。而所編之書目，照櫃字號亦分寫上中下三隔，先寫經部某字號。櫃內上隔某一部若干卷，某人作，某板，共幾册，上隔共書若干部，共若干本。二三隔照寫。一櫃則結總數，都寫完則寫大總結數於末行後頁。如有人取閱借鈔，卽塡明書目上某年某月某日某人借或取閱。一月一查，取討原書，卽入原櫃，銷去前注。借者更要留心，若一月不還，當使催歸原櫃，不致遺失。此本書目，最爲要緊，須託誠實君子經管，庶可無弊。四編書房架上書籍目錄，及未訂之書，在外裝訂之書，鈔補批閱之書，各另立一目。候有可入收藏者，卽歸入櫃，增上前行各款書目內可也。寫書根，用長方桌一隻，坐身處桌面中挖一塊，板中空五本書厚，縫一條，挾書於中，紮緊書與桌平，照書名行款卷數，要簡而明，細楷書寫之，用黑筆畫，勻細淸朗，乃爲第一。……書上挂簽，用磬紙或細絹，摺一寸闊，照書長短夾簽於首册內，挂下一二寸，依書厚薄爲之，上寫書卷名數，角用小圖章。已上書目如此編寫，可以無遺而有條目矣。」向來藏書目錄，其精詳者，大體均準孫氏此例，但普通祇有第一種大總目錄刊行於世，藏善本者則有第二種善本目錄行世，至於第三種書櫃目錄，架上目錄，僅專爲庋藏檢尋之用，未有宣傳於外者也。洎乎西洋圖書館之編目法傳入我國，各圖始有仿而行之者。介紹其法者似以顧實之圖書館學通論爲最早，民國七年。旋卽有杜定友之圖書目錄學、洪有豐之圖書館之管理與組織。然皆略談編目，兼及其他。拙著目錄學亦然。晚近始有專門研究編目法者，如金敏甫之現代圖書館編目法，裘開明之中國圖書編目法，何多源之圖書編目法，黃星輝之普通圖書編目法，皆名著也。一般所討論之目錄，皆指活頁卡片式而言，以便檢尋。每一活頁，對於撰人，書名，版本，出版處，稽核事項，叢書名稱，目次，分類號碼，撰人號碼，收入登記號碼，皆一一記錄。其不同於舊有帳簿式者有三：（一）形式之異，改書本爲活頁。（二）體例之異，有索書號碼而無解題敍錄。（三）編次之異，不復僅依分類而序列，有混合撰人、書名，依檢字法編爲辭典式者，有創用事物主題爲綱而分類序列者，有併分類目錄亦用辭典式者。且叢書彙刊有分析目錄，兩類皆近者、一人二名者、著譯同書者，皆有互見目錄，日報雜誌另列者有獨立目錄。較之古代目錄，條目較多，檢查益便。凡能利用圖書館者類能道之，無庸一一詳述矣。

解題之有無及其派別　自劉向校書，「每一書竟，輒撮其旨意，錄而奏之，」對於撰人之履歷、思想，書之內容、得失，校書之曲折，皆覼縷述之。（見溯源篇。）遂開後世解題一派。然目錄未必皆有解題，解題亦未必皆同體例。劉向別錄所開之風氣，後世有完全接受者，有撮取精華者，有偏舉局部者。如其子劉歆之七略，唐毋煚之古今書錄，清之四庫全書簡明目錄，卽撮取精華，各方面皆已論到，而又不如別錄之詳盡者也。如劉宋殷淳之四部序錄，唐元行沖之羣書四錄，北宋之崇文總目，南宋之中興館閣書目，清之四庫全書總目提要，卽完全接受別錄之體例，對於一切皆一一詳論者也。如劉宋王儉之七志，「但於書名之下，每立一傳；至於作者之意，無所論辯。」南宋晁公武之郡齋讀書志，陳振孫之直齋書錄解題，明高儒之百川書志，則精神時有所偏，不能每書皆逐一研究其各方面，體例不能純潔，此又一派也。自清初錢曾撰讀書敏求記，特別注重版本方面，後來自黃丕烈之百宋一廛書錄至繆荃孫之藝風藏書記，皆向此途發展，此又一派也。（看特種目錄篇。）自朱彝尊撰經義考，仿元馬端臨文獻通考經籍考備錄成說以備考證之例，撰史籍考者數家，小學考、許學考之類，層出不窮。藏書家如陸心源皕宋樓藏書志亦用其例，此又一派也。又有專述書之內容以便讀者之取材者，周中孚之鄭堂讀書記已啓斯意，近人之解題尤多精到之論，如先師梁任公先生之要籍解題及其讀法，即其最顯者。（看特種目錄篇。）

檢字引得之進步　古人檢字之法，極難考知。中世始有依韻目檢字者，有依千字文檢字者。明清之間，部首之法始克通行。（康熙字典其最著者。）依「江山千古」「、丨ノ一」之次序，則早行於官署檔案之間，莫悉其所由來。至於以筆畫之少多爲先後，則始於三十年來之字典。晚近乃有百餘種檢字法發生，釐其種類，除部首法筆數法外，可分爲三：(一)筆順法，即根據「江山千古」而改善者，以陳立夫之五筆檢字法爲最精。而萬國鼎之漢字母筆排列法，陳德芸之德芸字典次之。(二)字形法，將字形之異分類而訂定其順序，最著者爲杜定友之漢字形位排檢法，吾友張鳳君之體點線面檢字法，但皆不同。(三)號碼法，則以王雲五先生之四角號碼檢字法爲最易學易檢，且最通行。而洪業之中國字庋擷法，亦用號碼爲次。此外諸法，無庸細述。至其與目錄之關係，則因其可爲編製引得(Index)之用。此理古人已有知之者，如章學誠即謂「校讎之先，宜盡取四庫之藏，中外之籍，擇其中之人名、地號、官階、書目，凡一切有名可治，有數可稽者，略倣佩文韻府之例，悉編爲韻，仍於本韻之下，注明原書出處，及先後篇第。自一見再見，以至數千百，皆詳注之。藏之館中，以爲羣書之總類。至校書之時，遇有疑似之處，卽名而求其編韻，因韻而檢其本書，參互錯綜，卽可得其至是。此則淵博之儒窮畢生年力而不可究殫者，今卽中才校勘，可坐收於几席之間。非校讎之良法歟？」（見校讎通義。）今日各圖辭典式之活頁目錄卽應用檢字法而成。書本目錄亦有不分類而用檢字法製成引得者，如洪業之二十種藝文志綜合引得，其鉅著也。卽使依然分類，亦多附錄引得以便檢尋，此例甚多，不待遍舉矣。

目錄體式之變態　古代目錄多屬類書式，分類列目，備記書名、卷數、撰人，或略敘內容，（如漢志。）或兼列版本。（如遂初堂書目。）近二十年始有活頁式，（卽卡片。）其內容略同古錄，此目錄之通常體式也。活頁依檢字法編爲引得，或更彙刊爲書本，則成辭典式。又有依購收時間之先後，時經書緯，列爲年表式者。又有考一人一學派一時代之著作，亦用年表式者。其兼有解題之目錄，則有附類書式而存在者，亦有如散文之雜入文集或獨立成書者。廣義而論，文集中之序跋及書評皆解題目錄之變態也，不可以其名目不備，體式不倫而輕棄之。

校讎篇

校讎與目錄 校讎之義，近乎整理，非祇校勘字句，著者已於敍論篇言之矣。校讎在目錄之先，目錄爲校讎之果。古之書籍，未經校讎，難於著錄，故兩事相因，不易分辨。中世以藏書爲炫耀，祕府往往鈔寫舊書爲一律之體式，故校勘整理俱所不免，寫定之後，亦有目錄。近世私家善讀書者，則廣勘衆本，考定異同，擇善而從，蔚成專科之學。藏者不必能校，校者不必自藏，目錄學之與校讎學（校勘），遂截然兩途矣。本書對於純粹之校勘學未便過於牽涉；僅能取歷史上幾番大規模之校讎（整理）工作與目錄學有重大而密切之關係者，略述爲校讎篇，而私家藏書校讎（校勘）最精者亦稍稍附及焉。

漢代校書七次 向歆錄略，學者共曉。班固典校東觀，隋志所載。除此之外，尚有五焉。漢初丁秦火之後，丞相御史博士所藏圖籍猶多，但已散亂，故高帝令「蕭何次律令，韓信申軍法，張蒼爲章程，叔孫通定禮儀。」（據史記自序。漢書高帝紀。）此爲第一次之大整理。武帝以「書缺簡脫，」「於是建藏書之策，置寫書之官。」此爲第二次之大整理，其結果爲「下及諸子傳說，皆充祕府。」（據漢志。）楊僕且「紀奏兵錄。」「漢成帝時，以書頗散亡，」詔劉向、任宏、尹咸、李柱國等校經傳、諸子、詩賦、兵書、數術、方技，「哀帝復使向子歆卒父業。」（漢志）此爲第三次之大整理，別錄與七略由是出焉。溯源篇已將此三事詳加考索，無庸再述。後漢「光武遷還洛陽，其經牒祕書載之二千餘兩，自此以後，參倍於前。」（據後漢書儒林傳。）「石室蘭臺彌以充積。又於東觀及仁壽閣集新書，校書郎班固、傅毅等典掌焉。並依七略而爲書部。」（據隋志。但有誤。考班固以明帝永平五年「被召，詣校書郎，」後除蘭臺令史，再遷爲郎，始「典校祕書。」非初任校書郎即已典校祕書也。傅毅則以章帝建初六年，「爲蘭臺令史，拜郎中，與班固賈逵共典校書。」其職亦非校書郎。又隋志此文之後，有「固又編之以爲藝文志。」意若漢書藝文志乃根據東觀及仁壽閣之新書編成也者。殊不知漢志乃全抄七略也。故隋志之「之」字應視爲七略之代名詞。非指東觀及仁壽閣之新書也。）此第四次之大整理也。安帝永初四年，「鄧太后詔謁者僕射劉珍與校書劉騊駼、馬融及五經博士校定東觀五經、諸子、傳記、百家藝術，整齊脫誤，是正文字。」（據後漢書卷十及卷五。）並令長樂太僕蔡倫「監典其事。」（同上卷百八。）此第五次之大整理也。順帝永和元年，詔侍中屯騎校尉伏無忌「與議郎黃景校定中書五經、諸子、百家藝術。」（據後漢書卷五十六。）此第六次之大整理也。靈帝熹平初，蔡邕「拜郎中，校書東觀，」熹平四年，與堂谿典、楊賜、馬日磾、張馴、韓說、單颺等奏求正定六經文字，遂立石經於太學門外。（據後漢書卷九十。）

此第七次之大整理也。除第三次外，其目錄並不傳於後。（錄略傳至唐末乃亡。）後漢四次，史籍且未載其有目錄。然治史者固不可因史籍不言而遽斷其必無。姑認爲皆倣第三次之成規，（隋志所謂並依七略而爲書部。）亦未始不可耳。

魏吳兩晉校書六次

「魏氏代漢，采掇遺亡，藏在祕書中外三閣，魏祕書郎鄭默始制中經」（隋志）「考覈舊文，删省浮穢。中書令虞松謂曰『而今而後，朱紫別矣。』」（據晉書卷四十四。）此曹魏之校書也。「孫休踐祚」韋昭「爲中書郎、博士祭酒」，休「命昭（原避晉諱改作曜。）依劉向故事校定衆書」。（三國志吳志卷二十。）此孫吳之校書也。晉武帝泰始十年，（參看拙著中國目錄學年表。）荀勗「領祕書監，與中書令張華依劉向別錄，整理記籍。」（晉書卷三十九。北堂書抄卷一百○一引荀勗讓樂事表有「臣掌著作，又知祕書，今覆校錯誤，十萬餘卷」等語，則其校書規模甚大，與向錄同。）因魏中經，「更著新簿，分爲四部，總括羣書。」（參看分類篇。）大凡四部合二萬九千九百四十五卷，但錄題及言盛以縹囊，書用緗素。至於作者之意，無所論辨。」（見隋志。）此西晉第一次之校書也。始正名爲「整理」，較之校讎，明確多矣。歷時頗久，故後數年發現之汲冢竹書亦已編入簿中。汲冢之發掘年代不明。晉書（卷三）武帝紀：「咸寧五年冬十月，汲郡人不準掘魏襄王冢，得竹簡小篆古書十餘萬言，藏於祕府。」荀勗傳：（卷三十九。）「及得汲郡冢中古文竹書，詔勗撰次之以爲中經，列在祕書。」事在「咸寧初」之後，「太康中」之前。束晳傳：卷五十一。「初太康二年，汲郡人不準盜發魏襄王墓，或言安釐王冢，得竹書數十車。」有「紀年十三篇，易經二篇，易繇陰陽卦二篇，卦下易經一篇，公孫段二篇，國語三篇，名三篇，師春一篇，瑣語十一篇，梁丘藏一篇，繳書二篇，生封一篇，帝王所封，大曆二篇，穆天子傳五篇，圖詩一篇，又雜書十九篇，大凡七十五篇，七篇簡書折坏，不識名題。初發冢者燒策照取寶物，及官收之，多燼簡斷札，文既殘缺，不復銓次。武帝以其書付祕書校綴次第，尋考指歸，而以今文寫之。晳在著作，得觀竹書，隨疑分釋，皆有義證。」據此所載，則發現汲冢竹書之事却在太康二年，後於武帝紀所載凡二年。而今存荀勗上穆天子傳序亦稱係太康二年，不知武帝紀何所據而提早二年也？杜預左傳集解序又作太康元年。汲冢書既「列在祕書」，編於晉中經簿丁部詩賦圖讚之後。七錄序又稱其簿「雖分爲十有餘卷，而總以四部別之。」著者以是斷其不分類別，僅僅約略有四部之異置。參看分類篇。又隋志稱其「但錄題及言，至於作者之意，無所論辯，」而上穆天子傳序却有簡單之解題，據此推之，則所謂「錄題及言」者，著錄書名及略作解題也。所謂「於作者之意，無所論辯」者，不似別錄之能批評得失，判別是非也。其書當與後來之王儉七志同一體制，有解題而極略，論其淵源，乃自七略，但其有部無類則又似別錄。至於魏吳校書是否一準劉向之例，尚未考知。若後漢則既「並依七略而爲書部」，則或亦依別錄而有詳細之敍錄，與向歆殆同一系。自荀勖「但錄題及言」後，此制泯滅，直三百五十年，至唐貞觀初始由魏徵恢復舊觀。中間南北各代，分類則悉沿四部，編目則删除敍錄。其能稍作解題，雖有遜於劉向之詳而不似李充之陋者，惟劉宋殷淳、王儉二家耳。（參看次章。）東晉一代，則有李充、徐廣二次校書。隋志：「東晉之初，著作郎李充以勖舊簿校之，其見存者，但有三千一十四卷，充遂總沒衆篇之名，但以甲乙爲次。」晉書（卷九十二。）李充傳：「征北將軍褚裒又引爲參軍，充以家貧，苦求外出，乃除剡縣令，遭母憂，服闋，爲大著作郎。于時典籍混亂，充删除煩重，以類相從，分作四部，甚有條貫，祕閣以爲永制。」古今書最（廣弘明集卷三引。）有晉元帝書目，卷數適與李充所校相同，而說者乃謂充之編目在元帝時也！豈知褚裒於成帝咸和二年始爲參軍，穆帝永和五年始爲征北大將軍，則李充之入著作乃在永和五年後若干年。其書所以名晉元帝書目者，徒以據元帝所遺留之書而編目耳。收書既少，非但不分小類，（所謂「但以甲乙爲次」。）且亦略無解題，（所謂「沒略衆篇之名」。）較之荀勖，又遜一籌，在目錄學史中又爲一大變化，衰弊極矣！徐廣之事，則爲一般所不注意。玉海卷五十二。引續晉陽秋：「寧康十六年，詔著作郎徐廣校祕閣四部見書，凡三萬六千卷。」晉書卷八十二。徐廣傳：「孝武世除祕書郎，典校祕書省。增置省職，轉員外散騎侍郎，仍領校書。」「義熙初，」始「領著作。」考孝武帝寧康僅有三年，玉海所引「十六」當爲「元」字形似之訛。廣領著作在安帝義熙初，則職銜亦略有誤，當以晉書爲準也。吾今書最有晉義熙四年祕閣四部目錄，或卽據徐廣所校而編成者。

南北朝校書十餘次

南朝承東晉之舊，第一次之大整理，不爲一般所習知。宋書卷五十九。殷淳傳：「少帝景平初，爲祕書郎，衡陽王文學，祕書丞，中書黃門侍郎。……在祕書閣，撰四部書目，「南史卷二十五。作四部書大目」凡四十卷，行於世。元嘉十一年卒。」古今書最、隋志、唐志並不載此目，惟新唐志有「殷淳四部書目序錄三十九卷，」卽其書也。夫既稱爲「大目」或「序錄」，又多至四十卷，則其必有異於普通無敍錄之書目矣。王儉七志亦有四十卷，其體制必略同。淳於少帝時卽入祕書，然少帝在位僅有一年，次年卽爲文帝元嘉元年，則淳第二次入祕書爲丞時已在元嘉之初。宋書卷六十七。謝靈運傳：「徵爲祕書監，使整理祕閣書，補足闕文。」事在誅徐羨之之後，考卷五。文帝紀，誅徐在元嘉三年，則靈運爲監，淳爲丞，時代近接。靈運素憚公事，且「尋遷侍中，」於元嘉五年託疾東歸，遂不復入建業。而隋志序乃載「宋元嘉八年祕書監謝靈運造四部目錄，大凡六萬四千五百八十二卷，」名數殆皆有誤。古今書最載宋元嘉八年祕閣四部目錄，有書一萬四千五百八十卷，可知隋志之「六」字實爲「一」字之誤。而「謝靈運」或亦爲殷淳之誤也。靈運官職較高於淳，古書往往但著長官之名而沒小官之功。故殷謝之業，或爲同功，實南朝校書撰錄之第一次。第二次則在後廢帝元徽元年。先是祕書郎太子舍人王儉「超遷祕書丞，上表求校墳籍，依七略撰七志四十卷。」南齊書卷二十三。「元徽元年八月辛亥，」宋書卷五。「上表獻之。」南齊書。但宋書作三十卷。分爲七類，見分類篇。「其道佛附見，」見宗教目錄篇。「合九條。」隋志稱其「亦不述作者之意，但於書名之下，每立一傳。而又作九篇條例，編乎首卷之中。文義淺近，未爲典則。」夫既「不述作者之意，」則似無敍錄；然又「於書名之下每立一傳，」所謂傳者非專指作者之傳記，乃稱書名之解題也。其體制當與郡齋讀書志及直齋書錄解題略似，重在說明書之內容而不述作者之思想，故其文字當稍簡耳。著者陋見，認定自荀勗、殷淳，經過王儉、毋煚，下逮郡齋、直齋二錄，皆屬同一系統，介乎有敍錄之別錄與無敍錄之晉中經簿兩者之間。在編目解題方面實衍七略之緒也。王儉同年「又撰定元徽四部書目，」（南齊卷二十三。）「大凡一萬五千七百四卷，」（隋志）而其目僅四卷，當七志十分之一，蓋有目而無解題，故渺小若是耳。梁初任昉、殷鈞之業，卽繼承此項祕閣四部書目錄（古今書最正名如是。）而作，故昉雖「躬加部集，」（隋志）「手自讎校，」（梁書卷十四。）其結果亦不過「篇目定焉。」（同上）殷鈞所撰梁天監六年四部書目錄四卷，（隋志）卽與昉同功之果也。是時當梁武帝極盛右文之際，祕閣四部之外，又於「文德殿內列藏衆書，華林園中總集釋典，」（隋志）「令劉孝標撰文德殿四部目錄，」（同上）僧紹、寶唱先後撰衆經目錄。（見宗教目錄篇。）「其術數之書，更爲一部，使奉朝請祖暅撰其名。」（隋志）而書畫亦有目錄，（看專科目錄篇。）此外非目錄學之業，如任昉編地記，（見隋志。其先有齊人陸澄編地理書。）吳均撰通史，（見梁書卷四十九。）何思澄等撰華林遍略，（同上）大半皆由梁武帝發縱指揮，對於古代文化作一番大規模之整理，其業甚盛。然多因而不創，故其成績未能卓絕，目錄方面亦無以超軼前代焉。同時雖有阮孝緒撰七錄，廣羅當代官私目錄爲一編，在分類篇中頗有地位，然非確有其書，未經校讎，故無敍錄，書名雖似七略、七志，而實質迥殊，數量亦僅僅十二卷，誠未堪比儗耳。（分類則同一系統，且爲七林隋志之祖，請看分類篇。）自此以後，梁元帝雖藏書十四萬卷，而未聞有校讎著錄之事。陳代則宣帝太建中嘗鈔寫古籍，而其規模則遠遜宋梁矣。至於北朝，則魏、齊、周、隋皆嘗校書。魏孝文帝永明末，盧昶「轉祕書丞，」魏書卷四十七。宣武帝世宗「卽位之後，」孫惠蔚「自冗從僕射遷祕書丞，旣入東觀，見典籍未周，乃上疏曰：『觀閣舊典先無定目，新故雜揉，首尾不全，有者累帙數十，無者曠年不寫，或篇第褫落，始末淪殘，或文壞字誤，謬爛相屬，篇目雖多，全定者少。此種現象，劉向校書時當亦如此。臣請依前丞臣盧昶所撰甲乙新錄，欲裨殘補闕，損併有無，校練句讀，以爲定本，次第均寫，永爲常式。其省先無本者，廣加推尋，搜求令足。然經記浩博，諸子紛綸，部帙旣多，章篇紕繆，當非一二校書歲月可了。今求令四門博士及在京儒生四十八人在祕書省專精校考，參定字義。』詔許之。」魏書卷八十四。此次規模不小，惠蔚後又「遷祕書監，仍知史事，」同上 似其功可成，當有目錄，而史不之載。迨北齊「遷鄴，頗更鳩聚，迄於天統、武平，校寫不輟。」隋志 文宣帝天保七年「詔令校定羣書，供皇太子。」樊遜與高乾和「等十一人同被尙書召共刊定。時祕府書籍紕繆者多，」乃借書於邢子才、魏收等之家，「凡所得別本三千餘卷，五經諸史，殆無遺闕。」北齊書卷四十五，北史卷八十三。魏齊二度，皆僅校經史而不及子集。北周則明帝卽位後，嘗「集公卿已下有文學者八十餘人於麟趾殿刊校經史」，周書卷四。與其事者爲元偉、蕭撝、韋孝寬、蕭大圜、宗懍、王褒、姚最、明克讓等。似亦僅有經史而無子集，但未可定。其故皆莫之知。其目錄亦不見於史。隋代則文帝「開皇三年，祕書監牛弘表請分道使人搜訪異本，每書一卷，賞絹一匹，校寫旣定，本卽歸主。於是民間異書往往間出。」隋志 開皇四年四部目錄當卽是時所作也。「及平陳以後，經籍漸備，檢其所得，多太建時書，紙墨不精，書亦拙惡。於是總集編次，存爲古本。召天下工書之士京兆韋霈、南陽杜頵等於祕書內補續殘缺，爲正副二本，藏於宮中，其餘以實祕書內外之閣，凡三萬餘卷。」隋志 開皇九年四部目錄當卽是時所作也。及十七年「許善心除祕書丞。時祕藏圖籍尙多淆亂，善心倣阮孝緒七錄，更製七林，各總敍冠於篇首，又於部錄之下，明作者之意，區分類例焉。又奏追李文博陸從典等學者十許人正定經史錯謬。」隋書卷五十八，北史卷八十三。 此則注重分類而無敍錄者也。「煬帝卽位，祕閣之書，限寫五十副本，分爲三品，上品紅瑠璃軸，中品紺瑠璃軸，下品漆軸。於東都觀文殿東西廂構屋以藏之，東屋藏甲乙，西屋藏丙、丁。「有大業正御書目錄九卷」又聚魏已來古迹名畫，於殿後起二臺，東曰妙楷臺，藏古跡；西曰寶臺，藏古畫。又於內道場集道佛經，別撰目錄。」隋志。參看宗教目錄篇及專科目錄篇。 此種橫亙於四部書畫佛道之大規模整理，實爲梁武帝以後範圍最大之一次，前此惟漢成帝時可比，後此惟唐玄宗、宋仁宗、清高宗時可比。其餘皆不堪相儗焉。據上所述，則南朝之宋有二度，殷淳、王儉。 梁有數處，祕閣、文德殿、華林園。「此外各代編目甚多，非大規模之整理，故不錄。」北朝則魏、齊、周各有一度，（史惟載其一錄。）隋獨有四度。其同一現象，在分類方面爲多用李充四部而無小類，（除七志、七錄、七林外。）在編目方面爲刪除敍錄而存書目，（殷淳大目及七志除外。）在目錄學史中實上接兩晉而爲最衰弱之一期焉。（七錄分類之特色應除外。）

唐代校書四次　唐初有一大事，爲一般所不注意者，則魏徵嘗撰敍錄是也。唐會要：（卷三十五。）「武德五年，祕書監令狐德棻奏請購募遺書，重加錢帛，增置楷書，專令繕寫。」「至貞觀二年，祕書監魏徵以喪亂之後，典章紛雜，奏引學者校定四部書。」（唐書卷七十一同。）唐書：（卷一百九十上。）「太宗命祕書監魏徵寫四部羣書，將進內貯庫，別置讎校二十人，書手一百人。徵改職之後，令虞世南、顏師古等續其事。至高宗初，其功未畢。顯慶中，罷讎校及御書手，令工書人繕寫，計直酬傭，擇散官隨番讎校。」唐會要：「乾封元年十月十四日，上以四部羣書傳寫訛謬，並亦缺少，乃詔東臺侍郎趙仁本、兼蘭臺侍郎李懷儼、兼東臺舍人張文瓘等集儒學之士，刊正然後繕寫。」唐書（卷一百九十上。）崔行功傳：「與李懷儼「等相次充使檢校，又置詳正學士以校理之。行功仍專知御集。遷蘭臺侍郎。咸亨中，官名復舊，改爲祕書少監。上元元年卒。」據上所引，則唐太宗高宗二朝，自魏徵至崔行功，校書不絕，前後亙連，至少四十七年。（上元元

（以後或停頓。）可謂久矣。舊、新唐志並未載徵等之目錄。然毋煚古今書錄序（舊唐志序引。）攻擊羣書四錄之五大罪狀，其一宗爲「所用書序，或取魏文貞；所分書類，皆據隋經籍志。」考文貞爲魏徵之謚，刊魏徵校書，撰有序錄，確然無疑。世南、師古以下，踵其前規，想亦就其所校寫本各撰序錄。故開元時撰羣書四錄，「四萬卷目，二千部書名目，首尾三年，便令終竟，」（亦古今書錄序語。）良由成例具在，鈔撮非難，故其所成之書多至二百卷，實爲數十年來先哲漸積之功，非僅賴開元時代二十數人之力耳。開元校書撰錄之業，原由褚無量、馬懷素分職進行，祇因馬、褚先後病卒，故由元行沖總代其職。舊、新唐書、唐會要及玉海記載此事，各有差誤，且甚混亂，讀者惑之。謹鉤稽考訂述之於次：「開元三年十月甲寅，以光祿卿馬懷素、左散騎常侍褚無量並充侍讀。」此一事也，見於舊唐書（卷八）玄宗本紀，（新唐不載。）而於「左」字上衍一「爲」字，文遂不通。考褚無量傳：（舊唐書卷百二。）「召拜左散騎常侍，復爲侍讀，」而知左散騎常侍非懷素而是無量也。（唐會要卷三十五乃誤左爲右。）舊唐書（卷四十六。）經籍志：「開元三年，左散騎常侍褚無量、馬懷素侍宴，言及經籍，（唐會要作「言及內庫及祕書墳籍」。）玄宗曰：『內庫皆是太宗、高宗先代舊書，常令宮人主掌，所有殘缺，未遑補緝，篇卷錯亂，難於檢閱，卿試爲朕整比之。』」（唐會要略同。）此又一事也。考玄宗本紀，三年尚在京師，（長安）

未幸東都，（洛陽）則其所言，當指京師內庫及祕書監之藏書，與後二年在東都乾元殿之寫書或爲二事；如係一事，則「三」字當爲「五」字之誤。而舊唐書及唐會要乃與七年借書之詔及百官入乾元殿觀書二事相屬爲文，殊不知觀書乃在東都，借書之詔乃在馬、褚死後，絕無關係也。玉海（卷五十二。）引集賢注記：「五年於東京乾元殿寫四部書，無量充使檢校。」此又一事也。而新唐書（卷五十七。）藝文志乃誤記：「玄宗命左散騎常侍昭文館學士馬懷素爲修圖書使，與右散騎常侍崇文館學士褚無量整比，會幸東都，乃就乾元殿東序檢校。」不知檢校乾元殿書乃無量專任之業，與懷素並無關係也。

茲先述無量之事：新唐書（卷二百。）褚無量傳所載最詳：「初內府舊書，自高宗時藏宮中，甲乙叢倒，無量建請繕錄補第，以廣祕籍。天子詔於東都乾元殿東廂部彙整比，無量爲之使。因表聞喜尉盧僎、（唐會要僎作撰。）江夏尉陸去泰、（唐會要去作元。）左監門率府胄參軍王擇從、武陟尉徐楚璧分部讎定。（唐會要作分庫檢校。）衛尉設次，光祿給食。又詔祕書省、司經局、昭文、崇文二館更相檢讎，采天下遺書以益闕文。」舊唐書（卷百二。）褚無量傳則載：「無量以內庫舊書，自高宗代，卽藏宮中，漸致遺逸，奏請繕寫刊校，以弘經籍之道。玄宗令於東都乾元殿前施架排次，大加搜寫，廣采天下異本。」通鑑「五年十二月詔訪逸書，於乾元殿編校。」玉海引集賢注記：「六年三月五日，學士以下始入乾元院。」又云：「六年八月十四日，整比四部書成，令百官入乾元殿東廊觀書，無不歎駭。」據此，則無量擔任整比內庫之書，並訪求遺逸，補寫入藏，其助手爲盧僎等。其時爲六年，其地爲乾元殿，昭昭甚明。而舊唐志及唐會要乃繫百官觀書之事於七年之後，會要且誤百官爲百姓官人。舊唐書褚無量傳則又誤記：「數年間，四部充備，仍引公卿已下入殿前縱觀焉」。新唐傳之誤同。考玄宗本紀：「六年十月丙申，車駕還京師」，七年並未東幸，則知整比完成，百官入觀，確爲六年八月之事矣。舊唐書褚無量傳：「開元六年，駕還，又勑無量於麗正殿以續前功。」新唐書褚無量傳：「帝西還，徙書麗正殿，更以修書學士爲麗正殿學士，比京官預朝會。復詔無量就麗正纂續前功。」唐會要卷六十四：「六年，乾元院更號麗正修書院，以祕書監馬懷素、右散騎常侍褚無量充使。」此條有二誤。一、乾元在東都，麗正在京師，乃遷移，非更號。二、徙書麗正已在十月之後，而懷素已死於七月矣。此在京師之另一工作也。蓋於整比東都舊書之後，復有校寫新書之事。故新唐傳又載：「無量又言：『貞觀御書皆宰相署尾，臣位卑不足以辱，請與宰相聯名跋尾。』不從。」倘使不寫新書，何必跋尾？然新唐傳記此事於四庫完治之後，徙書麗正殿之前，殊失倫次。且其藝文志複述「無量建議御書以宰相宋璟、蘇頲同署，如貞觀故事」，竟無「不從」字樣，尤乖眞相。唐會要：卷六十四。「六年已後，祕書丞殷承業、右贊善大夫魏哲、通事舍人陸元悌、右率府兵曹參軍劉懷信、胡履虛、恭陵令陸紹伯、扶風縣丞馬利貞，並別勅入院。」又：卷三十五。「七年九月勅：『比來書籍缺亡及多錯亂，良由簿歷不明，綱維失錯，或須披閱，難可校尋。令麗正殿寫四庫書，各於本庫每部爲目錄。據此一語，便知晉唐間之四部目錄乃是每庫藏一部之書，即每部自爲目錄，以備入室取書之用。不必合訂一卷也。其有與四庫書名目不類者，依劉歆七略，排爲七志。此語則當指馬懷素之業。其經史子集及人文集，以時代爲先後，以品秩爲次第。其三教珠英，既有缺落，宜依舊目，隨文修補。』」舊唐傳：「明年八年無量病卒，年七十五，臨終遺言，以麗正寫書未畢爲恨。」舊唐紀：「八年正月壬申，右散騎常侍舒國公褚無量卒。」通鑑作正月丙辰。據此聯想，則無量寫書於麗正殿，始自六年，至七年而始爲四庫目錄，八年而無量卒，其業未畢，容於後文續述之。茲插述馬懷素之事：新唐書卷百九十九。馬懷素傳：「玄宗詔與褚無量同爲侍讀，更日番入。……有詔句校祕書，是時文籍盈漫，皆炱朽蟫斷，籤縢紛舛。懷素建白：『願下紫微黃門召宿學巨儒就校謬闕。』又言：『自齊以前舊籍，王儉七志已詳。請採近書篇目及前志遺者，續儉志以藏祕府。』詔可。即拜懷素祕書監。乃詔國子博士尹知章、四門助教王直、直國子監趙玄默、陸渾丞吳綽、桑泉尉韋述、扶風丞馬利徵、湖州司功參軍劉彥直、臨汝丞宋辭玉、恭陵丞陸紹伯、新鄭尉李子釗、杭州參軍殷踐猷、梓潼尉解崇質、四門直講余欽、進士王愜、劉仲丘、右威衛參軍侯行果、邢州司戶參軍袁暉、海州錄事參軍晁良、右率府胄曹參軍毋煚、滎陽主簿王灣、太常寺太祝鄭良金等，分別讓次。踐猷從弟祕書丞承業、武陟尉徐楚璧是正文字。懷素奏祕書少監盧俌、崔沔爲修圖書副使，祕書郎田可封、康子元爲判官。」舊唐書卷百一。馬懷素傳：「是時祕書省典籍散落，條疏無敍。懷素上疏曰：『南齊已前墳籍，舊編王儉七志。已後著述，其數盈多；隋志所書，亦未詳悉。或古書近出，前志闕而未編。或近人相傳，浮詞鄙而猶記。若無編錄，難辯淄澠。望檢括近書篇目，幷前志所遺者，續王儉七志，藏之祕府。』上於是召學涉之士國子博士尹知章等，分部撰錄，幷刊正經史。」韋述傳：「開元五年爲櫟陽尉，祕書監馬懷素受詔編入圖書，乃奏用左散騎常侍元行冲、左庶子齊澣、祕書少監王珣、衛尉少卿吳兢，幷述等二十六人同於祕閣詳錄四部書。」但元行冲似於懷素死後始任此職，韋述傳必有誤。由此所載，則懷素在祕書省續七志，與無量之在乾元殿整比舊書，完全異趣。所同者惟皆是開元五年開始耳。不知新唐志何以又牽涉二事爲一也？資治通鑑亦誤記二事爲一。「然懷素不善著述，未能有所緒別。」新唐傳。「六年秋七月己未，」病卒。舊唐書卷八。「懷素卒後，詔祕書官並號修書學士，草定四部，人人意自出，無所統一，踰年不成。有司疲於供擬。太僕卿王毛仲奏罷內料。又詔右常侍褚無量、大理卿元行冲考絀不應選者。無量等奏修撰有條，宜得大儒綜治。詔委行冲。（新唐書馬懷素傳。）「於是行冲表請通撰古今書目，名爲羣書四錄。」（舊唐書元行冲傳。）「乃令煚、述、欽總緝部分，踐、猷、愜治經，述、欽治史，煚、彥直治子，灣、仲丘治集。」（新唐書馬懷素傳。）接事之始，當在七年。（據馬傳之「踰年不成」，古今書錄序之「首尾三年」。）至九年冬十一月丙辰，左散騎常侍元行冲上羣書目錄二百卷，藏之內府。（據舊唐書卷八。但新唐書馬懷素傳誤作八年。〔新舊唐志俱作羣書四錄，但舊唐志序衍一部字。〕）此錄「所用書序或取魏文貞，所分書類皆據隋經籍志」，「有書二千六百五十五部四萬八千一百六十九卷」。（玉海卷五十二引會要。）在過去一切目錄中龐大無比。即在後世，亦惟四庫全書總目提要差堪比擬。然此則專錄存書，彼則兼收存目，部卷之數，此雖僅及彼之半，而敍錄之詳，彼實有遜於此。其劣點在材料方面則爲「祕書省經書實多亡闕，諸司墳籍，不暇討論。」「新集記貞觀之前，永徽已來不取；近書採長安之上，神龍已來未錄。」在體例方面則爲「或不詳名氏，或未知部伍。」「書多闕目，空張第數。」此毋煚古今書錄序所指摘者也。自馬懷素建議續七志，至元行冲變計改撰羣書四錄，前後凡五年。故韋述傳云：「五年而成其總目二百卷。」此事雖嘗經褚無量考核一次，然前由懷素創辦，後有行冲主持，實際與無量無關。祇因無量病卒後數日，玄宗卽「命右散騎常侍元行冲整比羣書。」通鑑 故舊唐書卷百二。元行冲傳：「祕書監馬懷素集學者續王儉今書七志左散騎常侍褚無量於麗正殿寫四部書事未就而懷素無量卒詔行冲總代其職。」雖時次不明，固顯然有分別也。行冲旣「知麗正院，又奏紹伯、利徵、彥直、踐猷、行果、子釗、直、煚、述、灣、玄默、欽、良金與朝邑丞馮朝隱、冠氏尉權寅獻、祕書省校書郎孟曉、揚州兵曹參軍韋亶、王嗣琳、福昌令張悱、進士崔藏之入校麗正書。由是祕書省罷撰緝，而學士皆在麗正矣。」新唐書馬懷素傳。後來行冲「以老罷麗正校書事，」新唐書元行冲傳。而十三年夏四月丁巳改麗正殿書院爲集賢殿書院，舊唐書卷八。以中書令張說充學士，知院事，唐會要卷六十四。代行冲。舊唐百官志注。至「十九年冬車駕發京時，集賢院四庫書總八萬九千卷。」雖「其中雜有梁、陳、齊、周、隋代古書貞觀、永徽、乾封、總章、咸亨舊本。」玉海引會要。雖多複本，亦可謂富矣。然毋煚以羣書四錄「知有未愜，追怨良深，」「其後周覽人間，頗覩闕文。」「乃與類同契積思潛心審正舊疑，詳開新制。永徽新集，神龍近書，則釋而附也。未詳名氏，不知部伍，則論而補也。空張之目，則檢獲便增。未允之序，則詳宜別作。紕繆咸正，混雜必刊。改舊傳之失者三百餘條，加新書之目者六千餘卷。」舊唐志引古今書錄序。將羣書四錄「略爲四十卷，名爲古今書錄。」

舊唐志。其分量爲五與一之比。異點爲何，極堪考索。除正誤，補闕，拾遺，改作書序，增加書類，已經煚序明言外。舊唐志又言「煚等四部目及釋道目並有小序及注撰人姓氏。」煚序又言對於釋道之書「亦具翻譯名氏，序述指歸。又勒成目錄十卷名曰開元內外經錄。」則煚錄並未删除「序述指歸」之書序與羣書四錄實同一體制，何以又僅有其五分之一乎？由舊唐志之「略」而聯想及七略之略，七略與別錄至煚時猶存，七略亦有序述指歸之敍錄，不過較別錄爲略耳。然則古今書錄之所異於羣書四錄者，殆亦僅在敍錄較略之一點耳。蓋四錄出於衆修，或全抄各書序跋及篇目，頗似後來之經義考，（但經義考不列篇目，而四錄或不引他書考證語。）及前此之別錄；（但別錄或無各類小序。）而書錄則加以翦裁修正，節略繁雜之各書序跋爲「小序」耳。舊唐志所謂「小序」殆非各類說明分類理由及敍述學術源流之小序，（如漢志例。）而指各書條目後之簡略序錄也。總之，四錄之成，「學士無賞擢者。」（玉海卷五十二。）而書錄「奏上，賜銀絹二百。」（同上引唐會要。）則毋煚所撰猶之王儉七志雖出私人之手，亦食祕府校讎之果矣。自此以後，德宗貞元二年七月，祕書監劉太眞請擇儒者詳校九經於祕書省，從之。三年八月又請添寫史書，從之。（唐會要卷六十五。）祕書少監陳京「凡四命爲集賢學士，在集賢奏祕書官六員隸殿內而刊校益理，求遺書，凡增繕者，乃作藝文新志，名曰貞元御府羣書新錄。」見柳柳州集陳京行狀。「文宗時，鄭覃侍講禁中，以經籍道喪，屢以爲言。詔令祕閣搜訪遺文，日令添寫。開成初，四部書至五萬六千四百七十六卷。」見舊唐志。「於是四庫之書復全，分藏於十二庫。」新唐志。總上所述，則李唐一代，四度校書。第一期自太宗貞觀初至高宗永元元年。第二期自玄宗開元五年至天寶十四載。玉海引唐會要。第三期爲德宗貞元年代。第四期爲文宗開成年代。

宋代校書五次　北宋館閣藏書，最多複本。五代原有所謂三館，宋太宗太平興國二年始於乾元殿東改建，三年二月賜名崇文院。院之東廡爲昭文書庫，南廡爲集賢書庫，西廡有四庫，分四部，爲史館書庫。凡六庫，書籍正副本八萬卷。九年搜訪闕書。端拱元年又建祕閣於崇文院中堂，分內庫書籍四萬卷藏之。眞宗咸平元年十一月，以三館祕閣書籍歲久不治，詔朱昂、杜鎬與劉承珪整比，著爲目錄。二年閏三月，詔三館寫四部書來上，當置禁中太清樓及龍圖閣。三年，咸平館閣書目告成。五年，以龍圖閣及太清樓藏書尙有舛誤，而未讎對者猶二萬卷，於是令劉均、聶震等七人就崇文院校勘。次年，眞宗謂龍圖閣書屢經校讎，最爲精詳。分爲經典、史傳、子書、文集、天文、圖畫六閣。大中祥符三年，又命王欽若選官詳校道藏經。九年奏上。八年，崇文院火，太宗眞宗二代藏書大半煨燼矣。乃命王欽若提點寫校館閣書籍，陳彭年副之，借太淸樓本補寫。仁宗天聖九年，新作崇文院，增募書吏，專事補輯。景祐元年閏六月，以三館祕閣所藏有繆濫不全之書，命翰林學士張觀、知制誥李淑、宋祁，將館閣正副本書看詳，定其存廢，譌謬重複，並從删去，內有差漏者，令補寫校對。倣開元四部錄，約國史藝文志，著爲目錄，仍令翰林學士盛度等看詳。三年，補寫四部書告成。寶曆元年，翰林學士王堯臣等上新修崇文總目六十卷，分十九部，有書三萬六十九卷。同功撰集者爲聶冠卿、郭稹、呂公綽、王洙、歐陽修、張觀、宋庠等。嘉祐四年，祕閣校理吳及以「近年用內臣監館圖書庫，久不更，借出書籍，亡失已多。又簡編脫落，書史補寫不精。請選館職三兩人分館閣吏人編寫書籍」。二月丁酉，遂置館閣編定書籍官。以祕閣校理蔡抗、陳襄，集賢校理蘇頌，館閣校勘陳繹，分史館、昭文館、集賢院、祕閣而編定之。不兼他局，二年一代。用黃紙寫印正本，以防蠹敗。又廣開獻書之路。七年三月，又詔參知政事歐陽修提舉三館祕閣寫校書籍。先是，修請降舊本補寫，嘗詔龍圖、天章、寶文閣、太淸樓管掌內臣檢所缺書錄上，於門下省謄寫。至是年六月丁亥，祕閣上補寫御覽書籍。於崇文總目之外，定著一千四百七十四部，八千四百九十四卷。以校勘功畢，明年遂罷局。此北宋第二次之大整理也。徽宗崇寧初，祕閣補寫黃本。政和七年，校書郎孫覿及著作郎倪濤、校書汪藻、劉彥適撰次祕書總目，較崇文總目多數百家，幾萬餘卷。宣和四年，建補緝校正文籍所。館閣之儲，爲部六千七百有五，爲卷七萬三千八百七十有七。此北宋第三次之大整理也。南宋則有二次：高宗紹興十四年五月，祕書省復置補寫所，又迭次求書州郡。至孝宗淳熙五年，祕書少監陳騤上中興館閣書目七十卷，爲一大結束。凡五十二門，計見在書四萬四千四百八十六卷，較崇文總目所收多一萬三千八百十七卷。寧宗嘉定十三年，祕書丞張攀續之，又得書一萬四千九百四十三卷。（本章所述，多據玉海，宋會要稿，及宋志。詳明出處見拙著中國目錄學年表。）以上所述，皆館閣對於一切書籍之整理。此外，北宋自太宗至仁宗校刊十七史及醫書，則純屬於校勘學之大工作也。

元明二代不校書

元代雖有祕書監及翰林國史院，又有所謂經籍所，編修所，興文署，而皆不校書。明代則祇於翰林國史院（後去國史二字。）設典籍二人（後去一人。）以掌經籍。祕書監嘗設而即罷。成祖遷都北京，藏書於文淵閣，亦嘗求遺書。英宗正統六年，大學士楊士奇嘗令人編成文淵閣書目十四卷。（據千頃堂書目。）凡四萬三千二百餘册，而皇史宬所藏之永樂大典及列朝實訓實錄二三萬卷尚不與焉。神宗萬曆三十三年，內閣敕房辦事孫能傳張萱等又撰爲內閣書目四卷，較之正統時十僅存二三。此二次皆未有校讎之事，其書亦由徵集而來，未經繕寫。至於成祖之命解縉等撰永樂大典，祇是類抄古書，雖嘗經校讎，而拆散原書，依韻分部，故與目錄學雖有關係而非嫡系，不必詳述。

清代校寫四庫全書

清高宗之命文臣纂集四庫全書也，其原料來路有二：一爲令各省訪求遺書，一爲派官採輯永樂大典中之古籍，恢復其原狀。其目的有二：一爲博好古右文之美名，二爲絕反滿復明之根株。其辦法爲(1)中選之書照鈔爲一律格式，名曰四庫全書。(2)內有近似反滿之語，任意刪改。(3)不中選之書，存其目錄，不鈔入全書。(4)反滿最烈之書，一律焚燬查禁。(5)從全書中另選一部分要籍，名曰四庫全書薈要，但各書皆仍保存原文。(6)四庫全書重鈔複本七份，分處七處，半供公開閱覽之用。除鈔成一律格式及重鈔複本二例爲漢、隋、唐、宋四代之成規外，其餘各點皆爲前代所無。向來校書，皆無總括之名，惟四庫全書獨另起稱號，蓋有叢書之實而倣類書之名也。其事始於乾隆三十八年，建議者爲安徽學政朱筠。薈要成於四十四年，全書成於四十七年。然補鈔重校，又十年而未輟。七閣藏書，亦互有出入。每書首頁皆有提要，然又與刊版單行之四庫全書總目提要互有詳略。提要之撰，經過幾番之周折。乾隆三十八年，朱筠奏請每書必校其得失，撮舉大旨，敍於本書卷首。清帝猶不贊成，謂「若欲悉倣劉向校書序錄成規，未免過於繁冗。但向閱內府所貯康熙年間舊藏書籍，多有摘敍簡明略節，附夾本書之內者，於檢查洵爲有益。應俟移取各省購書全到時，即令承辦各員將書中要旨檃括，總敍厓略，粘開卷副頁右方。」然三十九年七月二十五日，四庫全書處進呈總目，於經史子集內分晰應刻應鈔及應存書目三項，各條下俱經撰有提要，將一書原委，撮舉大凡，並詳著書人世次爵里，可以一覽了然。較之崇文總目，蒐羅既廣，體例加詳。清帝以爲「自應如此辦理。」又謂「現辦四庫全書總目提要，多至萬餘種，卷帙甚繁，將來鈔刻成書，繙閱已頗爲不易，自應於提要之外，另刊簡明書目一編，祇載某書若干卷，注某朝某人撰，則篇目不繁，而檢查較易，俾學者由書目而尋提要，由提要而得全書。」四十一年九月，又令將諸書校訂之語，另爲編次，刊爲四庫全書考證一書。全書及提要於四十六七年先後告成。提要多至二百卷，事實上較劉向別錄增大至十倍，出乎清帝初意之外。各書提要全倣別錄之例，其優點爲能考出撰人之生平，著書之大旨，劣點則爲好作苛論，未能持平。近人論之者甚多，惟任松如評之最力，其言曰「吾國王者專斷，以乾隆爲極致。其於四庫書，直以天祿石渠爲腹誹偶語者之死所。不僅欲以天子黜陟生殺之權，行仲尼褒貶筆削之事已也。删改之橫，制作之濫，挑剔之刻，播弄之毒，誘惑之巧，搜索之嚴，焚燬之繁多，誅戮之慘酷，鏟毁鑿仆之殆遍，摧殘文獻，皆振古所絕無。雖其工程之大，著錄之富，足與長城運河方駕，迄不能償其罪也。」（四庫全書答問序。）而楊家駱撰四庫大辭典，以撰人、書名爲條目，節提要之略以爲解題，且述其編校之經過，甚便參考，亦目錄學之似因實創之作也。

私家校讎　以上所述皆爲祕閣藏書之校讎，僅擇其最顯著者略事提挈，至於詳情，著者別有目錄學年表以記之。私家校讎則有異於祕閣，其功不在於整理而在於搜羅與比勘，搜羅之富，比勘之精亦有遠勝於祕閣之敷衍了事者。漢儒注經，頗重校讎。而「鄭玄括囊大典，網羅衆家，删繁裁蕪，刊改漏失，自是學者略知所歸。」（後漢書本傳。）校讎之脫離目錄而別成爲注解學，自此始也。梁書（卷十四。）稱任昉「墳籍無所不見，家雖貧，聚書至萬餘卷，率多異本。昉卒，高祖使學士賀縱共沈約勘其書目，官所無者，就昉家取之。」私家藏書之多於祕閣且有目錄，自此始也。唐書（卷百一。）稱韋述「聚書二萬卷，皆自校定鉛槧，雖御府不逮也。」校讎之道，固有待於專家，非可漫責之於文吏耳。北宋初，宋綬「藏書過祕府，章獻明肅太后稱制，未有故實，於其家討論，盡得之。」此事見於孫公談圃。綬「常謂校書如掃塵，一面掃，一面生，故有一書每三四校，猶脫繆。」此語見於夢溪筆談。綬子敏求「藏書皆校三五遍，世之蓄書，以宋爲善本。」此事見於曲洧舊聞。故葉氏過庭錄、陸游跋京本家語咸推宋氏書「校讎精審勝諸家。」同時有王洙及其子欽臣藏書，尤富且精。宋史稱欽臣「手自讎正，世稱善本。」徐度卻掃編稱：「予所見藏書之富，莫如南都王仲至（卽欽臣。）侍郎家，其目至四萬三千卷，而類書之卷帙浩博如太平廣記之類，皆不在其間。聞之其子彥朝云：『先人每得一書，必以廢紙草傳之，又求別本參校，至無差誤，乃繕寫之。必以鄂州蒲圻縣紙爲册，以其緊慢厚薄得中也。每册不過三四十葉，恐其厚而易壞也。此本傳以借人及子弟觀之。又別寫一本，尤精好，以絹素背之，號鎮庫書，非己不得見也。鎮庫書不能盡有，纔五千餘卷。蓋嘗與宋次道（卽敏求。）相約傳書，互置目錄一本，遇所闕卽寫寄，故能致多如此。」古今藏校之精，莫過欽臣此法矣。雖漢劉向之「以殺青簡書，」北宋館閣之黃本，清文淵閣之四庫全書，其精美亦不能超越欽臣之書也。北宋之末，則趙明誠李清照夫婦「每獲一書，卽同共校勘，整集籤題。」（金石錄後序。）賀鑄「手自校讎，無一字脫誤。」（葉夢得建康集。）南宋初，則晁公武「弱以朱黃讎校舛誤」（郡齋讀書志序。）岳珂「刊九經三傳，以家塾所藏諸刻，幷興國于氏建安余仁仲本，凡二十本，又以越中舊本注疏建本有音釋注疏，蜀注疏，合二十三本，專屬本經名士反覆參訂，始命良工入梓。其所撰相臺書塾刊正九經三傳沿革例，於書本字畫注文音釋句讀脫簡考異，皆羅列條目，詳審精確。」（見陳續曝書雜記。）校勘學、（狹義校讎學。）版本學、刊刻學之確立，自茲始也。其後賈似道刊九經，亦以數十種版本比校，雇百餘人任校正之事。然獨刪落注疏，不及岳珂遠矣。元明校書之風稍衰，然精者亦頗不少。清代諸儒最重考據，對於古書字句之校勘，幾成爲每一學者必備之常識，必做之工作。其尤精者，爲乾隆時代之盧文弨及王念孫引之父子。淸末則有兪樾嚴元照。（書盧抱經先生札記後。）稱文弨「喜校書，自經傳子史，下逮說部詩文集，凡經披覽，無不丹黃，卽無別本可勘同異，必爲之釐正字畫，然後快。嗜之至老愈篤，自笑如猩猩之見酒也。」錢大昕（盧氏羣書拾補序。）稱其「精研經訓，自通籍以至歸田，鉛槧未嘗一日去手。家藏圖籍數萬卷，手自校勘，精審無誤。自宋次道（敏求）劉原父（恕）諸公皆莫能及也。」文弨撰羣書拾補，念孫撰讀書雜志，引之撰經義述聞，兪樾撰古書疑義舉例。皆對於古書字句之脫誤疑難，校讎極精，爲考證學奠定極堅固之基礎。自是以來，眞正之校讎（校勘）學遂成爲有方法有理論之科學，非復目錄學或考證學之枝節矣。晚近一般圖書館之藏書，以形式固定，無整理之必要。而字句之脫誤，在讀者自讎之，圖員亦不復引爲己任。校讎之與目錄，遂如湘灕之分流，差之毫釐而失之千里矣。今人胡樸安及其任道靜撰校讎學，蔣元卿撰校讎學史，述此學之源流，並牽涉目錄學，不能細爲釐別。而劉咸炘撰校讎述林，續校讎通義，則上承宋鄭樵校讎略，清章學誠校讎通義之緒，而衍陳目錄分類之理論，非復狹義之校讎（校勘）學所能範圍焉。

史志篇

史志之價值　向來撰目錄者多據其所典藏之書而從事焉，或官府世守，或私家新收，於以登記名目，取便稽尋，其在當時此地之功效甚大。然時移世易，彼瑯環插架之書既多燬滅，軸籤編目之錄亦鮮留傳。後人欲考鏡古代學術源流，書籍存佚，舍史籍中之藝文、經籍志殆莫由焉。蓋藏書目錄，孤本單行，傳抄者稀，偶遭焚棄，便易佚亡。故開天闢地之別錄與七略，雖爲後世所珍重，而終於不傳。多至二百卷之羣書四錄，刊版行世之崇文總目，吾人亦無從窺見全豹者，實由於枯燥無味之帳册不爲學子所誦習耳。幸而歷代史籍頗有採取書目入志者，以其內容繁富，可備爲政爲學之參考，故得留傳千古。史志之所以見重於世，卽斯之由也。而唐人劉知幾獨力詆藝文志爲無用，謂「前志已錄而後志仍書，篇目如舊，頻煩互出，何異以水濟水，誰能飲之乎？」此因知幾生當開元盛世，藏書充足，古錄具存。故謂「四部、七錄、中經、祕閣之輩，莫不各踰三篋，自成一家。史臣所書，宜其輒簡。」因而攻擊「著隋書者……廣包衆作，……百倍前修，非唯循覆車而重軌，亦復加闊眉以半額」也。彼意以爲「藝文一體，古今是同；詳求厥義，未見其可；愚謂凡撰志者，宜除此篇；必不能去，當變其體；……唯取當時撰者，……庶免譏嫌。」見史通書志篇。其宗旨在節省史籍之篇幅，删芟非要之繁文。吾人祇須一翻舊唐志目錄篇，自漢迄隋之古錄大半尚存，即知知幾之論非無理由，自可不必反駁。然而人事難測，知幾身後不久即遭天寶之亂，古錄之因是失傳者不知其數，再經唐末廣明之亂，更掃地無餘。試考宋時崇文總目所載目錄，則唐初以前之書，竟不得一種焉。宋後學者欲知古書之名目，乃不得不求之於漢志、隋志。知幾所嫌其繁富者，後人轉恨其簡略矣。由是而知史志之功效，固有超乎藏書目錄者。

史志之源流　截時代而記書目，初不問其存佚，惟著重在敍述學術源流者，其例創於東漢初年班固之漢書藝文志，而晉末袁山松之後漢書藝文志繼之。唐初李延壽等撰五代史志，始改藝文志名經籍志，即劉知幾所攻擊之隋志是也。五代北宋先後撰唐書，並沿其例。删去小序，又開後志之風。南宋初，鄭樵撰通志，更恢其範圍，爲藝文、圖譜二略，復有校讎略以述其理論。元初馬端臨之文獻通考亦有經籍考，而包羅稍窄。元末修宋史，又稍稍宏之，以爲藝文志。明代則有焦竑師鄭樵之意，欲盡列古書於其國史經籍志。淸初黃虞稷、倪燦二家略變其例，黃則記其所藏，倪則不計存亡，而皆欲盡述明人所撰，上補遼、金、宋元諸史之闕。其後王鴻緒重修明史，始遵知幾「唯取當時撰者」之說，祇錄明人撰述，不及古籍。三通館所修續通志、續通考、淸通志、淸通考之類，則僅移錄四庫全書總目，不能廣羅萬有，有愧於前哲多矣。晚近始有劉錦藻續淸文獻通考，頗能收及四庫以後，雖不能備錄淸人撰述，亦可謂史志之殿軍。凡上所述，多附麗於史籍以行，蓋所謂史志也。史志出於修史者所爲，而修史者未必皆撰藝文志，卽修之亦未必皆能完備。自倪燦首倡補修遼、金、元史志之說，繼起者數家。近數十年，其風轉熾。後漢、三國而下，無代不有人爲之補志者。漢志、隋志以時代特古，自宋末卽有王應麟撰漢志考證，近代倣其例而考證拾補者亦不乏人。在目錄學史中乃蔚爲補志考志一派。故合述其事，爲史志篇。

漢書藝文志及後人之研究　班固刪七略而爲藝文志，已見本書溯源篇。據著者考證所得，其體例蓋與七略無殊。卽後人所最推尊之小序，有考鏡學術源流之作用者，亦爲七略之原文。故此處所宜論者，非漢志之內容，而爲漢志所記之書是否卽當時東觀所藏，抑爲全抄七略，並無其書歟？漢志序稱「今删其要以備篇籍，」顏師古注曰：「删去浮冗，取其指要也。」玩删字之義，則對於七略之原文僅加以删節而未嘗更易紊亂，故偶有出入必用自注以明之。如書「入劉向稽疑一篇」師古注曰：「此凡言入者，謂七略之外，班氏新入之也。其云出者與此同。」所入之書僅劉向、揚雄二家之作，爲向歆校書所未收者。所出諸家，則原文重複，故省之也。如樂「出淮南劉向等琴頌七篇」春秋「省太史公四篇」故六藝總計「出重十篇。」玩此「重」字，便知所以省出之因矣。又如兵書略「省十家二百七十一篇，」則以儒家已有孫卿子、陸賈，道家已有伊尹、太公、管子、鶡冠子，縱横家已有蘇子、蒯通，雜家已有淮南，墨家已有墨子，故以爲不宜重出耳。非但有所增減必加注明而已，卽移動一書入他類，亦已注明。兵書略之「出司馬法百五十五篇入禮，」實爲漢志對七略部類之唯一變動，此外則未嘗稍有紊亂焉。由此推論，則漢志所載，除新加向、雄二家，删省重出之書十餘種外，全部皆七略之舊目，殆無疑矣。再循此出發，則吾人須問：七略所錄之書，班固時是否全部保存於東觀？七略成書之後，有撰述者是否限於劉向、揚雄二家？自七略告成，迄王莽亡國，尚有三十年之久，無論王莽好文，多所制作，卽劉歆、龔勝之徒，亦未必無所撰述。他如圖讖繁興，緯候競出，新書之入於中祕、出乎七略之外者，定然不可勝紀。故王莽中葉，揚雄猶校書天祿閣。見漢書卷八十七。據是言之，則援漢書絕筆莽亡之例，最後三十年之作者決不僅有向、雄二家。班固所以祇增二家者，蓋舉其所知偶然附入耳。再由此推論，則漢志所錄，並非存書可知。蓋中祕所藏倘尚存在，則班固典校之餘，所加於七略者，決不止二家也。由其無他增補，便覺隋志所載「王莽之亂，又被焚燒」之說，似屬可信。蓋天祿閣固在未央宮中，兵火容可波及耳。然祕書若已被焚，漢志及王莽傳何以不言？後漢書儒林傳何以又謂「光武遷還洛陽，其經牒祕書，載之二千餘兩？」是二千餘兩者既明爲祕書；且班固典掌時「並依七略而爲書部」一亦見隋志。而漢志錄書，獨不依當時祕書之目而反墨守七略之舊，倘非憚煩，卽爲淺識。鄭樵詈之，雖非其道，而班固之過固不容代掩也。自班固創此不問存亡但問時代之例以後，歷代史志並根據前代祕書目錄，隨意轉謄，既非盡收古來一切書目，又非當代確實保藏之物，而惟虛應故事，漫充篇幅而已。至如舊唐志但錄開元盛時，遺棄後百餘年之撰述；推其惡例，何嘗非漢志所已開啓？故論史志之利弊，不可徒因漢志倖保古書名數而遽推尊之也。惟其因漢志之有不明不備，故後世頗有爲之考證注解者。吾人所知，首爲宋末元初之王應麟。應麟以顏師古注漢志「僅略疏姓名、時代，所考證者，如漢書著記即起居注，家語非今家語，鄧析非子產所殺，莊忌奇嚴助之駁文，逢門即逢蒙之類，不過三五條而止」。故撰漢書藝文志考證，「捃摭舊文各爲補註，不載漢志全文，惟以有所辨論者，摘錄爲綱，略如經典釋文敍錄之例。其傳記有此書名而漢志不載者，亦以類附入，凡二十六部，各疏其所註於下，而以『不著錄』字別之。」（四庫提要語。）淸人王鳴盛評其於「本源之地，未曾究通，不得要領。」姚振宗則謂「然使後人尋流溯源，引申觸類，未有不以其書爲先聲之導。」故特援其例而恢之，撰漢書藝文志拾補以收集遺漏，得書竟達三百一十七部。撰漢書藝文志條理以圖恢復原狀，並詳加注釋。凡上古載籍之名目，後人研究之意見，廣搜條錄，殆已無遺。有此兩書而後古書顯，漢志明，誠目錄學之絕作也。近年之爲此學者，如劉光蕡有注，姚明煇有注解，顧實有講疏，李笠有纂注箋釋，李賡芸有考誤。較之振宗，皆不能稍勝。而孫德謙更有舉例，強作繩墨，尤不足觀。

後漢藝文志之補撰　後漢一代，當古籍固定之後，有別錄爲讀者之指導，故其學術水平線較前漢爲高，著述數量亦較前漢爲富。所惜一經董卓遷都之紛擾，大半湮滅，故晉、宋史家述後漢書者多不著藝文志焉。惟阮孝緒七錄序載：「其後有著述者，袁山松亦錄在其書。」其古今書最亦載有袁山松後漢藝文志，惜有闕文，未知其所收之書共有幾何。然山松以晉末隆安五年戰歿，上距漢末已百八十二年，中更董卓及五胡之亂，祕閣藏書纔萬餘卷，則其著錄之不能完備，可想而知。故宋末王儉既集今書爲七志，「又條七略及兩漢藝文志、中經簿所闕之書，并方外之經、佛經、道經，各爲一錄」亦見七錄序。也儉志既能補前志之闕，則其通記古今，兼列存佚，雖屬單行，亦史志之流亞也。然袁王之作，並已失傳，後人欲識後漢書目，舍隋志莫由焉。而隋志不能無遺，故近世多補撰後漢書藝文志者。自乾隆初年已有厲鶚創其業，二百年來，繼起者先後有錢大昭、洪飴孫、勞頍、侯康、顧櫰三、姚振宗、曾樸等，共計八家。厲、洪、勞之書，今並未見。錢志僅著書目撰人，最爲疏略。侯志較詳，而非完璧。無集部。顧志多引關係文字，雖詳而收書並非最多。惟有經學師承一篇，列述經師傳記，隱顯並備，雖乖錄例，亦考鏡後漢學術史者所不可少之篇也。所可惜者，引書篇名，或注或否，或詳或略，甚至互訛。」蔣國榜跋。蓋亦未定之本，故不能如姚志之精詳。曾志雖於諸志爲最後出，而未見顧姚之書，其體例有意仿古七錄，謹飭有法，而博搜精考，亦不及姚志。姚志所收多逾千種，倍於漢志，後漢著述有可考者，殆無復遺漏。非獨爲隋志所不及詳，且亦遠非范曄後漢書所能包。欲考究後漢遺書者，其道固有由矣。錢志有積學齋、廣雅、昭代，侯志有廣雅、嶺南，顧志有金陵、廣雅、小方壺齋，姚志有適園、師石山房等叢書本。又二十五史補編兼收此五志。

三國、晉、南北朝藝文志之補撰

補志之在近代，相習成風，故後漢之外，治三國志者有二家，治晉志者有五家，治南北朝志者有三家，皆所以補隋志之闕遺者也。侯康之補三國藝文志僅成子部小說家以前，農家之後，有錄無書，集部則未見隻字，蓋與其後漢志同為未成或殘餘之書也。有廣雅、嶺南、二十五史補編三本。姚振宗之三國藝文志，例質亦一準其後漢志，著錄之書至千一百二十二部，亦與後漢志相埒。然三國歷年僅及後漢三分之一，而書數不相上下，固由裴松之三國志注保存史料較多，亦可見振宗搜輯之勤矣。補晉志者五家，時代相距不遠，異方並起，互有詳略異同。吳士鑑之作，獨名經籍志，又撰有晉書斠注，故其文簡書多，有近史裁。丁國鈞則以創立黜僞、存疑二類，秦榮光則以輯錄典籍掌故源流，黃逢元則以各類皆撰小序，文廷式則以考證最精最詳，各有所長，互不相掩。著錄之書，文志有二千二百九十六部，黃志有一千二百八十八部，秦志有一千七百四十七部，丁志有一千七百五十四部，尚有疑僞及補遺共二百一十九部。吳志則有二千一百二十六家，部數在此數之上。諸家一致之例，為注明出處，分類綱目亦皆依照隋志或四庫。試一一比勘其內容條目，則此無彼有，此詳彼略，殊難取其一而遽舍其餘也。南北朝之補志，則又不然。元人蔡珪、清人汪士鐸，嘗撰補南北史志，並已遺佚。今人所撰，稍近草率。如徐崇之補南北史藝文志，僅取材於南、北史紀傳，非是則不錄，故如隋志簿錄篇所載陳代目錄數種及其他目錄多種，皆不見於補志，直所謂目察秋毫而不睹輿薪，其所遺漏者多矣。至如不知王儉七志之七十卷爲梁人賀縱補注之本，而妄謂爲三卷與四十卷之合本，其幼稚亦可憐也。又將書名之不見南、北史紀傳而見於同時八書者，復別爲載記一篇，亦殊無謂。故其書僅可視爲南史、北史紀傳所述書目彙錄，吾人如欲盡知南北朝一切撰述，則尚須另下一番工夫耳。雖然，較諸隋志則又豐富多矣。此外有聶崇岐補宋書藝文志，惟據隋唐諸錄而不求之於宋齊各書，復無考證。甚至如王儉七志及元徽元年祕閣四部目錄亦不見焉。若謂王儉沒於齊代，則此二書固宋時所撰，且爲考宋代學術所不可不知之書，豈可少哉？陳述補南齊書藝文志，則頗仿王應麟漢志考證之例，與向來諸家補志者同一體裁，稍勝。又有李正奮撰補後魏書藝文志，余未之見。北平圖有鈔本。

隋書經籍志　今存古錄，除漢志外，厥推隋志。亦惟此二志皆有小序，自後諸志則不復繼述，故並見尊於世。其自序云：「今考見存，分爲四部」——若所錄之書皆見存者。然各條自注，每云：「梁有某書若干卷今亡」或「今殘缺」每類通計，亦必於存書總數之外，另注存亡合計之總數。則其實乃通記存亡而非專錄見存者。其序又稱：「遠覽馬史、班書，近觀王、阮志、錄，挹其風流體制，削其浮雜鄙俚，離其疏遠，合其近密，約文緒義，凡五十五篇，（實只四十篇。）各列本條之下，以備經籍志。」此蓋指學術源流及目錄分類而言，非謂所收書目遠及馬班也。其書原名五代史志，限於梁、陳、齊、周、隋五代，故凡此五代之官私目錄皆在其包羅之中。且有藏書以備考核，故能分別存亡，且又以意去取耳。其去取之例，自謂：「其舊錄所取文義淺俗無益教理者，並刪去之。其舊錄所遺辭義可采有所弘益者，咸附入之。」憑主觀為鑑別，有異於班固之全抄七略，實啓後世任意廢書之惡習。又妄刪佛經、道經之書目而僅錄其部名卷數，變荀李之甲、乙、丙、丁為經、史、子、集，使後世墨守四部之分類而不復能變通，（詳分類篇。）則其弊也。唯一之優點為各類之小序，稍採漢志，接其後事，敘述各類學術之由來，頗具學術史性質。然其所增者殆根據王儉七志、阮孝緒七錄而為之也。至其書目，則多未備。開元初馬懷素已昌言之，而從事補緝。（另詳下章。）清乾、嘉間章宗源，光緒中姚振宗，各撰考證，廣徵古籍，以補其闕遺，且詳載各書之原委，學者便焉。宗源所輯，僅存史部。振宗實仿其成規，而備引古史及異說，最為淵博。在姚氏諸志中，尤爲最精不朽之作。（有師石山房叢書本，二十五史補編本。）前文所述補後漢至南北朝史志，亦有可與隋志互相考證者。此外又有張鵬一撰隋書經籍志補，楊守敬撰隋書經籍志補證，李正奮撰隋代藝文志。（北平圖有鈔本。）試參合研究之，則先唐古籍可無遺蘊矣。

羣書四部錄，古今書錄及唐書經籍志之關係

唐玄宗嘗命褚無量校書，馬懷素撰錄，皆未成而卒，元行冲總代其職，始成其功。舊新唐書及唐會要所載，極其渾沌，一若同時、同地、同事、同功也者。著者盡三日夜之力，始得分析清楚，考定源委，記之於通紀篇。蓋無量校寫書籍原在東都乾元殿，後徙於麗正殿，雖「各於本庫每部別爲目錄，」（唐會要卷三十五。）而非懷素、行冲所撰之羣書四部錄。懷素之功，乃以祕書省典籍爲根據，「括檢近書篇目，並前志所遺者，續王儉七志。」（唐書卷一百二。）雖與無量校書同爲開元五年之事，而地點不同，目的不同。後因「懷素不善著述」「踰年不成」「有司疲於供擬，」乃詔行冲綜治其事。（新唐書卷百九十九。）「於是行冲請通撰古今書目，名爲羣書四部錄，」（唐書卷一百二。）委毌煚（音貫憬。）韋述等分治四部。（新唐書卷百九十九。）後因無量病卒，「麗正寫書未畢，」（唐書卷一百二。）又命「行冲整比存書，」（通鑑）故祕書省諸學士皆入居麗正，（新唐書卷百九十九。）於開元九年撰成羣書四部錄二百卷。（唐志序。）自古目錄未有鉅於此書者，後世亦惟四庫全書總目提要堪與比擬，餘皆不及焉。篇幅既鉅，必有提要。其書若存，實考古治學者之最大恩物。不幸非久旣遭天寶之亂，唐代後期又未纂類書，故其佚文殆亦無從纂輯。惟據毋煚古今書錄序，則對於「曩之所修，……追怨良深」蓋以「于時祕書省經書，實多亡闕；諸司墳籍，不暇討論：此則事有未周，一也。其後周覽人間，頗覩闕文。新集記貞觀之前，永徽已來不取；近書採長安之上，神龍已來未錄：此則理有未弘，二也。書閱不徧，事復未周，或不詳名氏，或未知部伍：此則體有未通，三也。書多闕目，空張第數，旣無篇題，實乖標牓：此則例有所虧，四也。所用書序，或取魏文貞；徵 所分書類，皆據隋經籍志：理有未允，體有不通：此則事實未安，五也。」故毋煚「常有遺恨，竊思追雪，乃與類同契，積思潛心，審正舊疑，詳開新制。永徽新集，神龍舊書，則釋而附也。未詳名氏，不知部伍，則論而補也。空張了目，則檢獲便增。未允之序，則詳宜別作。紕繆咸正，混雜必刊。改舊傳之失者，三百餘條。加新書之目者，六千餘卷。……凡四部之錄，四十五家，都管三千六十部，五萬一千八百五十二卷。」見唐志序。 成古今書錄四十卷。毋煚此書較之舊錄分量，僅爲五分之一，而其序未說明所删略者爲何。據唐志序稱「煚等四部目及釋道目並有小序及注撰人姓氏」，則煚錄之不同於舊錄者，蓋删去過於繁蕪之各書序跋，而擷其要旨，撰爲簡明之解題耳。唐志尙嫌其「卷軸繁多」，又「並略之，但紀篇部。」則更删去小序及小注，故又略四十卷爲一卷。此卽別錄一變而爲七略，再變而爲漢志之另一比照也。毋煚別有開元內外經錄十卷「亦具翻譯名氏序述指歸」，二錄倖未遭天寶、廣明之兵燹，至後唐猶存，故史臣猶得據之以爲唐書經籍志。唐志序又稱：「其釋道目附本書，今亦不取。據開元經籍爲之志。天寶以後名公各著文篇，儒者多有撰述，或記禮法之沿革，或裁國史之繁略，皆張部類，其徒實繁。臣以後出之書，在開元四部之外，不欲雜其本部。今據所聞，附撰人等傳。其諸公文集，亦見本傳，此並不錄。」故唐志實爲古今書錄之節本，既非通撰古今，亦未備錄唐代。蓋古今書錄雖以古今爲名，而實據當時祕書省及諸司所藏之書而記其目，皆確有其書，並非盡錄古書，虛存其目也。史志之任務，或專記一代著述，或通錄一代典藏，或盡收前代書目，三者必有其一。惟唐志不然，嚴格論之，殆非史志之體。故宋祁撰新唐藝文志，加錄唐代學者自爲之書，多至二萬八千四百六十九卷。而後唐人所著與唐代官府所藏，約略俱備焉。然唐末廣明之亂，祕籍業已蕩然，則新唐志所新收者，必非盡爲宋室所藏。豈貞元開成續添之書目至宋初猶存歟？若然，則何以又不見於其目錄類也？

宋國史藝文志及宋藝史文志　宋制：國史皆有藝文志，且每類皆有小序，每書皆有解題，迥異於歷代史志，蓋根據當時館閣書目以爲之也。宋史藝文志序稱：「始太祖、太宗、眞宗三朝，三千三百二十七部，三萬九千一百四十二卷。次仁、英兩朝，一千四百七十二部，八千四百四十六卷。次神、哲、徽、欽四朝，一千九百六部，二萬六千二百八十九卷。三朝所錄，則兩朝不復登載，而錄其所未有者。四朝於兩朝亦然。最其當時之目，爲部六千七百有五，爲卷七萬三千八百七十有七焉。」考三朝國史爲呂夷簡等所上，其藝文志所據當爲咸平三年朱昂、杜鎬、劉承珪等所撰之館閣書目。兩朝國史爲王珪等所上，其藝文志所據當爲慶曆元年王堯臣、歐陽修等所撰之崇文總目。四朝國史爲李燾等所撰，其藝文志所據當爲政和七年孫覿、倪濤等所撰之祕書總目。國史志既已除去重複，故宋志於北宋以前之書尙少舛複。惟於南宋之書則並非依據國史而直接取材於淳熙五年陳騤等之中興館閣書目，及嘉定十三年張攀等之中興館閣續書目。而北宋諸目與中興之目「前後部帙，有無增損，互有異同。」宋志「合爲一志，」雖云已「删其重複，」而重複顚倒，不可枚數。咸淳以後新出之書，又未及收錄。故四庫提要譏爲諸史志中之最叢脞者。清初黃虞稷千頃堂書目卽有意拾其遺書。康熙中，倪燦修明史藝文志，亦特補苴宋志之闕，乾隆中，盧文弨又爲之校正。（見金陵，廣雅，八史經籍志，二十五史補編。）此外尙有朱文藻、（書目見清吟閣書目。）王榮蘭（書目見光緒湖南通志卷二五。）亦嘗從事。吾友劉紀澤君則撰有宋志匡謬趙士煒更欲全部董理之，故輯有宋國史藝文志。其分化宋志而專攻其一部分者，則有顧懷三撰補五代史藝文志，王仁俊撰西夏藝文志，及次章所述補遼、金史志諸家，皆專錄一代撰述，其性質與宋志之專錄館閣藏書者有殊。（柯維騏宋史新編之藝文志全抄宋史，反有遺漏，故不錄。）

通志與文獻通考　南宋初年，有鄭樵撰通志，通紀百代之有無，爲藝文略、圖譜略、金石略，又撰校讎略以說明分類編目之意見，主張編次必記亡書。藝文略原爲單行之書，名曰羣書會記。（見校讎略編次必記亡書論。）其所根據之書目爲漢志、隋志、唐志、新唐志、崇文總目、四庫書目、（北宋館閣之目。）道藏目錄及當時民間所藏如荊州田氏目錄，漳州吳氏書目之類。而大藏目錄則似未及收，故釋類之書僅有三百三十四部。其意則欲包括古今，備錄無遺。在一切目錄中實爲野心最大範圍最廣者。通志原爲通史，故藝文略亦史志之流。雖於書名或誤或漏或重複，然此種通史藝文志之作要不可少，迄今日猶有重新橐編之必要也。後百餘年，馬端臨於宋末元初撰文獻通考，中有經籍考七十六卷。大體雖據晁公武、陳振孫二家之書，而宋世館閣之書亦備，除盡錄二家解題外，兼引漢、隋、新唐三志及宋三朝、兩朝、四朝、中興各國史藝文志，崇文總目，通志藝文略，各史列傳，各書序跋及文集語錄之有關係文字，每書皆有解題，每類各述小序。凡各種學術之淵源，各書內容之梗概，覽此一篇而各說俱備。雖多引成文，無甚新解；然徵文考獻者，利莫大焉。較諸鄭樵之僅列書目者有用多矣。後世朱彝尊撰經義考，章學誠撰史籍考，謝啓崑撰小學考，卽仿其例，在目錄學中別成一派，對於古籍之研究，貢獻最鉅。

遼金元三史藝文志之補撰

清倪燦撰明史藝文志，以「元史既無藝文，宋志咸淳以後多缺」，故「並取二季以補其後，而附以遼金之僅存者，萃爲一編，列之四部。」（原序）雖「諸書既非官所簿錄，多採之私家，故卷帙或有不詳」，然補志之風，實自此始也。乾隆中盧文弨提出補志部分，分爲宋史藝文志補，補遼金元史藝文志，而加以補訂。（見廣雅叢書，二十五史補編。）金門詔似未見其書，故又「取三史所載，幷旁搜採合爲一志」。（見昭代，廣雅，八史經籍志，二十五史補編。）倪、盧之作，收書至一千七百十家，一萬二千二百二十卷，較門詔爲詳。其後錢大昕撰元史藝文志，亦附見遼金之書，搜檢所得，又較倪盧爲富。除蒙古文部份遺漏必多外，漢文之書，殆已差備矣。魏源撰元史新編，其藝文志即抄錢志而稍補充之。別有專補一代史志者，遼史則有厲鶚之遼史拾遺、繆荃孫之遼文存、王仁俊之遼史藝文志補證，黃任恆之補遼史藝文志，前者有單行本，後三者見二十五史補編。以最後一種比較精詳。金史則有杭世駿、鄭文焯二家，元史則有張景筠一家，余並未見，不復具論。又吳騫有四朝經籍志補二冊，北平圖有鈔本。

明國史經籍志千頃堂書目及明史藝文志之演變

明史藝文志之撰集，凡經五變。焦竑創始於前，不分存佚，通記古今。黃虞稷搜藏於後，兼補前朝，殆盡目睹。清人修史，傅維鱗但取殿閣所藏，不限朝代。倪燦、尤侗專收明人撰述，附拾前志所遺。王鴻緒抹去前代，重分類例，遂成張廷玉進呈之本。

考明神宗萬曆十七年，焦竑進士及第。見明詩綜小傳。大學士陳于陛議修國史，引竑專領其事，僅成經籍志五卷。「叢鈔舊目，無所考核。」四庫且「延閣、廣內之藏，竑亦無從遍覽。」明志故四庫提要謂「古來目錄，惟是書最不足憑。世以竑負博物之名，莫之敢詰，往往貽誤後生。」卷八十七。然其每類皆有小序，分部雖準四部，而小類多依通志藝文略，且仿文淵閣書目之意，增制書一部。復有附錄一卷，專糾漢志至文獻通考分類之誤。此其精神注重之點惟在分類，故於名數多所忽略耳。在目錄學史中，惟竑能繼鄭樵之志，包舉千古，而力不足勝其任，故爲四庫所譏也。（有粵雅堂叢書本。）清順治五年，傅維鱗分纂明史，私撰明書，遂成經籍志三卷。其志序述明代敕撰書籍之事甚詳，錄殿閣、皇史宬、內通籍庫藏書四千六百七十部，釋道書不具載，原無卷數，故仍因之。分類亦依文淵閣之舊。考其書名，多宋元舊本。至於明人新作，寥寥無幾。名雖明志，實不相關。（有畿輔叢書本。）及黃虞稷撰千頃堂書目三十二卷，始有意於搜集一代藝文，故凡宋志以前所錄之古籍，悉屏不收，但爲彌補宋志之遺漏，且因遼、金、元三史無藝文志，故於每類明書之後，附錄宋末及三代書目。明代撰述，則據所見所藏而備列之，最爲徵實。其分類亦多創例，如削去樂經，立食貨、刑政二類於史部，併名、墨、法、縱橫諸家於雜家，別集以朝代科分爲先後，又特收制舉之書，皆其不苟同處。（參看分類篇。）書目卷數之外，更注撰人略歷，較其他各志特爲詳明。後來王鴻緒、張廷玉所修明志，皆以此書爲根據，足證其賅贍矣。康熙十八年，倪燦、尤侗等奉敕分修明史，合撰藝文志。四庫提要載有侗志五卷，稱其分易、書、詩、禮、樂、春秋、孝經、諸經、四書、小學、正史、稗史、傳記、典故、地理、譜系、儒家、道家、釋家、農家、法家、兵家、小說、五行、藝術、奏議、詩文、選纂二十八類，有書七千一百四十一部。又稱其「所摭拾既多挂漏，又往往不載卷數及撰人姓名。其例惟載有明一代著作」，而又往往兼收宋元之作及明刊古籍。因此許「此志又出宋志之下。」殊不知倜志即燦志，燦有明志序明言「今文淵之書，既不可憑，且其書僅及元季三百年作者缺焉。此亦未足稱紀載也。故特更其例，去前代之陳編，紀一朝之著述。元史既無藝文，宋志咸淳以後多缺，今幷取二季，以補其後，而附以遼、金之僅存者，萃爲一編。……諸書既非官所簿錄，多採之私家，故卷帙或有不詳。」見雁園集。燦、倜同時修史，燦序與倜志例合，故知所撰實無二致。四庫提要所致疑者，燦序解答甚明，特提要之撰者未及考耳。試取倜志與今明志較，則倜志多過明志，明志僅有四千六百三十三部。而提要乃誣爲挂漏，殊屬不公。明志今本實係康熙末年王鴻緒總裁之本。萬斯同以布衣參史局。王序稱：「明季祕書已亡，則前代陳編，無憑記載，第就二百七十年各家著述，足成一志。爰取士大夫家藏目錄，稍爲釐次。凡卷數莫考，疑信未定者，寧闕而不詳云。」見明史稿。今本爲乾隆初年張廷玉等所進，惟改動志序數語，至於書目部卷數，則絕對相同。然試與黃虞稷千頃堂書目相較，則部數卷數減少極多。一一比勘，則其所刪削者多爲原無卷數者。鴻緒等不能詳徵博考，乃猥以「寧闕而不詳」一語，輕輕抹殺數百千部之書目，而世人亦不加細察，乃侈稱明史優於前史！此梁任公先生過推萬斯同之過，著者不能爲之曲諱。實則明史之多誤，不限此志，即卷一太祖紀亦有舛誤數十處。著者斷言，試取數百種現存明人傳記及數千種明人撰述一一考之，則可以補明志之闕目，增至一倍。世之考史者重遠而忽近，不知近代史之荒蕪，尤大有待於吾人之開闢也。（吾友謝國楨君有晚明史籍考，詳贍可補明志之闕，別見專科目錄篇。）

四庫全書總目提要及三通考、二通志、清史稿　四庫提要之作，已詳紀其事於通紀篇，論其例於分類及編目解題篇矣。其書雖爲庋藏之目，而附錄存目各書之提要，則亦有近於史志焉。況同時所修續文獻通考、皇朝文獻通考、續通志、皇朝通志，幾於完全抄撮提要，所不同者，惟沿襲馬、鄭之例，通考則稍取清初少數學者論考古籍之語，通志則惟錄書目而删去提要，其分類亦依違於馬、鄭、四庫之間，不值一顧。續、清之別，一則繼馬、鄭而迄明末，一則祇記乾隆以前之清人撰述耳。道光中有黃本驥者，鈔撮四庫總目之清人書目，嫁名曰皇朝經籍志，了無增補，深可嗤鄙。其能補四庫之未備者，嘉慶中有阮元之四庫未收書提要，光緒間有鄭文焯之國朝著述未刊書目、朱記榮之國朝未刻遺書志略，民國初年有劉錦藻之續皇朝文獻通考。然皆取舍任情，不能完備。及趙爾巽等撰清史稿，其藝文志雖曾經繆荃孫之手，亦非精詳之作，如西洋教士之譯籍，滿、蒙、藏、回及四裔之奇文，以及新出之新書、雜誌、小說，皆未及收錄。錯誤重複，觸目皆是。倘以四庫提要撰者苛刻之眼光論之，則「此又出宋志明志之下」矣。

四種集刊　百年前已有日本人合刊漢志、隋志、唐志、新唐志、宋志、明志及倪燦之宋、遼、金、元志補，金門詔之三史藝文志補，錢大昕之元史藝文志補爲一書，名曰八史經籍志。後來傳入我國，即有國人翻印，學者便之。近年，書報合作社印歷代藝文志，祇有正史六志，惟加入元史新編一志而已。大光書局接出續集，則取三文獻通考及三通志之經籍考充之。楊家駱輯歷代經籍志，其下册亦僅錄六志及文廷式補晉志，及倪、金、錢三志，而删去考據之語。上册爲歷代經籍總目，則以書名及著者爲綱，依四角號碼檢字法編爲辭典式之目錄。以上三種皆非史志之全相。惟開明書店所刊吾友王鍾麒君所輯之廿五史補編，收錄諸家補志最多，且悉保原狀，不爲删易，專家用之，多稱滿意。然格於補志之名義，故如事實上確爲史志而名義則否之千頃堂書目不入於編，而近人未熟之作反而濫收不少，識者病焉。

宗教目錄篇

宗教目錄之分道揚鑣　自漢武帝「罷黜百家，表章六經，」（見漢書武帝紀。）「設科射策，勸以利祿，」（見漢書儒林傳。）儒術遂成一尊之學。前此並肩之諸子百家後來崛起之佛道諸教咸莫能與之京。雖向歆錄略不廢數術、方技，晉宋四部目錄初亦兼收佛經，七志七錄且特爲佛經道經新增二錄。而後來帳籍終於分道揚鑣，不相爲謀。正統派之目錄學家既自局於四部之範圍，堅拒異端，高自標置。而佛道之徒亦別立門目，不復寄人籬下，抄集結藏，著錄成目，其造詣轉有勝於正統派者。特以其書深隱叢林，故不甚爲流俗所重。晚近先師梁任公先生始論佛家經錄在中國目錄學之位置，稱：「其所用方法有優勝於普通目錄之書者數事：一曰歷史觀念甚發達：凡一書之傳譯淵源、譯人小傳、譯時、譯地，靡不詳敍。二曰辨別眞僞極嚴：凡可疑之書，皆詳審考證，別存其目。三曰比較甚審：凡一書而同時或先後異譯者，輒詳爲序列，勘其異同得失。在一叢書中抽譯一二種，或在一書中抽譯一二篇而別題書名者，皆一求其出處，分別注明，使學者毋惑。四曰蒐采遺逸甚勤：雖已佚之書，亦必存其目，以俟采訪，令學者得按照某時代之錄而知其書佚於何時。五曰分類極複雜而周備：或以著譯時代分；或以書之性質分。性質之中，或以書之函義內容分，如既分經律論，又分大小乘；或以書之形式分，如一譯多譯，一卷多卷等。同一錄中，各種分類並用；一書而依其類別之不同，交錯互見，動至十數，予學者以種種檢查之便。吾儕試一讀僧祐、法經、費長房、道宣諸作，不能不歎劉略、班志、荀簿、阮錄之太簡單，太樸素，且痛惜於後此踵作者之無進步也。鄭漁仲、章實齋治校讎之學，精思獨闢，恨其於佛錄未一涉覽焉；否則其所發攄必更有進，可斷言也。」—見圖書館學季刊創刊號，飲冰室合集專集第十五册。自爾以還，恍如燉煌經洞之發露，殷虛卜辭之出土焉，目錄學宮黑暗之一角，重幕驟揭而大放光明。

天主教與基督教之目錄　佛錄而外，道藏目錄亦自有源流統系，爲普通目錄所不及詳者。獨回教經典彌寡，余尚未見其目錄。天主教則輸入雖較晚，而清康熙間已有韓霖、張賡撰道學家傳，於各教士傳後列舉其所著譯之書名，附刊於聖教信證之後。趙魏竹崦庵書目載有韓霖西士書目，殆卽其單行本也。而瞿穎山清吟閣書目又有耶穌會士著述目，則未必同爲一書。清末王韜重刊此傳，改名泰西著述考。其實則僅錄明末清初西洋來華教士之著述耳。晚近吾師陳援庵先生纂有明末清初教士譯著現存目錄，（油印未刊。）浙人方豪纂有天主教文獻年表，（稿本未刊。）皆專治初期天主教目錄學之傑作。教會書局目錄則以上海土山灣慈母堂印書館及北平西什庫天主堂遺使會印書館所出爲最多。前者分類二十六，後者分類二十三。其並收今古，兼錄中西，俾天主教徒關於中華之著述無有遺漏，余尚未見，是有待於來哲。至於基督教則輸入雖較天主教爲尤遲，而彙刊譯著目錄則早已從事。一八六七年已有 Rev. Alexander Wylie 創輯中華基督教文字索引（A Classified Index to the Chinese Literature of the Protestant Christian Churches in China）。其後，一九〇七年有季理斐續編，一九一八年有雷振華續編，一九三三年有李培廷續編。雖取便購求，兼利推銷，而凡中華基督教各教會、書局、學校所出版之書籍，概依杜威（Dewey）分類法彙錄一編，中文西文概無遺漏，較之天主教似覺略勝一籌矣。然其在宗教目錄學之地位，比諸佛教乃不可以道里計。故本篇所述側重佛教目錄，而道教目錄次之。

佛教目錄之全貌

佛教起於天竺。漢「哀帝元壽元年已有博士弟子秦景憲從大月支王使依存口受浮屠經。」（見裴松之三國志注引魚豢魏略西戎傳。）而「中土聞之，未之信了。」（見魏書釋老志。）後漢楚王劉英「爲浮屠齋戒祭祀，」於明帝永平八年「奉送縑帛以贖愆罪，」詔令「還贖以助伊蒲塞、桑門之盛饌。」見後漢書卷七十二。則祀佛齋僧後漢初年固已有之矣。然漢法「唯聽西域人得立寺都邑以奉其神；其漢人皆不得出家。」據慧皎高僧傳（下文簡稱「皎傳」）卷十及晉書卷六十五佛圖澄傳引石趙中書著作郎王度奏。故「章和以降，經出蓋闕，良由梵文雖至，緣運或殊，有譯乃傳，無譯乃隱。」見僧祐出三藏記集（下文簡稱「祐錄」）卷二。「邇及桓、靈，經來稍廣，安清朔佛之儔，支讖嚴調之屬，飛譯轉梵，萬里一契，離文合義，炳煥相接矣。」見祐錄卷二，參看卷十三。厥後，「丹陽人笮融在徐州廣陵間大起浮屠寺，」見後漢書卷一百三陶謙傳。潁川人朱士行「出家以後，」「以魏甘露五年」「西行求經」見祐錄卷十三。漢法既弛，佛教遂盛。而晉武帝時，燉煌人竺法護「隨師至西域，及歸，譯經凡一百四十九部。」「經法所以廣流中華者，護之力也。」同上故道安有云：「佛之延及此土，當漢之末世，晉之盛德也。」同上卷五。譯經既多，爰有目錄。其始創者，殆即安清，而朱士行竺法護之撰錄，則明見於後世衆經之稱述。荀勗之晉中經簿首收佛經，據廣弘明集卷三引古今書最。足見佛經之在晉初，不特已有目錄，抑且深入祕閣矣。東晉中葉，支敏度撰經論都錄、經論別錄於前，釋道安撰綜理衆經目錄於後，佛錄之基礎始得成立。宋元嘉八年祕閣目錄遂收佛經四百三十八卷，而王儉七志且特闢佛經錄，並爲書名立傳。同時有釋王宗（？）者撰衆經別錄，分教義爲大、小乘，判文裁爲經、論、律、數，更提出闕本、疑經，各自獨立。體例之精，非特鑿空，抑且垂後。謂佛錄至斯乃得成學，亦無不可。而齊、梁間，釋僧祐撰出三藏記集，踵安錄而增序、傳、記三體，寶唱繼之，分類更細。阮孝緒又攝衆錄爲佛法錄，包羅彌廣。其在北朝，則魏末有李廓，齊初有法上，收錄雖少，部勒反精。隋代踵承法經，遂確定四十二分之法，其整潔爲衆錄冠。費長房擴其境界，併祐錄、阮錄、經錄之長於一身。唐道宣因之，撰大唐內典錄，勒定十錄，囊括古今，遂集斯學之大成。延及智昇，其開元釋教錄，名數之富，規律之精，前無古人，後無來者。百世盛崇，準爲圭臬。後此有作，僅得其偏。佛錄至此，歎觀止矣。同時毋煚撰開元內外經錄，序述指歸，上承王阮，下啓慈雲。惟白王古一派，爰及北宋，三家競起，各撰解題，蓋吸收之後，正從事於消化矣。清初智旭撰閱藏知津，亦同此意。

中國歷代佛教目錄所知表

錄名	卷數	存佚	性質	本篇簡稱	撰人	撰成年代	西曆	門類	收書部數	收書卷數	出處
漢錄	一	佚	專錄漢代諸家譯經		朱士行	魏高貴鄉公甘露五年以前					費錄宣錄

衆經目	一	佚	專錄自譯經論		竺法護	西晉惠帝末	三〇五以前				費錄宣錄
衆經錄目	一	佚	通錄古今		聶道眞	西晉懷帝永嘉中	三〇七—一二				費錄宣錄
古錄	一	佚	通錄古今			兩晉之間？					祐錄費錄法華傳記
經論都錄	一	佚	通錄古今	度錄	支敏度	東晉成帝時？	三二六—四二				費錄宣錄
經論別錄	一	佚	同右，始分類。		支敏度	東晉成帝時？	三二六—四二				費錄宣錄
舊錄		佚	通錄古今			東晉成帝後，蕭齊以前。					祐錄費錄
別錄		佚	同右，分類。			同右					祐錄費錄
二趙經錄	一	佚	通錄，僞託。			宋初					費錄宣錄
綜理衆經目錄	一	佚	通錄，分類。	安錄	釋道安	東晉孝武帝寧康二年	三七四				祐錄費錄宣錄
廬山錄	一	佚	專錄廬山譯經？		釋慧遠？	東晉孝武帝太元中？					費錄
二秦衆經錄目	一	佚	專錄秦涼譯經		釋僧叡	晉安帝義熙間					費錄宣錄
漢錄	一	佚	專錄漢代譯經		竺道祖	晉恭帝元熙元年？					費錄
魏世經錄目	一	佚	專錄魏代譯經		釋道流竺道祖	同右					費錄宣錄
吳世經錄目	一	佚	專錄吳代譯經		同右	同右					費錄宣錄

晉世雜錄	一	佚	專錄晉代譯經		同右	同右					費錄宣錄
河西經錄目一名涼錄	一	佚	專錄河西譯經		同右	同右					費錄宣錄
佛經錄		佚	總目錄之一部分	七志	王儉	宋後廢帝元徽元年	四七三				隋書經籍志七錄序
衆經都錄	八	佚	通錄古今	都錄		齊初					費錄宣錄
衆經別錄	二	佚	通錄，分類。	別錄		齊初		一〇	一〇八九	二五九三	祐錄費錄宣錄
衆經目錄	二	佚	通錄，分類。	宗錄	釋王宗	南齊武帝時					祐錄費錄宣錄
宋齊錄	一	佚	專錄晉末宋齊譯經		釋道慧	南齊時	四七九—五〇一				費錄宣錄
釋弘充錄	一	佚	專錄藏經		釋弘充	南齊時	四七九—五〇一				費錄宣錄皎傳
定林寺藏經錄		佚	專錄藏經		劉勰	南齊時	四七九—五〇一				梁書卷五十
始興錄一名南錄		佚	通錄古今？			南齊時？					費錄宣錄
出三藏記集	七	存	通錄古今經論	祐錄	釋僧祐	梁武帝天監四年至十四年間		一二	二一六一	四三二八	費錄宣錄
華林佛殿衆經目錄	四	佚	專錄藏經		釋僧紹	梁武帝天監十四年	五一五				費錄宣錄
梁代衆經目錄	四	佚	專錄藏經	唱錄	釋寶唱	梁武帝天監十七年		二〇	一四三三	三七四一	宣錄
釋正度錄		佚	通錄古今		釋正度	梁武帝時？					費錄宣錄

佛法錄	三	佚	通稱古今		阮孝緒	梁武帝普通四年以後	五二三—	五	二四一〇	五四〇〇	廣弘明集
眞諦錄		佚	專錄自譯經論		釋眞諦	陳宣帝太建元年					經錄
王車騎錄		佚			王？	南朝？					費錄
岑號錄		佚									費錄
一乘寺藏衆經目錄		佚	專錄藏經								費錄
南來新錄		佚				南朝？					費錄
東錄											費錄
譯衆經論目錄		佚	專錄譯經	支錄	菩提流支	北魏永平二年至天平二年					費錄宣錄
魏世衆經錄目		佚	專錄藏經	廓錄	李廓	北魏孝靜帝天平年		一〇	四二七	二〇五三	宣錄
釋道憑錄		佚	或錄藏經？		釋道憑	北齊時	五五〇—七七				費錄宣錄
齊世衆經目錄		佚	專錄藏經	上錄	釋法上	北齊後主武平中	五七〇—五	八	七八七	二三三四	宣錄
大隋衆經錄目	七	存	通錄古今	經錄	釋法經	隋文帝開皇十四年	五九四	九門四二類	二二五七	五三一〇	宣錄大藏
開皇三寶錄一名歷代三寶記	一五	存	通錄古今	費錄	費長房	隋文帝開皇十七年	五九七	二二六八	六四一七		宣錄
隋仁壽年內典錄	五	存	專錄藏經	琮錄	釋彥琮	隋文帝仁壽二年	六〇二		二一〇九	五〇五八	宣錄大藏

譯經錄		佚	或錄藏經?		釋靈裕	隋煬帝大業元年以前	五八一—六一七				費錄宣錄
林邑所得崑崙書諸經目錄		佚	專錄崑崙經		釋彥琮	隋煬帝大業二年	六〇六				續高僧傳
衆經目錄		佚			釋智果	隋煬帝大業年					隋志
唐衆經目錄	五	佚		琬錄	釋玄琬	唐太宗貞觀九年					宣傳宣錄
大唐京師西明寺所寫正翻經律論乘傳等		佚			釋道宣	唐高宗顯慶三年	六五八		七九九	三三六一	宣錄
大唐內典錄	一〇	存		宣錄	釋道宣	唐高宗麟德元年	六六四	一〇	二四八七	八四七六	大藏
大唐東京大敬愛寺一切經論目	五	存		泰錄	釋靜泰	唐高宗麟德二年			二二一九	六九九四	大藏
古今譯經圖記	四	存		邁記	釋靖邁	唐高宗時	六五〇—六八三		一六二〇	五五五二	大藏
大周刊定衆經目錄	一五	存		佺錄	釋明佺	周則天帝天冊萬歲元年	六九五		三六一六	八六四一	大藏
大周刊定偽經目錄	一	存		佺偽錄	釋明佺	同右	六九五		二二八	四一九	大藏
續大唐內典錄	一	佚		昇續錄	釋智昇	唐玄宗開元十八年	七三六				大藏本非眞
續古今譯經圖記	一	存		昇記	釋智昇	同右	七三〇			六四五	大藏
大唐開元釋教錄	二〇	存		昇錄	釋智昇	唐玄宗開元十八年	七三〇	三一	二二七八	七〇四六	大藏
開元釋教錄略出	四	存		昇略	釋智昇	同右	七三〇		一〇七六	五〇四七	大藏

大唐貞元續開元釋教錄	三	存		照續錄	釋圓照	唐德宗貞元十年	七九四				大藏
貞元新定釋教目錄	三〇	存		照新錄	釋圓照	唐德宗貞元十五年	七九四		一一 二三	五九 三〇	大藏
內典目錄	一二	佚			王彥威	唐文宗開成中					通志
續貞元釋教錄	一	存			釋恆安	南唐中主保大三年	九四六		一七 三	三三 四	大藏
蜀州刻藏經目錄		佚			張從信	宋太祖開寶四年至太宗太平興國八年	九七一—九八三			五四 〇八	佛祖統紀
大中祥符法寶錄	二一	佚			趙安仁 楊億	宋眞宗大中祥符四年後	一〇一一?		二一 〇	三四 八	同右
教藏隨函目錄					釋慈雲	宋仁宗天聖二年					同右
天聖釋教錄	二	佚			釋惟淨	宋仁宗天聖五年	一〇二七			六九 一一	同右
景祐法寶錄		佚			呂夷簡 宋綬	宋仁宗景祐三年	一〇三六		一 九	一一 六	慶錄一覽 佛祖統紀
契丹刻藏目錄		佚			釋覺苑	遼道宗清寧六年前後	一〇六〇?			六〇〇?	續藏經卷首
新編諸宗教藏總錄	三	存			釋義天	高麗宣宗八年	一〇九一				昭和法寶
大藏經綱目指要錄	八	存		白錄	釋惟白	宋徽宗崇寧四年	一一〇五		一四 〇九		同右
大藏聖教法寶標目	八	存		古目	王古	宋徽宗時			一四 四〇	五八 五六	同右
弘法入藏錄		佚				元世祖至元二二年			二 〇	一五 一	慶錄

至元法寶勘同總錄	一〇	存		慶錄	釋慶吉祥	元世祖至元二四年	一二八七		一四〇〇	五五八六	昭和法寶
大明釋教彙門標目	四	存			釋寂曉	明時					閱藏知津
大明釋教彙目義門 一名法藏司南	四一	存			同右	同右					同右
閱藏知津	四八	存		旭錄	釋智旭	清世祖順治十一年	一六五四				原書
如來大藏經總目錄 一名番藏目錄	一	存				清聖祖康熙二十二年	一六八三	一八	九七八	一〇二二	續藏經卷首
滿洲刻藏目錄	一	存				清高宗乾隆五十七年	一七九二				仝右

此表所存，詳於遠而略於近。宋後刻藏，書目出入卷數多寡，時有異同，不復備列。蓋以其於目錄學無甚影響故耳。

佛錄之始創者 佛教目錄之興，蓋伴譯經以俱來。觀乎後竺法護、釋眞諦之譯經有錄，則始創佛錄者，其安清、支謙之倫乎？安清相傳爲安息王太子，「以漢桓帝之初始到中夏」「至止未久，即通習華語。於是宣譯衆經，改胡爲漢。」「其先後所出經，凡四十五部。」見祐錄卷十三。其後，支謙譯經於吳，「首尾三十餘載」，出經三十六部。而據費錄「檢衆錄能述」所得，則謂清、謙所出有一百七十六部及一百二十九部之多。信如其說，則目錄之需要極矣。即曰費錄可疑；四十五與三十六之數亦非寡少，其必有一紙帳單以爲備查之用，實係事勢所趨，不得不然者；而此帳單縱極簡陋，亦目錄之雛型也。特以「僅列經名」（宣錄）羌無義例，「歲久錄亡」（祐錄）故未爲諸錄盛稱耳。（惟智昇開元釋教錄卷十八於魔化比丘經注云：「支謙錄內有此經名，恐僞竊眞名，且兩存其目。」）

三部僞錄　前於安清支謙之佛錄有三，皆後世僞造或誤認近著爲古書。其一曰古錄。費錄云：「似是秦時釋利防等所齎來經目錄。」夫秦時佛法尚未流入中國，僧徒姓釋始於苻秦之道安；王子年拾遺記本非信史，雖有室利防齎經入秦之說，詎足信乎？況費錄於嚴佛調古維摩詰經、支謙八吉祥經、法護普曜經皆注云：「見古錄。」是數人者，皆生於漢末晉初，然則烏得又認古錄爲秦書乎？法華傳記（卷一支派別行第四。）亦云：「又有薩曇分陀利經一卷，……古錄注『法護譯』。」祐錄新集安公失譯經錄，續撰失譯雜經錄，皆有引古錄語。費錄又於道龔悲華經注云：「見古錄，似是先譯，龔更刪改。」祐錄則於悲華經下注云：「別錄或云『龔上出。』」龔，晉安帝時人。因知撰古錄者，最早不能出於法護以前，最遲不能更在道安或道龔之後。要之，必爲晉人而非秦人。其書非古，更古者尚有朱士行、竺法護、聶道真之作。徒以失其撰人，故號爲古耳。若遽依費錄認爲秦書，則不僞而僞矣。

其二曰舊錄。費錄云：「似前漢劉向搜集藏書所見經錄。」宣錄云：「似是前漢劉向校書天閣，往往多見佛經，斯卽往古藏經，謂孔壁所藏，或秦政焚書人中所藏者。」此其荒謬尤罕比倫。夫列仙傳決非劉向所撰，且其記事全屬子虛；據以爲說，誰能置信？故魏書釋老志云：「漢採遺籍，復若丘山。司馬遷區別異同，有陰陽、儒、墨、名、法、道德六家之義。劉歆著七略，班固志藝文，釋氏之學所未曾紀。」夫漢時「天下遺文古事，靡不畢集太史公；」（史記自序。）向歆錄略，雖房中術之穢，亦所不遺；豈有高明如佛經而反屏去不道乎？況舊錄之稱，原出祐錄。祐錄之新集經論錄依照年代先後著記，自四十二章經至譬喻經，皆常引舊錄所稱之異名。較其同異，舊錄每較安錄爲長。例如七法經，舊錄云：「阿毘曇七法行經。」此因安錄「太簡注目經名，撮題兩字；」（祐錄）舊錄之不蹈襲安錄，觀此可知。跡其時代，譬喻經係晉成帝時沙門康法邃所撰，而祐錄於簡文帝以後所出諸經不復引徵舊錄之說。由此推論，則舊錄之成蓋在成帝至廢帝之間也。（當西曆三四一至三七〇之間。）與支敏度經論都錄約略同時。或卽一書，亦未可知。費錄所引，則又更後。於晉孝武帝世竺曇無蘭、釋慧簡譯經，皆引舊錄，最遲者竟及蕭齊釋道備之九傷經。祐錄卷九菩薩善戒菩薩地持二經記，亦引舊錄，云「是宋文帝世三藏法師求那跋摩，於京師譯出。」此等疑其並爲後人續加，非出一手。凡古書皆有後人續加之跡，如史記有褚少孫馮商增補之語是也。則又似與祐錄並世而稍早也。無論如何，其決非漢書則無可疑。而宣錄乃沿費錄之誤而更甚其辭，是亦迷古之弊耳。至於經錄、琮錄、泰錄、宣錄所引「舊錄」，有指祐錄而言者，非悉謂晉人之舊錄。

其三曰漢時佛經目錄。費錄云：「似是伽葉摩騰創譯四十二章經，因即撰錄。」別本又云：「似是前漢劉向集書所見者。」見大正新修本大藏經史傳部一二七頁。其書除費錄及全抄費錄之宣錄外，未有稱述其隻字者；其爲費錄妄言，固無待言。後說之謬，前已略陳。至於前說，亦非事實。祐錄於四十二章經注云：「安法師所撰錄闕此經。」夫以「內外羣書，略皆遍睹」皎傳之道安而不錄此最古且最要之經典，則此經之僞，更何可掩？況舊錄已云：「本是外國經抄元出大部，撮要引俗，似此孝經一十八章。」是已明知僅爲俗本，非屬原經。倘此經不僞，則何以「章和以降」八十年間，又「經出蓋闕」乎？即曰確有此經，而區區一卷，何須目錄？故此錄之必僞且必無，較之古舊二錄之不僞而僞者，又非其比矣。摩騰譯經說之僞，可參看飲冰室專集第十五冊漢明求經說辯僞。

第一部總錄　古舊二錄既爲晉人所撰，安清支謙又未有言其撰錄者，則第一部總錄，殆爲魏僧朱士行之漢錄矣。書名原必更詳。士行「出家以後，使以大法爲己任。常謂入道資慧，故專務經典」。祐錄卷十三。祐錄雖未引其漢錄，而費錄備載之。考其所錄，則漢末支婁伽讖、安世高即安清。竺佛朔、支曜、康巨、嚴佛調諸家譯經具在。又載有伽葉摩騰之四十二章，竺法蘭之十地斷結經。眞僞雜列，頗乏識斷。詳記譯人及其譯地、譯年月日，是其首創之例。士行既以魏高貴鄉公甘露五年西行求經，且所錄不出漢代，則其書必成於尙未西行而「專務經典」之時。在一切佛錄中實爲最古者矣。或亦疑其爲後人僞造；費錄於益意經，既云晉「孝武帝世，沙門康道和太元末譯」，又云：「朱士行漢錄云二卷，不顯譯人」，似亦有可疑者。然道和所譯係「第二出」，「合三卷」，費錄亦已言之，顯非一本，固無庸疑也。

竺法護與聶道眞　繼朱士行而作者有竺法護。法護遊歷西域諸國，遍學其語言文字，「遂大齎胡本還歸中夏。……終身譯寫，勞不告倦，宣隆佛化，二十餘年。晉懷帝永嘉初卒」。祐錄卷十三，參晉書卷三。祐錄於新集續撰失譯雜經錄二引「安法師所載竺法護經目」，此二書皆法護所出。可知道安猶及見法護所撰衆經錄目。費錄、宣錄遂並載之。「護於晉世出經最多」，而慧皎高僧傳唯云「護出一百六十五部」，祐錄止錄一百五十四部，費錄則羅列至二百十部之多。似僅錄其本人出經，已足成一目錄矣。故宣錄云：護「翻經極廣，因出其錄。」然諸錄援引既寡，眞相難明。倘未並錄他書，（祐錄大集虛空藏無盡意三經記引「護公錄復出無盡意經」，此經亦護所出，不足爲兼錄他書之證。）則護錄實譯經專錄之最早出現者也。時有清信士聶承遠及其子道眞「執筆助翻。」「及護沒後，眞遂自譯。」「亦出一錄。」（費錄）亦曰衆經錄目，其所錄者，有漢末之支婁伽讖，並世之竺叔蘭，且盡列法護譯經。較之護錄，似有兼錄專錄之分。此二者，皆西晉僅有之作，其體例略同漢錄；而上文所謂古錄，反在其稍後。

支敏度之經論都錄及別錄 費錄卷八有「經論都錄一卷，」云：晉「成帝世，豫章山沙門支敏度，總校羣經，合古今目錄，撰此都錄。」卷十五又載「支敏度錄一卷，又都錄一卷。」宣錄則謂敏度於「經論都錄一卷」之外，「又撰別錄一卷。」祐錄則載有合維摩詰經、合首楞嚴經二書，云：「晉惠帝時，沙門支敏度所集。」據此，則敏度爲惠帝至成帝時人。費錄常引支敏度錄，所載支婁伽讖、安世高、法護、支法度等譯經，及放光般若經，皆出敏度以前。惟卷九引支敏度都錄載有晉孝武帝世聖堅所譯僮迦葉解難經，似敏度享壽極高。假定於惠帝末年合定二經時年二十，迄孝武帝初亦已九十歲矣。雖非不可能，然二十著書，九十撰錄，終有可疑也。若認爲成帝以前之人，則此錄之成早於安錄三十餘年；實爲東晉第一部總錄。至其書既以經論標名，復分都別二錄，則或已分別經論爲二類，於別錄中亦甚屬可能。且祐錄迭引「舊錄」「別錄」而未言敏度有錄；費錄所引度錄，間有同於祐錄所引之舊錄者：豈後人續補度錄，直至宋、齊，久而沒其姓名，致簡稱舊錄別錄歟？參看上文論舊錄，下文論衆經都錄。

二趙經錄　費錄有趙錄，云：「似是趙時，未見經，致疑姓氏。」宣錄亦有二趙經錄，云：「似是二石趙時諸錄遙注，未知姓氏。」考佛圖澄甚爲石勒石虎所尊信，然未嘗譯經。費錄卷十載空淨三昧經等四部，謂「宋世不顯年，未詳何帝譯。羣錄直注云：『沙門釋勇公出』，見始興及趙錄。」卷十一於燈三昧經注略同。又卷九載晉孝武世聖堅譯經，云「一經見趙錄。」「未知前後趙。」又卷七載晉末釋法勇出一經，釋嵩公出三經，亦云「見趙錄。」考後趙亡於東晉穆帝永和七年，下距宋初已七十餘年。因知趙錄所載不但非趙人譯經，且非趙人所作。視爲僞書，固無不可。若其非僞也，殆有趙某撰錄，而後世誤爲趙代所出歟？

奠定基礎之道安綜理衆經目錄

以上諸家，眞相莫明。故祐錄謂：「自漢暨晉，經來稍多。而傳經之人名字弗記；後人追尋，莫測年代。」實則失譯固多，明悉人代者亦不少。宣錄謂：「自前諸錄，但列經名。品位大小，區別人代，蓋無所記。」其實諸錄對於譯人，譯時，譯地，亦已詳記。逌東晉中葉，釋道安「乃總集名目，表其時人，銓品新舊，定其制作。」宣錄一撰爲綜理衆經目錄。至孝武帝寧康二年始寫定於襄陽。見祐錄新集安公注經錄。祐錄謂：「爰自安公始述名錄，銓品譯才，標列歲月，妙典可徵，實賴斯人。」卷二其書雖亦失傳，大體尙保存於祐錄，據以推測，猶可髣髴。道安，常山扶柳人，少時師事佛圖澄於鄴，避亂南下，「齋講不倦，多所博涉，」靡不通究。後爲苻堅所得，最被敬信。勸堅遠召鳩摩羅什於龜茲，間接助成譯經之大業。制定僧尼軌範，以釋爲氏，垂爲永式。散遣高徒，佈教四方。以建元二十一年卒於長安。見祐錄卷十五。其人在佛教史自有其卓絕不朽之地位，毋庸詳敍。所宜論者，爲其經錄。

安錄區區一卷，其注意點惟在「銓品譯才，標列歲月。」祐錄卷二。例如祐錄卷十三載「又有阿闍世王寶積等十部經，以歲久無錄，安公校練古今，精尋文體，云：『似支讖所出。凡此諸經，皆得本旨，了不加飾，可謂善宣法要，弘道之士也。』」此卽所謂「銓品譯才」也。皎傳卷一載：「案釋道安經錄云：

『安世高以漢桓帝建和二年至靈帝建寧中二十餘年，譯出三十餘部經。』」祐錄於五蓋疑結失行經目下注云：「安公云：『不似護公出。記云：永寧二年四月十二日出。』」此即所謂「標列歲月」也。其錄自「安高以下，至法立以上，凡十七家」並依年代先後，逐家彙列。以經名爲目，下注其異名及譯出歲月。一家經目列畢，則另寫一段於後，略述譯人姓氏，譯經始末，譯筆優劣。後來祐錄名之曰本錄。「自道地要語迄四姓長者，合九十有二經，標爲古異」。「或無別名題，取經語以爲目；或撮略四鋡，摘一事而立卷。」「編之於末。」祐錄卷三。自修行本起訖於和達，凡一百有三十四經，莫詳其人。」祐錄名之曰失譯經錄。又有關中、涼土「二錄，並闕譯名。」又「摘出僞經二十六部」，別爲一錄。此外更將自注衆經及雜志目錄，亦「附之於末。」祐錄卷五。全錄「注目經名，撮題兩字，且不列卷數，行間相接。後人傳寫，名部混糅，且朱點爲標，朱滅則亂。循空追求，困於難了。」後由僧祐「悉更刪整，標定卷部。」祐錄卷三。乃成下列之形式：

經論錄或稱本錄。第一

古異經錄第二原在後，祐始提前。

失譯經錄第三

涼土失譯經錄第四

關中失譯經錄第五

疑經錄第六

注經及雜志錄第七

「其體裁足稱者蓋數端：一曰純以年代爲次，令讀者得知斯學發展之跡及諸家派別。二曰失譯者別自爲篇，三曰摘譯者別自爲篇皆以書之性質爲分別，使眉目犂然。四曰嚴眞僞之辨，精神最爲忠實。五曰注解之書別自爲部，不與本經混，主從分明。凡此諸義，皋牢後此經錄，殆莫之能易。」—（梁啓超佛家經錄在中國目錄學之位置。）除第一點爲佛錄慣例外，餘皆安所發明也。故道宣嘉之曰：「衆經有據自此而明；在後羣錄，資而增廣。」—（宣錄卷十。）安誠無愧爲佛錄開山之祖矣。

僧叡之二秦衆經錄目　繼道安而作者，有僧叡。僧叡，魏郡長樂人。（皎傳卷六。）道安弟子。（宣錄卷十。）與鳩摩羅什同在姚秦，「什所翻經，叡並參正。」— 什歎嘉之。（見皎傳卷六，參看卷二，及祐錄卷二，卷十四。）弘始末年，撰有二秦衆經錄目一卷，（見費錄卷八，宣錄卷十。）蓋補道安之不及，專錄二秦譯經名目者也。費錄間引其文，因知苻秦之竺佛念，曇摩蜱，僧伽提婆，姚秦之鳩摩羅什，弗若多羅，卑摩羅義，佛馱耶舍諸家譯經皆在錄中。最晚者有弘始十五年（當晉安帝義熙九年。）玄始七年（當義熙十四年。）所譯，且有姚秦亡後北涼僧曇摩讖之書。故雖以二秦爲名，而實兼及北涼。凡道安未收，秦涼新譯之經，殆已盡收於此錄矣。（費錄於支謙之微密持經亦引此錄，殆偶證異名，非關著錄。）故謂爲安錄之續編，亦無不可也。

南北朝佛錄概觀　及南北分立之世，譯經日多，藏經日富，撰爲目錄者接踵而出。竺道祖首創斷代之例，王儉首收佛書入總志，無名氏之衆經別錄首爲學理及體裁之分類，釋僧祐之出三藏記集首作小傳及書序爲目錄之附錄。而集經結藏亦始於僧祐，劉勰之於定林寺，僧紹寶唱之於華林殿，一再撰目，遂成世業。北朝則有李廓之魏錄，法上之齊錄，並號精當。而專錄譯經者，則有蕭齊之釋道慧，陳之釋眞諦，元魏之菩提流支等。其他不甚知名者尚有多種。以數量論，可稱最爲發達。以實質論，則佛教目錄學至此時期始得成立，其重要實不減於隋唐諸錄也。

道祖之衆經錄　晉太元初，道安陷秦，其弟子慧遠南入廬山，創東林寺，率衆講學。「初，經流江左，多有未備。遠乃命弟子法淨等遠尋衆經，踰越沙雪，曠歲方還，皆獲胡本，得以傳譯。所以禪法經戒，皆出廬山，幾且百卷。葱外妙典，關中勝說，所以來集茲土者，皆遠之力也。」（祐錄卷十五。）費錄載有廬山錄一卷，殆即廬山譯經之目錄歟。而遠之弟子釋道流創撰衆經錄四部：一曰魏世經錄目，二曰吳世經錄目，三曰晉世雜錄，四曰河西經錄目，未就而病卒。同學竺道祖因而成之，大行於世。（見費錄卷八及宣錄卷十。）觀費錄所引，則斷代爲錄，各自爲書，道祖所作，實爲始祖。蓋士行漢錄，敏度都錄，道安綜錄，固已按代錄人，而區區一卷，自可不再分篇。法護錄、二秦錄之屬，祇錄一時所譯，決不可謂爲斷代之錄也。道祖之作，則非僅如宣錄所載，分爲四卷，各命一名而已；此外尚有所謂漢錄者，偶見於費錄，（卷二引「竺道祖漢錄云：『興平元年康孟詳於洛陽譯四諦經一卷，與世高出者小異。』」）而世迄未之知。此五錄者，固各自單行，故費錄述引，各有稱號，並無總名。其所謂魏乃並指曹魏及元魏。河西錄又名涼錄，晉世雜錄則並包二秦及劉宋譯經。所收之書，有遲至劉宋孝武帝孝建二年始出者。故知道祖此錄之出，已爲劉宋末年矣。然祖實卒於晉恭帝元熙元年，（皎傳卷六。）則宋世諸經乃後人續入之也。

王儉之佛經錄　道祖之後，有收佛經入總目錄中者，爲宋祕書丞王儉。儉依別錄之體，撰七志。

又條佛經爲一錄，「雖繼七志之後，而不在其數。」見七錄序。七志之例，雖「亦不述作者之意，但於書名之下，每立一傳，而又作九篇條例，編乎首卷之中。」見隋志。則佛經錄所收各書，亦必各有一傳，首卷之條例或有對於分類或分家之說明。且七志多至四十卷。見南齊書本傳。若謂其佛經錄獨不分類提要，與其他七志有殊，亦不近情。惜乎書已不傳，未可任意推測耳。僅就其收佛經入總錄及每書立傳之兩例論之，儉之創見已可嘉矣。

蕭齊三錄　費錄載有釋王宗之衆經目錄，釋道慧之宋齊錄，及釋弘充錄。皆出南齊時。祐錄於佛從兜率降中陰經下注云：「齊武帝時，比丘釋王宗所撰。」費錄於竺法護、朱十行及晉孝武世之法堅、宋武帝世之法勇、宋文帝世之覺鎧所譯各經下，並引王宗錄，可見其書亦係通錄古今者。費錄又謂宗「又撰大小乘目錄」二卷，云「見三藏記」，但祐錄今本未見此語。則佛錄之判別大乘小乘者，殆以王宗爲最先也。宋齊錄則專錄晉末及宋齊二代之譯經目錄，與宗錄之性質迥異。核其所收，如晉安帝世之祇多蜜、佛馱耶舍，宋文帝世之釋智猛、釋曇覺、釋智嚴、釋寶雲、僧伽跋摩、求那跋陀羅、曇摩密多、畺良耶舍，宋明帝世之吉迦夜，宋廢帝世之毗尼師佛陀什，宋孝武帝世之沮渠京聲，齊武帝世之僧伽跋陀羅、達摩摩提，皆一時譯經之大師。雖已溢出宋齊之限，而晉安帝實爲東晉最後一朝，其後之恭帝，踐祚僅年餘。緊接宋初，原非懸隔。道慧此錄殆繼「舊錄」而作，猶僧叡之續安錄，故專以近代譯經爲著錄之對象也。至於釋弘充錄，則僅一見於費錄，未知其性質若何。據皎傳八卷所載：「釋弘充，涼州人，大明末，過江，初止多寶寺。明帝踐祚，起湘宮寺，請充爲綱領，於是移居焉。以齊永明中卒。」其所撰目錄，或係專記湘宮寺所藏，亦未可知。

空前精普之衆經別錄　費錄載有衆經別錄，注云：「未詳作者，似宋時述。」又詳記其類名部數及卷數如左：

大乘經錄第一	總三百七十部	七百七十九卷
三乘通教錄第二	五十一部	九十七卷
三乘中大乘錄第三	一十七部	三十八卷
小乘經錄第四	四百三十六部	六百六十一卷
篇目闕本錄第五		

大小乘不判錄第六	一百七十四部	一百八十四卷
疑經錄第七	一十七部	二十卷
律錄第八	一十二部	一百九十五卷
數錄第九	六部	一百二十一卷
論錄第十	六部	一百五十二卷

都兩卷十篇，一千八十九部，二千五百九十六卷。」此書至唐初尙存，故祐錄、費錄、宣錄皆備引其說。例如祐錄於伅眞陀羅經下注云：「舊錄云『屯眞陀羅王經』，別錄所載，安錄無，今闕。」於光明三昧經下注云：「出別錄，安錄無。」費錄更多注「見別錄，安錄無」者，足見別錄並不以安錄爲藍本，且較安錄爲尤詳。而此別錄蓋卽衆經別錄也。又費錄於彌勒菩薩本願待時成佛經下注云：「已上三十二經，並見別錄云什重譯。」於聶道眞所譯諸經後述云：「此並見別錄所載。」於法炬所譯諸經後述云：「旣見舊別諸錄，依聚繼之。」於宋文帝世求那跋陀羅譯經下注云：「已上不注諸錄者，並見別錄。」可見別錄於同類之書，亦彙聚一人所譯於一處。綜其所收，上自漢末安世高，下

至蕭齊之釋道備。歷代諸經，無不攝入。由此足知其爲通錄古今之書矣。由此又知非即支敏度之衆經別錄，而或爲其續錄。而費錄卷五魏吳世錄序云：「且舊錄雖注蜀普曜首楞嚴等經，而復闕於譯人年世，設欲紀述，罔知所依，推入失翻，故無別錄。」據此推論，則舊錄與別錄同出一人。費錄卷十五有衆經都錄八卷，注云：「似是總合諸家，未詳作者。」此錄據余考證，似即上文所謂舊錄。較其時代，略與別錄同時。蓋費錄引舊錄、別錄，並止於蕭齊之釋道備，其後各家，不復引述。而諸錄絕未有引衆經都錄一語者，舊錄既非「似前漢劉向搜集藏書所見經錄，」前文已考。祐錄又祇引舊錄而未言有衆經都錄，則謂舊錄似即都錄，實無不可。良以此兩錄至隋初皆已失傳，費錄未見原書，僅能由他錄所載轉引；故卷十五又謬以舊錄爲漢書，而未知其即衆經都錄耳。揣其體例，則一依時代爲次，謂之都錄；一依大小乘律論等體裁而分，則謂之別錄。其「失翻」者，不復「紀述」，「故無別錄，」因知都錄當有「紀述，」當較別錄爲詳。故費錄載都錄八卷，別錄則祇二卷也。兩錄於蕭齊衆經，吾人僅知其錄有道備一家，則其著作時代必在齊初，與上述之釋王宗同時。雖不敢遽謂兩錄即爲王宗所撰，然從「又撰大小乘目錄」一語及別錄宗錄之卷數並爲兩卷推之，則其或然性乃甚強。雖曰題名各別，然提出此項問題，亦不爲無益耳。蓋王儉七志已亡，既未知其佛經錄已分類與否。王宗經錄之內容，吾人更無所知。則對於此創造最優良之分類法之衆經別錄作者，吾人竭精殫思以求得其姓名亦非過分。其書既從教義上分大乘、小乘、不判乘；又從體質上分存、疑、闕；佛經之外，又首創律、論、數三類。其分類法之原則蓋有教義、體質、文裁三項，俾經、律、數、論，各有定居，眞、僞、完、闕，不從含混。而專習一乘者，自可即類求書；初學佛經者，不爲疑僞所誤。其類例之善，實爲空前所未有。非獨爲道安僧祐所不及，即後來隋唐諸錄亦無不仰爲圭臬，亦步亦趨，不敢稍失規矩也。

關於別錄及其有關之舊錄，試作一關係系統圖如下：

（舊錄＝支敏度經論都錄）＋釋道慧宋齊錄＝無名氏衆經都錄

（別錄＝支敏度經論別錄）＋？＝無名氏衆經別錄＝釋王宗衆經目錄

現存最古之出三藏記集　遙續安錄，近接別錄，囊括一切經錄而集其大成者，爲釋僧祐之出三藏記集。皎傳載：祐建康人，入定林寺，「初受業於沙門法頴。頴既一時名匠，爲律學所宗。祐乃竭思鑽求，遂大精律部。齊竟陵文宣王每請講律，聽衆常七八百人。永明中，勅入吳試簡五衆，並宣講十誦，更中受戒之法。凡獲信施，悉以治定林建初及修繕諸寺，幷建無遮大集，捨身齊等，及造立經藏，搜校卷軸。使夫寺廟開廣，法言無墜，咸其力也。」梁初，武帝「深相禮遇，凡僧事碩疑，皆勅就審決。年衰脚疾，勅聽乘輿入內殿，爲六宮受戒。凡白黑門徒一萬一千餘人。以天監十七年五月二十六日卒于建初寺，春秋七十有四。」「初，祐集經藏既成，使人抄撰要事，爲三藏記、法苑記、世界記、釋伽譜及弘明集等，皆行於世。」（並錄皎傳卷十一原文。）據此所述，則僧祐在齊梁之間，地位甚高，門徒甚衆，故能集合衆力，「造立經藏，搜校卷軸」，撰著諸書。佛經之有藏，實自祐始。佛錄之得留傳至今，亦以祐錄爲最古。

祐之撰經錄也，實以「經出西域，運流東方，提挈萬里，翻傳胡漢，國音各殊，故文有同異，前後重來，故題有新舊，而後之學者，鮮克研覈，遂乃書寫繼踵，而不知經出之歲，誦說比肩，而莫測傳法之人，授受之道，（原作授之受道，今據宣錄校改。）亦已闕矣。夫一時聖集，猶五事證經，況千載交譯，寧可昧其人世哉？昔安法師以鴻才淵鑒，爰撰經錄，訂正聞見，炳然區分。自茲以來，妙典間出，皆是大乘寶海，時競講習，而年代人名，莫有銓貫，歲月逾邁，本源將沒，復生疑惑，奚所取明？祐……於是牽課羸志，沿波討源，綴其所聞，名曰出三藏記集。」讀此自序，則祐之所志，在續安錄，其餘諸子，等於自鄶無譏矣。然祐又自言「祐總集衆經，遍閱羣錄，」則其所見衆錄，爲數甚多，決不限於安錄及古舊諸錄也。

梁書（卷五十。）載：「劉勰字彥和，早孤，篤志好學，家貧不婚娶，依沙門僧祐，與之居處，積十數年，遂博通經論，因區別部類，錄而序之。今定林寺經藏，勰所定也。天監初，起家奉朝請。」由此可知僧祐經藏早成於齊世，編定其目錄者乃勰也。又可知祐錄所根據者，必定林寺經藏目錄也。今讀祐錄，覺其筆調情致宛似文心雕龍。勰既依祐爲生，且已爲祐寺編目，則祐錄殆亦由劉勰執筆歟？祐弟子慧皎作高僧傳，載祐卒後，「弟子正度立碑頌德，東莞劉勰製文。」費錄有「釋正度錄一卷，」或爲拾補祐錄之遺。（費錄於晉恭帝元熙元年竺法力，宣錄於晉初竺法護，並引正度錄。）正度慧皎及寶唱之儔，諒亦嘗助勰祐撰錄也。至於祐錄成書之年，費錄稱爲「齊建武年，」此蓋草創之時耳。祐所新撰賢愚經記有天監四年之事，亦已收入祐錄，因知其書必成於此年以後，天監十四年以前。或目錄部分於建武中先成，記傳部分至天監中猶陸續加入。如此鉅著，必非短期所能竣事也。

祐錄內容共分四體。自序云：「一撰錄記，二銓名錄，三總經序，四述列傳。錄記撰則原始之本克昭，名錄銓則年代之目不墜，經序總則勝集之時足徵，列傳述則伊人之風可見。」此外尙有雜錄一體，實亦書序之類，非有歧異。全書最主要之部分，自爲目錄之「錄」，錄凡十二，其名次如下：

新集撰出經論錄第一

新集條解異出經錄第二　費錄轉載有誤。

新集表序四部律錄第三　大藏本移在續撰失譯錄之前，以下次第並依費錄所載。

新集安公古異經錄第四

新集安公失譯經錄第五

新集安公涼土異經錄第六

新集安公關中異經錄第七

新集續撰失譯雜經錄第八

新集抄經錄第九

新集安公疑經錄第十

新集疑經僞撰雜錄第十一　祐錄原脫僞撰雜三字。

新集安公注經及雜經志錄第十二（此題依祐錄。）

第一部分實攝入安錄原文「接爲新錄。兼廣訪別目，括正異同，追討支舉以備錄體。發源有漢，迄于大梁，運歷六代，歲漸五百，梵文證經四百有十九部，華戎傳譯八十有五人，魚貫名第，略爲備矣。或同是一經而先後異出，新舊舛駁，卷數參差，皆別立章條，使無疑亂。（即第二部分。）至於律藏初啓，則詳書本源。」（爲新集律分五部記錄，新集律分爲十八部記錄。大藏本因「文煩不復備寫」。）「審覈人代，列于上錄，若經存譯亡，則編於下卷」。（即第八部分。）

第二部分所謂「異出經者，謂胡本同而漢文異也。……泥洹、楞嚴，重出至七；般若之經，別本乃八。傍及眾典，往往如茲。」祐「並條目列人，以表同異。其異出雜經失譯名者，皆附失源之部」。

第四部分亦安錄原文「古異經者，蓋先出之遺文也。……雖經文散逸，多有闕亡；觀其存篇，古今可辯。」故道安別爲一錄，祐亦仍之。

「安錄失譯人者及關涼二錄，祐「總而次列入失源之部。」安錄「太簡，」「且眾錄雜經，苞集逸異，名多復重，失相散紊。」祐「悉更刪整，標定卷部。」即第五至第七部分是也。

第八部分小序云：「祐總集眾經，遍閱羣錄，新撰失譯，猶多卷部。聲實紛糅，尤難銓品。或一本數名，或一名數本或妄加游字，以辭繁致殊。或撮半立題，以文省成異。至於書誤益惑，亂甚棼絲，故知必也正名，於斯爲急矣。是以讎校歷年，因而後定。其二卷以上，凡二十六部，雖闕譯人，悉是全典。其一卷以還，五百餘部，率抄衆經，全典蓋寡。觀其所抄，多出四鋡、六度、道地、大集、出曜、賢愚及譬喻、生經。並割品截揭，撮略取義，強製名號，仍成卷軸。至有題目淺拙，名與實乖。雖欲啓學，實蕪正典。其爲愆謬，良足深誡。今悉標出本經，注之目下。抄略既分，全部自顯。使沿波討源，還得本譯矣。……」

第九部分專錄「撮舉義要」之書，「其安公時抄悉附本錄」，不入此篇。第十部分全錄道安原文。第十一部分則係「祐校閱羣經，廣集同異，約以經律，頗見所疑」，「注之於錄。幷近世妄撰，亦標於末」。第十二部分亦仍安原文，續加近作數種。

綜右所述，除特爲保安錄而設之六錄外，實祇分（1）經論，（2）異出經，（3）律，（4）失譯經，（5）抄經，（6）疑經，六部。

祐錄之特色不在上述之「錄」，而在「錄」前之「記」與「錄」後之「序」及「傳」。前有集三藏錄記，十誦律五百羅漢出三藏記，菩薩處胎出入藏記，皆敍佛經結藏之經過，猶之劉歆輯略之敍學術源流也。次則爲胡漢譯經文字音義同異記，前後出經異記，並釋譯文異義。錄後一部分專抄出經著論之序及後記。一部份則祐所特撰之高僧列傳也。揆以劉向別錄之例，則祐之經序、列傳，較向之解題、小傳爲尤詳。向錄融化篇目、解題、列傳於各錄中，祐錄則析之爲三，或列書目，或存原序，或撰詳傳，未能併合耳。

僧祐之撰是錄也，爲時甚久，爲力甚勤，而爲功甚艱鉅。其所根據之安錄既甚疏略，衆錄又紊亂不一，必須「悉更刪整，標定卷部，使名實有分，尋覽無惑」，實非輕易。讀前引各序，已可知之。其所收藏既極豐富，(見梁書劉勰傳) 又復「訪訊遐邇」，(僧祐賢愚經記) 「讎校歷年，因而後定」，其勤謹尤爲少見。同時撰集經錄者非祇一家，惟祐獨傳，餘並遺佚。此其必有爲衆錄所不及者，然後可以傳千四百年而不失也。考其優點，約有四端：一曰蒐有多方面之第一手史料。如敍佛典來歷及繙譯方法，記名僧事迹，抄論序及出經後記，皆顯示最初之蹤影，極便後世學者之稱道與研究。二曰使用多樣之體裁。如既有目錄，又用記、序、列傳以輔之，俾能互相補充，無「知其一、不知其二」之患，而目錄之功益顯矣。三曰分析經書爲多數之部類。既剔出注經、雜經、疑經、僞經、抄經、失譯經、古異經、異出經，另成若干部，以別於正式之經論，又析律爲另一部。除失譯、古異、抄、疑、注、雜各部仿自道安，餘例皆爲僧祐所自創，實開後此諸家許多法門，促進佛教目錄學之進步，爲功甚大。其四則於一切經論皆曾作一番考索，甄別其同異眞僞，鉤出其譯人時地。總計錄書二千一百六十二部，凡四千三百二十八卷。前乎此者，實未有若是博大者也。隋釋法經衆經錄序謂：道安以後二百年間，諸家經錄，皆未精詳。「獨有揚州律師僧祐撰三藏紀錄，頗近可觀。然猶小大雷同，三藏雜糅，抄集參正，傳記亂經，考始括終，莫能該備。自外諸錄，胡可勝言。」法經所論，頗中其失。惟經、律分錄，實始於祐。大、小分乘，前人所忽，未可以爲祐罪耳。唐釋智昇開元釋教錄卷十則云：「祐錄所撰，條例可觀。若細尋求，不無乖失。只如第一卷前後出經異記中，『舊經怛薩阿竭阿羅訶三耶三佛，新經阿耨多羅三藐三菩提』者，一誤。若新舊相對，應云『舊經怛薩阿竭阿羅訶三耶三佛，新經多陀阿伽度阿羅訶三藐三佛陀。舊經阿耨多羅三耶三菩提，新經阿耨多羅三藐三菩提。』二義全殊，不可交互。又如曇摩羅刹與竺法護乃是一人，曇摩云法，羅刹云護。分爲二人，二誤。異出經論錄中，但名目相似，即云重譯，而不細料簡。大小混雜，三誤。僧伽羅刹集序云『衆護撰』者，僧伽云衆，羅刹言護，衆護乃是集經之人。序是翻譯者作，題云『衆護』，四誤。此諸衆作，乖謬全尠。此亦璠璵之一玷也。」智昇所摘，確中其失，然微細亦已甚矣。據余所見，祐錄之失，蓋另有在。一曰過尊道安，並存其錄，致自紊其例也。夫經論錄、注經錄，既包安錄於其中，不另爲一錄；則疑經、失譯，胡爲又別析爲四部乎？此合彼分，必有一誤，自相矛盾，其何可辭？安公時抄諸經，既已混入經論錄；而新集他人抄者，則又新創抄經錄以容之，且昌言攻其「既使聖言離本，復令學者逐末」，出爾反爾，尤令人齒冷。此皆過尊道安，一念誤之耳。二曰所創體例，多而不密，新而不嚴也。以傳、序輔目錄，斯固新奇之作，雖乖體例之純，益顯便利之大。然既已分標四體，則何爲又雜以雜錄？雜錄所錄皆書序也，胡爲乎不以入序也？錄爲全書之本體，既已分類列目矣，胡爲將分律之說，記爲三錄？胡爲將無關經論之小乘迷學記及喻疑二文亦佔居兩錄之位？三曰考證工夫猶未見精到也。集三藏錄記及少數列傳，述佛氏掌故，半涉荒唐。本錄收書，頗雜疑經。乃至誤信漢明帝遣張騫使月支寫經四十二章之說，而謬謂「古經現在，莫先於四十二章；傳譯所始，靡踰張騫之使。」此亦由推尊佛氏太過，務欲使其近古，乃更爲神靈耳。雖然，若僧祐者，不可謂非南北朝諸家之最傑出者也。

僧紹與寶唱　與僧祐同時同地，依其圭臬而撰爲宮殿藏經目錄者有僧紹與寶唱二家。唱固祐之高徒也。是時梁武帝「大崇佛法，於華林園中，總集釋氏經典。」見隋志，但卷數未確。「天監十四年，勅安樂寺沙門釋僧紹撰」「華林佛殿衆經目錄。」「紹略取祐三藏集記目錄，分爲四色，餘增減之。」見費錄卷十一。「雖復勒成，未愜帝旨。」見道宣續高僧傳卷一，下文簡稱「宣傳」。「至十七年，」據費錄，但宣錄作十五年。又勅新安寺沙門釋寶唱」費錄，參宣傳。「重撰，乃因紹前錄，注述合離，」宣傳卷一。「顯有無譯，證眞僞經，凡十七科，」實分二十科，此數有誤。頗爲覼縷。」費錄卷十一。「一帙四卷，雅愜時望。遂勅掌華林園寶雲經藏，搜求遺逸，皆令具足，備造三本，以用供上。」宣傳卷一。據費錄，卷十五。寶唱所撰者名梁世衆經目錄，原名必爲大梁，而非梁世。其分類之系統最爲詳細，而略嫌瑣碎。

卷一——大乘
- 有譯人多卷經
- 無譯人多卷經
- 有譯人一卷經
- 無譯人一卷經

- 有譯人多卷
- 無譯人多卷

卷二——小乘
- 有譯人一卷
- 無譯人一卷

卷三
- 先異譯經
- 禪經
- 戒律
- 疑經
- 注經
- 數論
- 義記

卷四
- 隨事別名
- 隨事共名
- 譬喻
- 佛名
- 神咒

「都二十件，凡一千四百三十三部，三千一百四十一卷。」禪經及最後六科，皆前人所未立。書成之時，即僧祐示寂之歲。唱既祐徒，則過從諮稟，必有所受。猶之祐撰前錄，亦必參納寶唱、正度、劉勰之意見。此四人者，固一家之學；（僧紹亦可列入爲附庸。）未可以其分類不同晦明不一，而區爲異宗也。惟勰、紹、唱所錄，惟限藏經；佚書闕目，在所不列。此則有異於通記古今存佚之祐錄耳。

阮孝緒之佛法錄　同時稍後，阮孝緒撰七錄，謂「釋氏之教，實被中土，講說諷味，方軌孔籍。王氏雖載於篇，而不在志限；即理求是，未是所安。故序佛法錄爲外篇第一。」「王則先道而後佛，今則先佛而後道。蓋所宗有不同，亦由其教有淺深也。」（實則因宋帝崇道，梁帝佞佛。）佛法錄凡三卷，分戒律、禪定、智慧、疑似、論記五部。列書「二千四百一十種，二千五百九十六帙，五千四百卷。」書成於梁武帝普通四年之後，較上述諸錄爲晚出。故諸錄所有，必已攝入，而孝緒惟據諸家名簿，並非盡有其書。故其所收卷帙雖鉅，未必可靠。不然，則華林所藏，即寶唱所錄，祇有三千七百四十一卷，僅及阮錄十分之七；縱使「官目多所遺漏」，以僧祐寶唱之勤搜力聚，亦不致遺漏一千六百五十九卷之多。如曰存亡並收，則亦無以逾祐錄四千三百二十八卷之數。由此論之，則阮錄之濫收多誤，信矣。

分類甚精之李廓與法上　佛教之在南朝，以梁初爲最盛，故佛錄亦以梁初爲最多且最精。至於北朝，則元魏、高齊、先後佞佛，李廓、法上，兩度結藏，其所撰錄，亦頗可觀。魏宣武帝永平年，勅舍人洛陽李廓（費錄卷九）。「撰衆經錄。廓學通玄素，條貫經論，雅有標擬。」（宣錄卷一）或載其書成於永熙年，（費錄卷十五）然其錄嘗述天平年事，則書成之時，已爲東魏孝靜帝天平年矣。其分類法與梁代諸錄又復不同，亦有獨得之處。一爲大乘經目錄，二爲大乘論目錄，三爲大乘經子注目錄，四爲大乘未譯經論目錄，五爲小乘經律目錄，六爲小乘論目錄，七爲有目未得經目錄，八爲非眞經目錄，九爲非眞論目錄，十爲全非經愚人妄稱目錄。「都十件，經律論眞僞四百二十七部，二千五十三卷。」（費錄）較之梁錄，僅有其半。而未得經者祇一十六部，可見其錄乃藏經之目，非復通載古今者也。法上所錄，齊世衆經，卽承東魏藏者而稍增益之，故有七百八十七部，二千三百三十四卷。（費錄卷十五）然其分類法則特異於廓錄。有「雜藏錄，修多羅錄，毘尼錄，阿毘曇錄，別錄，衆經抄錄，集錄，人作錄，都八件。」後來隋初法經所撰，卽依其意而略改類名，可見其爲世所重矣。宣傳載：「釋法上，朝歌人，魏齊二代，歷爲統師，昭玄一曹，純掌僧錄，令史員置五十許人，所部僧尼二百餘萬，而上綱領將四十年，四方諸寺，咸稟成風，崇護之基，罕有繼采。」（卷八）其所撰錄，成於高齊後主「武平年」。（費錄卷十五）綜觀廓上兩錄分類之精，遠勝南朝諸錄，且爲隋代諸錄之藍本。不意末世而有此作也！

南北朝之譯經目錄及梵經目錄　上述諸錄，或專記一時所藏，或通考古今所出。至於專錄一時譯經者，除釋正度錄外，尚有道希及眞諦二家。宣傳載：「菩提流支，魏言道希，北天竺人也。以魏永平之初，來遊東夏。宣武皇帝處之永寧大寺，以爲譯經之元匠。」又引李廓錄云：「三藏流支自洛及鄴，爰至天平二十餘年，凡所出經三十九部一百二十七卷。」廓又云：「流支房內經論梵本可有萬甲。所翻新文，筆受藁本滿一間屋。」費錄卷十五。則謂流支撰有「譯衆經論目錄一卷」。推其名義，似專錄自譯經論。然於魏文成帝世釋曇曜所譯付法藏傳下注云：「見菩提流支錄」，則支錄所收又未必限於本人所出，而並取近世譯經矣。至於眞諦，則原名波羅末陀，「本西天竺優禪尼國人」。「以太清二年始屆京邑。」「欲傳翻經教，而國難未靜，隨方翻譯，」「親注疏解。」「至陳宣卽位，凡二十三載，所出經論記傳六十四部合二百七十八卷。」「餘有未譯梵本書，並多羅樹葉，凡有二百四十甲。費錄甲作縛或夾。若依陳紙翻之，則列二萬餘卷。」其已「譯訖，止是數甲之文，並在廣州制旨、王園兩寺。」據宣傳卷一。費錄卷九，卷十一，兩載其事。費錄，宣傳，並未言其撰有經錄。惟法經衆經目錄於大乘起信論及遺教論目下並注云：「人云眞諦譯，勘眞諦錄，無此論，故入疑。」因知眞諦譯經自有目錄矣。

道希、眞諦並攜來多數梵經。又宣傳載：「那連提黎耶舍，隋言尊稱，北天竺烏場國人，天保七年屆於京鄴。文宣皇帝安置天平寺中。三藏殿內，梵本千有餘夾，勅送於寺，」「請爲翻經。」此項梵經，或爲道希攜來者。夾數既多，必有梵文或梵漢對照之目錄，惜乎無人記述之耳。

南北朝不著名之佛錄　費錄（卷十五。）列舉未嘗見本之經錄凡二十四家。上文已考出十餘家矣。所餘者除靈裕錄出於隋時外，皆南北朝人作品也。有可考者，有不可考者。如釋道憑錄，雖無佚文可輯，然宣傳（卷八）載：「憑平恩人，善講涅槃華嚴四分。」「以齊天保十年卒於鄴城西南寶山寺。」憑既未譯經，則其所錄，殆爲寶山寺經藏歟。又如始興錄：梵僧之自南洋來者，必經始興。（例如皎傳之求那跋摩即停留始興歲許。）始興即今廣東韶州。故費錄（卷九）云：「始興錄即南錄。」其書所載，却不限於南人譯經。古自漢末建安二年之曇果，遠至河南國（今甘肅。）之聖堅，河西國之僧伽陀，近則劉宋之法海、道嚴、蕭齊之法度、曇景，皆所收列。（並見費錄轉引。）故知其爲藏經錄，或古今通錄也。至如岑號錄，則費錄惟於漢末嚴佛調迦葉詰阿難經引述一次；王車騎錄則絕無稱道之者：性質皆屬不明。除此二十四家之外，余於費錄又考得三錄。一曰南來新錄，見晉末祇多密譯經目注。二曰東錄，見宋文帝世釋智嚴譯經目注。三曰一乘寺藏衆經目錄，見周武帝世頌菩提譯經目注。而昇錄述「周錄之中，引眞寂寺錄、義善寺錄、玄法寺錄、福林寺錄，但引其名，不言卷數，又有陳朝大乘寺藏錄四卷，並不知何人製作。似是當寺藏經，略記由委。旣局寺名爲錄，未可通行，故敍錄次闕而不載。」（見昇錄卷十。）除陳錄確屬南朝外，其餘四錄，朝代不明。

隋代之佞佛與釋錄　隋代二主，佞佛尤虔。「開皇元年，高祖普詔天下，聽令出家，仍令計口出錢，營造經像。而京師及幷州、相州、洛州等諸大都邑之處，並官寫一切經，置於寺內；而又別寫藏於祕閣。」（隋志）記其「在位，寫佛經四十六藏，凡十三萬卷，修治故經四百部。」（釋氏稽古略卷三。）天下之人，從風而靡，競相景慕。民間佛經多於六經數十百倍。」（見隋志。）「二年仲春，訪人譯經。」（費錄卷十二。）季夏，詔起寺曰大興善。五年，召犍陀羅國沙門闍那崛多爲譯經元匠。「於大興善寺更召婆羅門僧達摩岌多，幷勅居士高天奴、高仁和兄弟等同傳梵語。又置十大德沙門僧林、法粲、法經、慧藏、洪遵、慧遠、法纂、僧暉、明穆、曇遷等監掌翻事，銓定宗旨。沙門明穆、彥琮，重對梵本，再審覆勘，整理文義。」及「煬帝定鼎東都，乃下勅於洛水南濱上林園內置翻經館。」（宣傳卷二。）又「修治故經六百十二藏，計九十萬三千五百八十二年。」（稽古略卷三。）兩代道俗二十餘人所出經論法傳等合九十部五百一十五卷。」（宣錄卷五。）奉勅撰經錄者先後有法經、費長房、彥琮、智果四家，而彥琮更有崑崙經錄。

法經之大隋衆經錄目 開皇十四年「五月十日，太常卿牛弘奉勅須撰衆經目錄。」（經錄上表。）卽命大興善寺翻經衆沙門法經等二十大德撰修，「揚化寺沙門明穆區域條分指縱紘絡。日嚴寺沙門彥琮覼縷緝維，考校同異。」（費錄卷十二及法苑珠林。）總計衆經，合有二千二百五十七部，五千三百一十卷。凡爲七卷：別錄六卷，總錄一卷。於七月十四日進呈。法經等以「道安法師創條諸經目錄，銓品譯材，的明時代，求遺索缺，備成錄體。自爾達今二百年間，製經錄者十有數家，或以數求，或用名取，或憑時代，或寄譯人，各紀一隅，務存所見。……僧衆（法經等自稱。）旣未獲盡見三國（高齊及陳周。）經本，校驗異同；今唯且據諸家目錄，删簡可否，總標綱紀，位爲九錄，區別品類有四十二分。九初六錄三十六分，略示經律三藏大小之殊，粗顯傳譯是非眞僞之別。後之三錄，集傳記注。前三分者，並是西域聖賢所撰。以非三藏正經，故爲別錄。後之三分，並是此方名德所修，雖不類西域所製，莫非毘贊正經，發明宗教，光輝前緒，開進後學，故兼載焉。」（經錄上表。）列其系統，則如下表：

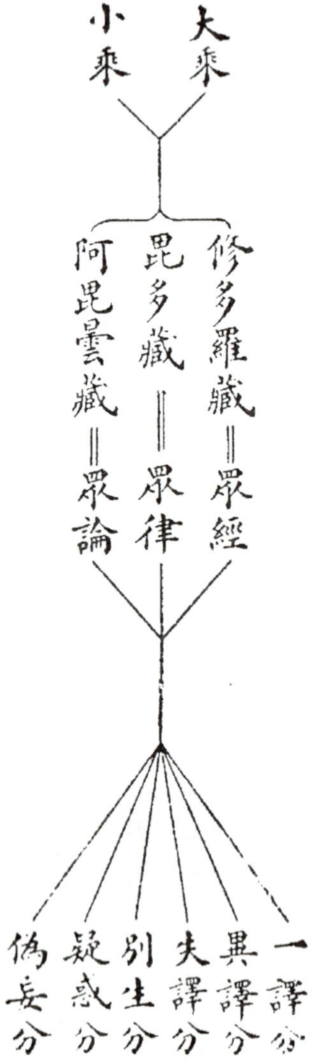
大乘
小乘
修多羅藏＝衆經
毘多藏＝衆律
阿毘曇藏＝衆論
一譯分
異譯分
失譯分
別生分
疑惑分
僞妄分

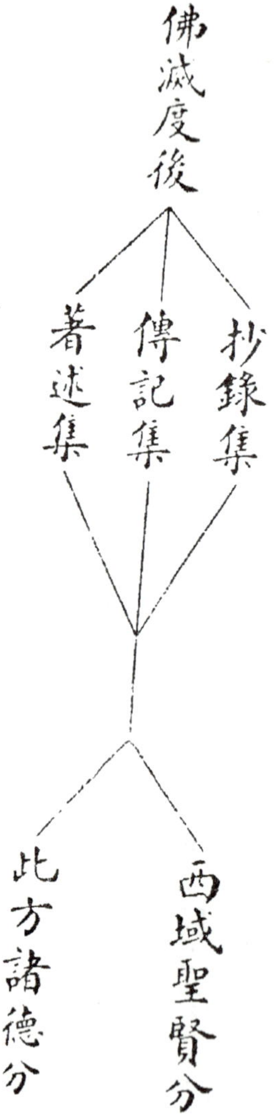
佛滅度後
抄錄集
傳記集
著述集
西域聖賢分
此方諸德分

此種分類法實繼承法上齊錄而略整齊補充之。先分教義爲大乘、小乘，再各分文裁爲經、律、論。最後復將經、律、論之流傳情狀卽體質分爲一譯、異譯、失譯、別生、疑惑、僞妄六類。其非經、律、論三藏之雜書，則先分文裁爲抄錄、傳記、著述，再各分地域爲西域、此方。（卽中國。）故合計共有九大類，四十二小類。所用分類原則有教義、文裁、地域、體質四項，較南北朝諸錄爲複雜，而又不失其整潔。體質六分法之意義尤爲明瞭。

一譯＝「原本一譯。其間非不分摘卷品，別譯獨行，而大本無虧。故宜定錄。」

異譯＝「重譯或全本別翻，或割品殊譯。然而世變風移，質文迭舉，既無梵文校讎，自宜俱入定錄。」

失譯＝「雖復遺落譯人時事，而古錄備有，且義理無違。亦爲定錄。」

別生＝「後人隨自意好，於大本內抄出別行，或持偈句，便爲卷部，緣此趣末歲廣，妖濫日繁。今宜攝入以敎根本。」

疑惑＝「多以題注參差致惑，文理複雜，眞僞未分，事須更詳。且附疑錄。」

僞妄＝「乖眞。或首掠金言而末申謠讖；或初論世術而後託法詞；或引陰陽吉凶，或明神鬼禍福；諸如此比，僞妄灼然。今宜寢祕，以救世患。」

經錄之善，可以「整潔」二字褒之。若謂創造，則殊不配。失譯、疑僞，創自道安。異譯、別生，早見祐錄。大小分乘，王宗已然。經、律、論鼎足而立，則法上已定其規例矣。數其闕失，反有多端。智昇嘗論之曰：「余檢尋此錄，非無差錯。卽如曇摩羅刹晉言法護，總是一人，錄中分二，云各出須眞天子經二卷，編爲重譯，不識梵晉之言，一誤也。如律二十二明了論，總是一經，錄中分爲二部，律二十二卷編在律中，明了論一卷在於論錄。一經之題分二上錄，二誤也。其律二十二乃是明了論半題，今云二十二卷，誤之甚也。眞諦攝論十二卷與十五卷者二本不殊；存其二部而言重譯，三誤也。以仁王經起信論等編在疑錄，四誤也。不能備陳，略述如此。」（見昇錄卷十。）所攻雖細，要中其失。余更就其體例論之，則不合理者尙有四焉：僅著譯人時代，而未詳記年、月、日，一也。僅據諸錄抄目，却又沒其出處，二也。未見原書，不分存佚，三也。同類排列，不依時代先後，不彙一人所出於一處，却又別無排列秩序之定理，四也。法經等徒知譏以前諸錄「不至詳審」，却亦「不能盡獲三國經本及遺文逸法」而致「造次修撰，多有罔昧；」一語。並經錄 惜哉！

費長房之歷代三寶紀

「時有翻經學士成都費長房，本預細細當爲緇之誤。衣，周朝從廢，因俗博通，妙精玄理。開皇之譯，卽預搜揚。勅召入京，從例修緝，以列代經錄，散落難收，佛法肇興，年載蕪沒；乃撰三寶錄一十五卷。始於周莊之初，上編甲子，下舒年號，並諸代所翻經部卷目軸別。」宣傳卷二。長房自序謂「古舊二錄，條目殘亡，士行道安，創維其缺。爾來間存，祖述不同，各紀一方，互存所見，三隅致隔，故多失疑。又齊周陳並皆翻譯，弗刊錄目，靡所遵承。兼值毀焚，絕無依據。」隋一天下，「異出遺文，莫不皆萃。」故於譯經之餘，「十餘年來，詢訪舊老，搜討方獲，雖粗緝綴，猶慮未周，廣博尋求，敬俟來俊。今之所撰集，略准三書，以爲指南，顯茲三寶。……摘彼翠零，成斯紀翮。……昔結集之始，並指在某國城。今宣譯之功，理須各宗時代。故此錄體率舉號稱爲漢魏吳及大隋錄也。失譯疑僞，依舊注之人，以年爲先，經隨大而次，有重列者，猶約世分。總其華戎黑白道俗，合有一百九十七人；部所出經、律、戒、論、傳，二千一百四十六部，六千二百三十五卷，位而分之，爲十五軸。一卷總目，二卷入藏，三卷帝年，九卷代錄。代錄編鑒經翻譯之少多；帝年張知佛在世之遐邇；入藏別識教小大之淺深。」費錄卷十五。其書

「外題稱曰開皇三寶錄，其卷內甄爲歷代」三寶紀。入藏錄祇收經、律、論三藏，不收雜著。而此三者，又各分大乘、小乘，再分有譯、失譯。自定其例云：「今此藏目惟取有譯、失譯、單名自餘重翻，同本別出，舉一多卷，編以爲頭。其外二三，具注於下。情樂誦讀，任從所抄。簡擇集疑，悉除僞妄。」故其特色在兼有考年、分代、入藏三體。既能包羅古今存佚，纖悉無遺；對於翻譯時代，尤爲詳盡；又能簡擇重要經論，抄集入藏。僧祐而後始見此人。故「錄成陳奏，下勅行之，所在流傳。」宣傳卷二。唐初道宣「所集錄」亦「據而本之。」宣錄卷五。然其過謬，亦如道宣所言「瓦玉雜糅，眞僞難分，」宣傳「得在繁富，失在覈通。」却又「非無濫准，」故又「未可偏削。」宣錄智昇更攻其「入藏錄中事實雜謬，其闕本疑僞皆編入藏。」又多誤以一經二名爲二部。見昇錄卷十。皆切中其失，無庸諱言。惟費錄之長，固不在入藏錄耳。其書成於開皇十七年十二月二十三日；見總目序。然有後人續補及加注之痕跡：如卷三帝年列有開皇十八年以後事直至唐武德元年。卷十大空論目下注有「唐內典錄云十八空」字樣。此則任何書所不能免者耳。

彥琮之隋仁壽年內典錄　大藏經內有衆經目錄五卷，舊題「隋翻經沙門及學士等撰，」不著人名。宣錄十卷有「隋仁壽年內典錄五卷，注亦不著撰人姓名。而卷五錄彥琮著述，亦未言其有此錄。卷七則有玄琬「衆經目錄五卷。」故不知者或以仁壽錄爲玄琬所撰。日人中野達慧竟謬謂爲「釋仁壽撰」(見續藏經卷首。)然考宣傳卷二彥琮傳則又明述「仁壽二年下勅更令撰衆經目錄，乃分爲五例，謂單譯，重翻，別生，疑僞，隨卷有位，帝世盛行。」泰錄亦云：「仁壽二年，翻經大德彥琮法師等奉勅新定一切經目五部，各自別行。」因知此錄必爲彥琮等撰而非玄琬也。讀其自序，謂「佛法東行，年代已遠。梵經西至，流布漸多。舊來正典，並由翻出。近遭亂世，頗失原起。前寫後譯，賓文不同。一經數本，增減亦異。致使凡人，得容妄造。或私採要事，更立別名。或輒搆餘辭，仍取眞號。或論作經稱，疏爲論目。大小交雜，是非共混。流濫不歸，因循未定。將恐陵遲聖說，動壞信心，義闕紹隆，理乖付囑。皇帝……降勅所司，請興善寺大德與翻經沙門及學士等披檢法藏，詳定經錄，隨類區辯，總爲五分：單本第一，重翻第二，別生第三，賢聖集傳第四，疑僞第五。別生疑僞，不須抄寫。已外三分，入藏見錄。至如法寶集之流，淨住子之類，還同略抄，例入別生。自餘高僧傳等，詞參文史，體非淳正。事雖可尋，義無在錄。又勘古目，猶有闕本。昔海內未平，諸處遺落。今天下旣壹，請皆訪取。」披覽其錄，於前三例之中，亦分大小乘，經論律。然取則過嚴，立類太少。至如傳記抄集，有獨立成類者，有附於別生者，有棄而不收者，爲例不純，一致於此。從分類法論之，較之法經前錄，疏舛多矣。故宣錄云：「即今京輦通寫盛行，直列經名，仍銓傳譯，所略過半，未足尋之。」昇錄更摘其前後差舛者六處以明其誤，信非誣也。

彥琮之崑崙經錄　雖然，彥琮固當時譯經最精之元匠也。宣傳載：「琮，趙郡柏人人。」歷齊周二代，及隋開皇元年「作辯教論，明道教妖妄。其年西域經至，即勑翻譯。」旋奉教住并州大興教寺「至十二年勑召入京，復掌翻譯，住大興善。」仁壽二年，既撰經錄，又奉勑撰西域傳。煬帝「大業二年，勑於洛陽上林園立翻經館以處之。新平林邑所獲佛經，合五百六十四夾，一千三百五十餘部，並崑崙書，多梨樹葉。有勑送館，付琮披覽，幷使編敍目錄，以次漸翻。乃撰爲五卷，分爲七例，所謂經、律、讚、論、方字、雜書七也。必用隋言以譯之，則成二千二百餘卷。……琮前後譯經，合二十三部，一百許卷。」「大業六年七月二十四日，」「卒于館。」著有「辯正論，以垂翻譯之式。」在隋代翻經館中，彥琮實爲最能精通梵漢文字者。上述之崑崙文佛經目錄，尤爲空前絕後之作，惜已遺佚耳。

釋靈裕之譯經錄　隋代譯經不少，却無專目。費錄卷十五載有靈裕法師譯經錄一卷，但卷十二却又不言其有錄。宣錄卷五謂「裕即道憑之第子」，亦不言其有錄。宣傳卷九則述裕擅名鄴下，歷齊及周，卒於大業元年，但亦不言其有譯經事。徧考諸錄小注，惟宣錄卷二於曹魏世安法賢譯羅摩伽經目注引靈裕錄一次。據此孤證，似其書非錄其所自譯，乃通錄所藏或古今所譯耳。此則前人所優爲，固無取乎架屋疊牀也！

智果之衆經目錄　「大業時，又令沙門智果，於東都內道場，撰諸經目。分別條貫，以佛所說經爲三部：一曰大乘，二曰小乘，三曰雜經。其餘似後人假托爲之者，別爲一部，謂之疑經。又有菩薩及諸深解異義，贊明佛理者，名之爲論及戒律，並有大小及中三部之別。又所學者錄其當時行事，名之爲記。凡十一種。」隋書經籍志略載其大數。凡一千九百五十部，六千一百九十八卷。並據隋。宣傳卷三十。述智果初不肯爲晉王寫書，被囚於江都，守寶臺經藏。及晉王爲太子，東巡，果上頌，遂被釋，召入慧日，終於東都。今按隋志所載，其錄亦無以大異於法經、彥琮所錄耳。

唐代之集大成　唐初本兼崇道佛，後以玄奘、義淨之西遊求法，盛譯佛經，道宣、智昇又精撰佛錄，諸宗並立，大藏雲興。佛教之隆，轉超道教一等。論宗教目錄學之盛衰，此時亦已登峯造極，無可比倫矣。

玄琬之衆經目錄　宣錄卷七有衆經目錄五卷，云「唐貞觀初，普光寺玄琬撰。」但卷十又不著錄。昇錄則云「唐舊錄未見其本，似取隋五卷衆經錄，編新經入，餘者大同。」宣傳卷二十二。記「釋玄琬，弘農華州人也。於仁壽二年造經四藏，備盡莊嚴，諸有繕寫，皆資本據。貞觀初年，有令造普光寺，召而居之。」「五年，勅於苑內德業寺爲皇后寫佛藏經，又於延興寺更造藏經，並委琬監護。」釋氏稽古略卷三。琬以二宮所寄，惟各其誠，祇奉不難，義須弘選。自周季滅法，隋朝再興，傳度法本，但存卷帙，至於尋檢文理，取會多乘。乃結義學沙門，讎勘正則。其有詞旨不通者，並諮而取決，故得法寶無濫於疑僞，迷悟有分於本末。綱領貞明，自琬始也。」宣傳考玄琬卒於貞觀十年臘月七日，亦據宣傳，但稽古略則作九年十月。則其撰定目錄必在貞觀五年至十年之間，太宗一代佛錄之可考者，惟有此耳。惟泰錄卷一則云：「貞觀九年四月，奉勅苑內寫一切經，大總持寺僧智通共使人祕書郞褚遂良等附新譯經，校定申奏，奉勅施行。」又云：「貞觀十一年四月，皇太子於延興寺造一切經。」亦由智通主持。此其所述，與玄琬爲事髣髴，而年月略有參商，殆玄琬未了之業，由智通完成之歟。書已失傳，無從斷定。

道宣之大唐內典錄

佛錄編撰之業，梁魏齊隋已築其基起其宇；裴潰光大，爲功甚易。又值玄奘譯經之盛，大德如林，寶藏如海。道宣崛起，遂集佛錄之大成。其大唐內典錄，體例之完善，內容之精詳，殆稱空前絕後。稍稍繁詞述之，亦非過分：

（1）道宣小傳　「釋道宣，丹徒人也。十五厭俗，誦習諸經，依智頵律師受業。洎十六落髮，便隸日嚴道場。隋大業年中，從智首律師受具。武德中，依首習律。」（宣傳卷十四。）「追訪賢友，無憚苦辛。」（宣錄卷五）「初晦迹於終南白泉寺，隋末，徙崇義精舍，載豐德寺。三藏奘師至止，詔與翻譯。」（寧傳）「貞觀末年，方事修緝。」（宣錄）「撰法門文記、廣弘明集、續高僧傳、三寶錄等二百二十餘卷。」（寧傳）及顯慶三年，（見玄奘行狀。）「西明寺初就，詔宣充上座。」（義傳）「乾封二年十月三日」卒年「七十二。」（寧傳）

（2）撰錄經過　宣既「少沐法流，五十餘載，宗匠成教，執範賢明。每值經誥德能，無不目閱親謁。至於經部大錄，欣悟良多。無論眞僞，思聞其異。」（宣錄卷十。）以佛經譯本「大約五千餘卷，遷貿更襲，澆薄互陳，卷部單重，疑僞凡聖。致使集錄奔競三十餘家，舉統各有憲章，徵覈不無繁雜。」（宣錄卷一。）「而綴撰筆削不至詳密者，非爲才不足而智不周也。直以宅身所遇，天下分崩，壃埸關艱，莫閱經部。

雖聞彼有，終身不覩。今則九圍靜謐，八表通同，尙絕追求，諸何纂歷，上集羣目，取訊僧傳等文，勘閱詳定，更參祐房等錄。」一宣錄卷十。撰大唐內典錄十卷。「龍朔四年即麟德元年。春正月，於西明寺出之。」一宣錄卷十

(3)分類法　宣錄「總會羣作，以類區分，合成一部，開爲十例。依條顯列，無相奪倫，文雖重張，義絕煩亂。」一卷一

歷代衆經傳譯所從錄第一——「謂代別出經及人述作，無非通法，並入經收，故隨經出。」此錄全仿祐錄及費錄之代錄，按代記人彙其所譯撰，依次順列，最爲詳盡。

歷代翻本單重人代存亡錄第二——「謂前後異出，人代不同，又遭離亂，道俗波迸。今總計會，故有重單，緣敍莫知，致傳失譯。」此錄概「依本經，單複次列，提頓綱維，品目斯備，仍述譯人存亡時代。」並分別大小乘經、律、論及西梵賢聖集傳。

歷代衆經總撮入藏錄第三——「謂經部繁多，綱要備列，從帙入藏，以類相從，故分大小二乘，顯單重兩譯。」皆現存之書，凡八百部三千三百六十一卷。

歷代衆經舉要轉讀錄第四——「謂轉讀尋翫，務在要博，繁文重義，非曰彼時。故隨部撮舉，簡

取通道，自餘重本，存而未暇。」此錄舉大部而攝小經，撮本根而捨枝葉，文雖約而義廣，卷雖少而意多。能使轉讀之士，覽其軸日，見其功，行福淸信，開藏歲增其業。」蓋佛經之要目也。

歷代衆經有目闕本錄第五——「謂統檢羣錄，校本則無，隨方別出，未能通遍，故別顯目訪之。」此錄因「其類繁多，已備在前篇，故略而不敍。」

歷代道俗述作注解錄第六——「謂注述聖言，用通未晤，前已雜顯，未足申明。今別題雜，使尋覽易曉。」

歷代諸經支流陳化錄第七——「謂別生諸經，曲順時俗，未通廣本，但接初心。」四句頌，不可輕削故也。」此錄亦不備列。因「兩錄列名，定非別生之位。自餘不顯，便是支分之經」故耳。

歷代所出疑僞經論錄第八——「謂正法深遠，凡愚未達，隨俗下化，有悖眞宗，若不標顯，玉石斯濫。」故特立一錄以別之。

歷代衆經錄目終始序第九——「謂經錄代出，須識其源。」

歷代衆經應感興敬錄第十——「謂經翻東夏，應感徵祥，而有蒙祐，增信，故使傳持遠惟。」此錄全屬記事，絕非目錄，狗尾續貂，乖異甚矣。

(4)宣錄之優點　梁啓超稱宣錄之優點可指者略如下：「一、自卷一至卷五之傳譯所從錄，將長房錄全部攝入，但彼則務炫博而眞僞雜收，此則務求眞而考證綦審；又一經而有數譯本者，皆注『初出』『第二出』『第三出』……字樣，令讀者一望而知傳譯次第，此例雖創自長房錄，然彼或注或不注，此則略無遺漏。又某經初見於某錄，一一注明，既以見著述淵源，亦使舊錄雖佚而後世猶得循此以求其面目。」「二、其『單重傳譯有無』『分乘入藏』『支派陳化』『疑僞經論』四錄，將法經錄全部攝入。然法經於每類之下，皆分一譯、異譯、失譯、別生、疑惑、僞妄六門，其後三門旣擯不著錄，而仍與前三門同廁於一卷中，未免亂讀者耳目。道宣各自爲篇，不相雜廁，在組織上最爲合理。又別生一項，法經絕對排斥，道宣相對保存。疑惑、僞妄，法經分而爲二，道宣合而爲一。皆宣優於經之點。」「三、法經於闕本悉置不記；道宣立『有目闕本』一錄，且明言爲將來採訪之資。抱殘守缺，確是目錄學家應有之態度。」「四、道宣錄中最有價值之創作，尤在『衆經舉要轉讀錄』一篇。蓋佛典浩如煙海，讀者本已窮年莫殫；加以同本異譯，摘品別行，疊屋支牀，益苦繁重。宣公本篇於異譯別行諸經，各擇其最善一本，以爲代表。例如華嚴經，則舉佛陀跋陀譯之六十卷本；而異譯異名之十部（度世漸備信力十住興顯羅伽住法本業兜沙佛藏。）皆該攝省略焉。涅槃經則舉曇無讖之四十卷本；摩訶般若經則舉羅什譯之三十卷本；大集經則舉曇無讖譯前三十卷本及耶舍譯後三十卷本，……諸如此類，其裨益於讀者實不少。著書足以備學者顧問，實目錄學家最重之職務也。」（見飲冰室專集第十五冊。）

（5）宣錄之誤點　智昇論：「宣公所撰，類例明審，實有可觀，作者之風，見於茲矣。然少有差雜，未能盡善。述作之事，誠謂難哉。今略敍數科，以詳厥誤。非欲指陳臧否，實惟甄異是非。只如人代存亡錄中，新小品等六經，並云大品之同本者。不然。義理雖通，據會全異，而言同本，一誤。菩薩淨行經與寶髻菩薩經，俱云竺法護譯。此是一經兩名，存其二本，二誤。弘道廣顯三昧經與阿耨達龍王經亦是一經兩名，二本俱存，三誤。須彌藏經二卷，此是高齊耶舍所翻，前後重上，四誤。攝大乘論，眞諦譯者有十二卷本有十五者，二本俱存，五誤。般若鈔經，大乘錄中及集傳內二處俱載，六誤。又如分乘入藏錄中，深密解脫經前後重上，前與菩薩處胎經同帙，後與解深密經同帙，七誤。以舊十輪經爲單本，新十輪經爲重譯，八誤。以起世經爲單本，樓炭經爲重譯，九誤。此類非一，不能備舉。如舉要轉讀錄中信力入印法門經雖是華嚴支類，大部中無同於度世漸備等經，攝歸大部，不爲轉讀之數，亦不然也。諸部般若，唯舉大品一經，放光等九部，云『重沓罕尋，舉前以統，大義斯盡。』玉華後譯大般若者，明佛一化，十有六會，得存供養，難用常行。』今謂不然，豈可以凡愚淺智而堰截法海乎？人性不同，所樂各異；豈以自情好略，令他同己見耶？般若大經，轉讀極衆。佛記弘闡在東北方，而言『難用常行』，竊爲未可。又小品大品，據本全殊，一廢一興，二不然也。如須彌藏經等雖是大集別分，大部中無攝而不行，理爲未當。又須彌藏經，前則攝歸大集，後即別舉流行，前後差殊，三不然也。如樓炭經等攝入長含，起世一經，別令轉讀。起世之與樓炭，梵本何殊？一廢一興，四不然也。如安般守意與大安般無殊，此乃何緣二俱轉讀？五不然也。如十八部論與部異執，梵本不殊，此復何緣，俱令轉讀？六不然也。又云『錄外有外道金七十論，破外道涅槃論，破外道四宗論，未暇故闕』者。如金七十論，外道所撰，非是佛法，除之可。然涅槃、四宗，同被删削，將爲未可。此是內論，破於外宗。一例删除，七不然也。又如人代存亡錄及舉要轉讀錄，大乘錄中，三藏備具；入藏錄中，大乘無律。豈可前後俱有，中間獨無，自爲矛盾？八不然也。如上所列，非無乖舛。而云『革弊，』或所未然。差錯極多，卒難陳。」平心論之：智昇所陳，固中其失。雖可原諒，亦無庸爲之諱耳。

靜泰之大敬愛寺一切經論目 「龍朔三年正月二十二日，勅令於敬愛道場寫一切經典。」「麟德元年正月二十六日勅取履味沙門十人，惠概、明玉、神察、道英、曇邃等，並選翹楚，尤閑文義，參覆量校首末三年，又置官寮。」「勅使韓康、李亮、盧行訥、鄭祖均等精加檢覆。寫舊經論七百四十一部二千七百三十一卷。又寫大唐三藏法師新譯經論七十五部一千三百三十五卷，入藏。其有古來有目而無本者合三百八十二部七百二十五卷，隨訪隨寫。」（見原序。）其分類編次，全依琮錄，絕無變易；惟加入玄奘譯經部數卷數增多耳。

靖邁之古今譯經圖紀 是時又於大慈恩寺翻經院壁「圖畫古今傳譯緇素，首自迦葉摩騰，終於大唐三藏。」（見續紀。）翻經沙門釋靖邁因撰古今譯經圖紀，題之於壁。其所紀載，節略費錄之代錄，「翻經者紀之，餘撰集者不錄。」「逮至唐初，總成四卷。費錄所錯，此亦同然。」（見昇錄卷十。）其以譯人爲主題，先敘譯經本事，彙列其經目於次，則與祐錄費錄之先列經目而後敘本事者略殊。其用意惟在說明圖畫，既非盡錄藏經，亦非盡錄譯經，故所錄不能完備，在佛教目錄學中別樹一格。雖疏略無補，要亦新奇可喜。贊寧宋高僧傳（下文簡稱「寧傳」）。「載考釋靖邁，梓潼人也。「貞觀中，選預玄奘譯經事，與棲玄、明濬、辯機、道宣同執筆綴文。後著譯經圖紀四卷，銓序古今經目、譯人名位、單譯、重翻、疑僞等科，一皆條理，見編於藏。」今大藏經收有其書，並未分別「單譯、重翻、疑僞等科」，贊寧所言，殆不足據。「自茲厥後，傳譯相仍，諸有藻繪，無斯紀述。」「至開元庚午歲，西崇福寺沙門智昇續紀一卷。」從玄奘後至輸波迦羅，皆唐中葉譯經者。（事亦見寧傳，書在大藏。）

明佺之大周刊定衆經目錄　周則天帝天册萬歲元年，勅東都佛授記寺沙門明佺等撰定大周刊定衆經目錄。（見昇錄卷十。）佺等以祐、唱、經、費、宣等錄「已編入正目，大小乘經律論幷賢聖集傳，合二千一百四十六部，六千二百三十五卷。其後唐朝至聖朝，新譯經論，及有雖是前代舊翻而未經入目，幷雖已入目而錯注疑僞，審共定校，事須改正者，前後三件，大小乘經律論，合一千四百七十部，二千四百六卷。悉依明旨，咸編正目。今新入正目，及舊入正目，大小乘經律論幷賢聖集傳，都合三千六百一十六部，八千六百四十一卷。其間有名闕本，有本失譯，見行入藏，及翻譯單重，三藏不同，兩乘各異，並備出條件，撰爲目錄，合一十四卷。」又以「僞經既不是經，僞目豈同於正目？」故「別爲一軸傳寫焉。」(見佺錄自序。)其書實分(1)大乘單譯經,(2)大乘重譯經,(3)大乘律,(4)大乘論,(5)小乘單譯經,(6)小乘重譯譯經,(7)小乘律,(8)小乘論,(9)賢聖集傳,(10)大小乘失譯經,(11)大小乘闕本經,(12)見定入藏流行。凡十二類。而僞經目錄別爲一卷。卷末列有撰諸僧銜名,多至七十八人,而明佺與道復並爲「都檢校刊定目錄及經眞僞」名義。後來智昇論之曰:「當刊定此錄時,法匠如林,德重名高,未能親覽,但指撝末學,會緝撰成之。中間乖失,幾於太半。此乃委不得人,過在於能使也。且如第十二卷闕本經數總四百七十八部,六百七十七卷,前十一卷中以含有,訖今通計此數,總成三千六百一十六部,八千六百四十一卷者,此不然也。妄增部卷,推實卽無。諸處交雜,難可備記。」(見昇錄卷十。)又云「雖云刊定,繁穢尤多。雖見流行,實難憑准。」(見昇錄。)「蓋此錄支經別名,雜沓不倫,致爲昇公之所黜矣。」(見寧傳卷二。)

至高無上之智昇開元釋教錄 及唐玄宗開元十八年,(據昇錄及佛祖統紀,但佛祖歷代通載作十年,誤。)西京崇福寺沙門釋智昇論目錄學之意義曰:「夫目錄之興也,蓋所以別眞僞,明是非,記人代之古今,標卷部之多少，摭拾遺漏，删夷駢贅，欲使正教綸理，金言有緒，提綱舉要，歷然可觀也。」（昇錄卷一。）當時佛錄，「存者殆六七家，（昇錄載有祐錄、經錄、費錄、琮錄、宣錄、邁紀、佺錄七家。）然猶未極根源，尚多疎闕。」昇既「久事搜尋」，因「參練異同，指陳臧否」，撰爲開元釋教錄二十卷。

其書「開爲總別」：總錄「總括羣經。」「從漢至唐，所有翻述，具帝王年代，幷譯人本事，所出教等。以人代先後爲倫，不依三藏之次，兼敍目錄新舊同異。」別錄「別分乘藏，」「曲分爲七：一、有譯有本；二、有譯無本；三、支派別行；四、删略繁重；五、拾遺補闕；六、疑惑再詳；七、僞邪亂本。就七門中二乘區別，三藏殊科，具悉委由，兼明部屬。」（昇錄卷一。）最後復有入藏錄。

總錄全仿祐錄，費錄及宣錄之歷代衆經傳譯所從錄，其卷十則仿費錄之卷十五及宣錄之歷代衆經錄目終始錄。一切依舊，並無創例。

別錄則分目最精，創例頗多，實爲昇錄之精華所在。第一爲有譯有本錄，條析類目，最爲精詳。列其系統，可如下表：

- 有譯有本錄
  - 菩薩三藏錄——大乘
    - 菩薩契經藏——經
      - 大乘經單重合譯
        - 般若經新舊譯
        - 寶積經新舊譯
        - 大集經新舊譯
        - 華嚴經新舊譯
        - 涅槃經新舊譯
        - 五大部外諸重譯經
      - 大乘經單譯
    - 菩薩調伏藏——律
    - 菩薩對法藏——論
      - 大乘釋經論
      - 大乘集義論
  - 聲聞契經藏——經
    - 小乘經單重合譯
      - 根本四阿含經
      - 長阿含中別譯經
      - 中阿含中別譯經
      - 增壹阿含中別譯經
      - 雜阿含中別譯經
    - 小乘經單譯

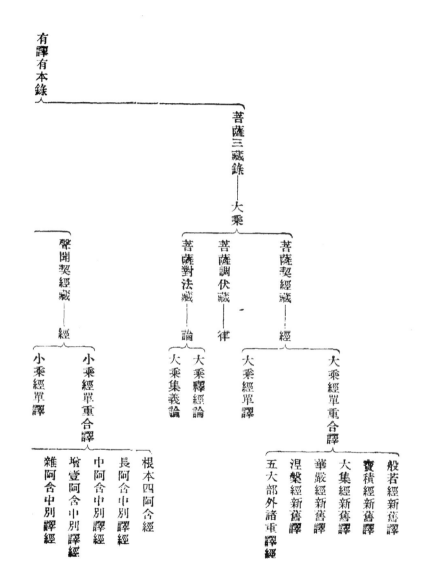

- 四阿含外諸重譯經
- 聲聞三藏錄——小乘
  - 聲聞調伏藏——律
    - 正調伏藏
    - 調伏藏眷屬
  - 聲聞對法藏
    - 有部根本身足論
    - 有部及餘支派論
- 聖賢傳記錄
  - 讚揚佛德
  - 明法眞理
  - 述僧行軌
  - 摧邪護法
  - 外宗異執
    - 梵本翻譯集傳
    - 北方撰述集傳

此錄有異於諸錄者四端：（1）「尋諸舊錄，皆以單譯居先。今此錄中以重譯者居首。所以然者，重譯諸經，文義備足，名相楷定，所以標初也。」（2）「舊錄中直名重譯，今改名重單合譯者，以大般若經九會單本七會重譯，大寶積經二十會單本二十九會重譯，直云重譯，撿義不周，餘經例然，故名重單合譯也。」（3）「舊經之中，編比無次。今此錄中，大小乘經，皆以部類編爲次第。小乘諸律，據

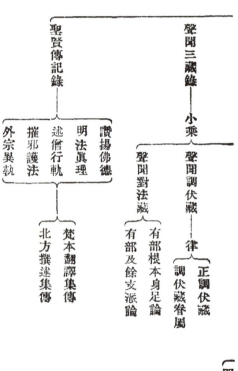

本末而爲倫次。大乘諸論，以釋經者爲先，集解義者列之於後。小乘諸論，有部次第，發智爲初，六足居次，毗婆沙等支派編末。聖賢集傳，內外兩分，大夏神州，東西有異。欲使科條各別，覽者易知。」（4）「自古羣錄皆將摩得勒伽善見論等編爲下毗奈耶藏。今者尋思，恐將非當。此等並是分部已後，諸聖等依宗贊述，非佛金口所宣，又非千聖結集。今之撰集，分爲二例：初明五部正調伏藏，次明諸論奈耶眷屬。庶根條不雜，本末區分。」並昇錄原注。

第二爲有譯無本錄。「有譯無本者，謂三藏教文及聖賢集傳名存本闕之類也。」「今者討求諸錄，備載遺亡。」其小類系統略如前錄：

- 大乘經重譯闕本
  - 般若部中闕本
  - 寶積部中闕本
  - 大集部中闕本
  - 華嚴部中闕本
  - 涅槃部中闕本
  - 諸重譯經

有譯無本錄

- 大乘經闕本
  - 大乘經單譯闕本
  - 大乘律闕本
  - 大乘論闕本
  - 大乘釋經論闕本
  - 大乘集義論闕本
- 小乘經闕本
  - 小乘經重譯闕本
    - 根本四阿含闕本
    - 長阿含部分闕本
    - 中阿含部分闕本
    - 增壹含部分闕本
    - 雜壹含部分闕本
    - 諸重譯經闕本
  - 小乘經單譯闕本
  - 小乘律闕本
  - 小乘論闕本
- 聖賢集傳闕本

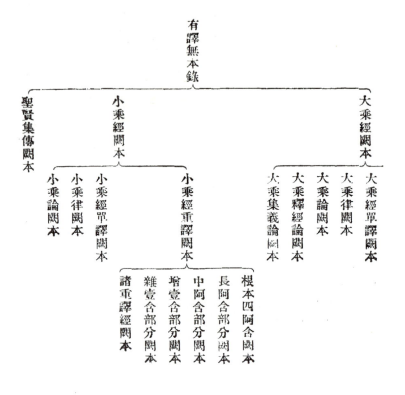

第三爲支派別行錄。「支派經者，謂大部之中，抄出別後，大般若第二會之類是也。今統集多端，會歸當部，仍删夷舊錄，增減有無，具載名題，備詳差互。庶使將來學者，覽派知源。」此錄彙（1）大乘別生經，（2）般若部中別生，（3）寶積部中別生，（4）大集部中別生，（5）華嚴部中別生，（6）諸大乘經別生，（7）大乘律別生，（8）大乘論別生，（9）小乘別生經，（10）長阿含部分別生，（11）中阿含部分別生，（12）增一阿含部分別生，（13）雜阿含部分別生，（14）諸小乘經別生，（15）小乘律別生，（16）賢聖集傳別生。

第四爲删略繁重錄。「删繁錄者，謂同本異名，或廣中略出，以爲繁賸，今並删除。但以年歲久淹，共傳訛替，徒盈卷帙，有費功勞。今者詳校異同，甄明得失，具爲條目。」此錄列（1）新括出別生經，（2）新括出名異文同經，（3）新括出重上錄經，（4）新括出合入大部經。——删繁與別生不同，別生爲從大部中抽出一部單行，並不删節。删繁則將大部書删繁摘要，另爲一書也。以前諸錄均未爲辨別，昇始析之。

第五爲補闕拾遺錄。「補拾錄者，謂舊錄闕題，新翻未載之類，今並詳而具之也。」此錄又分四類：(1)舊譯大乘經律論，小乘經律及賢聖集傳，「並是舊譯，今見有本，大周入藏中無，今拾遺編入。」(2)新譯大小乘經律論，小乘經律及賢聖集傳，並是大周刊定錄後新譯，所以前錄未載，今補闕編入。」(3)小乘律戒羯磨，「並撰述有據，時代盛行，補闕編入。」(4)此方所撰集傳，「皆裨助正教，故並補闕編入見錄。」舊錄七種及昇錄三種亦在末類。

第六爲疑惑再詳錄。「疑惑錄者：自梵經東闡，年將七百，教有興廢，時復遷移，先後翻傳，卷將萬計，部帙既廣，尋閱難周，定錄之人，隨聞便上，而不細尋宗旨，理或疑焉。今恐眞僞交參，是非相涉，故爲別錄，以示將來，庶明達高人，重爲詳定。」

第七爲僞妄亂眞錄。「僞經者，邪見所造，以亂眞經者也。今恐眞僞相參，是非一概，今爲件別，眞僞可分，庶涇渭殊流，無貽後患。」錄中分列(1)開元釋教錄新編僞經，(2)苻秦釋道安錄中僞經，(3)梁釋僧祐錄中僞經，(4)蕭齊釋道備僞撰經，(5)蕭齊僧法尼誦出經，(6)元魏孫敬德夢授經，(7)梁沙門妙光僞造經，(8)隋開皇衆經錄中僞經，(9)隋仁壽衆經錄中僞經，(10)大唐內典錄中僞經，(11)大周刊定錄中僞經，(12)隋沙門信行三階集錄，(13)諸雜抄經增減聖說。最後一類，

「並名濫真經，文句增減；或雜揉異議，別立名題。若從正收，玉石斯濫。若一例爲僞，而推本有憑，進退二途，實難詮定。且依舊錄編之僞末。」最前一類「承前諸錄，皆未曾載，」乃智昇搜集考定者，如鏡照形，無僞不彰。錄其要行捨身經辨僞語以概其他，原文云：「右一經，不知何人所造，邪黨盛行。經初題云『三藏法師玄奘譯』。按法師所譯，無有此經。僞謬之情，昭然可見。且述四件，用曉愚心：一，僞經初云『王舍城靈鷲山』者，靈鷲山名，古譯經有，奘法師譯皆曰『鷲峯』，今言『靈鷲』，一僞彰也。一，僞經初又云『靈鷲山尸陀林側』者，按諸傳記，其鷲峯山在摩伽陀國山城之內，宮城東北十四五里，豈有都城之內而安棄屍之處？事既不然，二僞彰也。一，僞經中又云『佛說過去燃燈佛時初願捨身』者，燃燈如來是釋迦牟尼佛第二無數劫滿授記之師，豈有得記當成方能死捨？事與理乖，三僞彰也。一，僞經中又云『若有人殺害有情，遍索訶界四重五逆謗方等經及盜常住現前僧物，如是等罪，合墮地獄，若能捨身，罪必消滅』者，謗經造逆，合墮阿鼻，死捨得除，便無重報。如外道妄計殑伽河浴罪垢消除，輕命自沈，生天受福也。言死捨除罪，與彼妄計何殊。愚夫造惡，用此除愆，智者審思，勿被欺誑。永淪惡趣，無解脫期，事與理乖，四僞彰也。訛殊極多，不能備記。」

昇錄卷十九爲大乘入藏錄，卷二十爲小乘入藏錄，末附賢聖集。皆「直述經名，及標紙數，餘如廣錄。」——「見入藏者總一千七十六部，合五千四十八卷。」——今存大藏本卷末有「興元年八月一日於正覺寺新寫入藏」——經法七十六部，一百四卷」——之目錄，則後五十四年所附加者，非智昇原文也。後世藏經，悉準此入藏錄之成法；凡分類，次序，及用千字文標號，無不垂爲永式。其魄力可謂大矣。

- 入藏錄
  - 大乘入藏錄
    - 大乘經
    - 大乘律
    - 大乘論
  - 小乘入藏錄
    - 小乘經
    - 小乘律
    - 小乘論
  - 賢聖集

贊寧稱之曰：「釋智昇，義理懸通，二乘俱學，然於毘尼，尤善其宗，此外文性愈高，博達今古。撰開元釋教錄二十卷，最爲精要。何耶？諸師於同本異出，舊目新名，多惑其文，眞僞相亂，或一經爲兩本，或支品作别翻。一一裁量，少無過者。如其舊錄江泌女子誦出經，黜而不留，可謂藻鑑，杜塞妖僞之源，經法之譜，無出昇之右矣。」一寧傳卷五。

智昇别錄三種

大藏又收有智昇開元釋教錄略出四卷，係本錄卷十一至十三有譯有本錄之簡明目錄，書名卷數，譯撰人名，及帙數紙數，皆一一依舊具列，惟删去考證之語，用千字文編次字號。較入藏錄則較詳。卷末轉載本錄卷二十不入藏經目百十八部。後世刻藏者，悉依此爲準則，罕有悖者。

大藏又收有續大唐內典錄一卷，序下注云：「麟德元年於西明寺起首，移總持寺釋氏撰。」元明兩本並云：「大唐西明寺沙門釋道宣撰。」按其文字，前半序目全抄宣錄卷一，後半略異，且沒其譯人。仔細比較，知此本決非續錄，或爲道宣初稿之殘本。大藏存之，殊無謂也。而昇錄卷十載有續大唐內典錄一卷，自注「開元庚午歲，西崇福寺沙門智昇撰。」并云即「歷代衆經傳譯所從錄」，又注云：「從麟德元年甲子至開元十八年庚午，前錄未載，今故續之。」寧傳亦謂昇有此續錄。據此實錄，則此書爲智昇所撰，並非道宣。而現存之本，亦非昇之舊也。

昇又撰有續古今譯經圖紀一卷。體例全仿邁紀，然頗不自愜，故云：「前紀所載，依舊錄編，中間乖殊，未曾删補。若欲題壁，請依開元釋教錄，除此方撰集外，餘爲實錄矣。」圓照續開元釋教錄有般若三藏續古今翻譯經圖紀二卷，未知是智昇之書否。

毋煚之開元內外經錄　智昇同時稍後有毋煚等奉敕撰開元內外經錄十卷，收道釋書二千五百餘部，九千五百餘卷。見新唐書藝文志。「亦具翻譯名氏，序述指歸。」見舊唐書經籍志引毋煚自序。其釋書部份殆全依昇錄爲藍本，然合道釋書獨爲一書者，煚錄之外固未再見。且從「序述指歸」一語推之，則其書亦有提要或小序之屬，與其古今書錄同一體裁。若留傳及今，所裨益於佛錄學者當屬不淺。

圓照二錄　及德宗貞元十一年，西明寺沙門釋圓照以智昇修釋教錄後，「又經六十五年，中間三藏翻經藏內并無收管，恐年代浸遠，人疑僞經，」故「錄成三卷，」上卷翻經，中卷疏記集，下卷入藏錄」一名曰大唐貞元續開元釋教錄。於十二月二十五日上之。及貞元十五年十月二十三日，圓照又奉勅改開元釋教錄爲貞元新定釋教目錄。至次年四月十五日畢，進上。分類全依昇錄，惟增特旨承恩錄於總集羣經錄之前，別析賢聖集傳錄於乘藏差殊錄之後。大體保存智昇原文，惟加入開元十八年以後六十五年新譯入藏諸經，且析二十卷爲三十卷耳。在佛錄中，最爲繁贍。然贊寧既許昇錄「最爲精要」，又謂「後之圓照貞元錄也文體意宗相距不知幾百數里哉！」則照錄之不爲後人所尊，略可知矣。（圓照傳見寧傳卷十五。）

唐宋之譯經錄　唐代諸僧譯經既多，當各有目錄。例如龍朔三年，玄奘臨卒，「命僧讀所翻經論名目已，總有七十三部，一千三百三十卷。」（見宣傳卷四。）釋義淨「自天后久視迄睿宗景雲，都翻出五十六部，二百三十卷。」（見宣傳卷一。）「釋不空翻經，起于天寶，迄大曆元年，凡一百二十餘卷七十七部，并目錄。」（亦見宣傳卷一。）此皆卓卓者。其錄雖不傳，而譯書並入藏未佚。至南唐保大四年十一月，右街報恩禪院取德禪大德恆安進呈大唐保大乙巳歲續新譯貞元釋教錄一卷。所載譯經一百四十部，計四百一十三卷。宋後譯經甚少，故譯經目錄僅有三種：「自唐貞元己巳至宋太宗太平興國七年壬午，凡一百九十三年，中間並無譯人。其年始起譯場，至眞宗太平祥符四年辛亥，凡二十九年，中間傳譯三藏六人，所出三藏教文二百單一部，三百八十四卷。」（見慶錄卷一。）趙安仁楊億輯其目爲祥符法寶錄。此其一也。「宋眞宗祥符四年辛亥至仁宗景祐四年丁丑，凡二十七年，所出三藏教文一十九部，一百四十八卷。」見慶錄卷一，但佛祖統紀卷四十三作「至景祐三年，編成一百六十一卷。」「呂夷簡宋綬輯其目爲景祐法寶錄。此其二也。「自宋仁宗景祐四年丁丑至至元二十二年乙酉，凡二百五十四年，中間傳譯三藏四人，所出三藏教文二十部，一百一十五卷。其餘前錄未編入者，經律論等五十五部，一百四十一卷。」慶錄卷一。慶吉祥等輯其目爲弘法入藏錄及拾遺編。此其三也。

大藏刊版所知表　佛錄之完備，至唐代已造峯極。宋元以後，大藏刊版，多依昇錄爲部次，部卷縱有出入，無關大體。略舉所知，不復求備。

大藏通稱	刊版人名	刊版地址	刊版時代	西曆	部數	卷數
開寶藏	張從信	益州	宋太祖開寶四年至太宗太平興國八年	九七一—八三	一〇七六?	五〇四八?
崇寧萬壽藏	釋沖眞普明咸暉等	閩州東禪寺	宋神宗元豐三年至徽宗政和二年	一〇八〇—一一一二		六四三四
契丹藏	釋覺苑	南京（北平）	約遼興宗迄道宗時	一〇三一—六四		六〇〇〇?
毗盧藏	釋本明等	閩州開元禪寺	宋徽宗政和二年至宋孝宗乾道八年	一一一二—七二		六一一七
思溪圓覺寺藏	王永從等	湖州圓覺禪院	宋高宗紹興二年	一一三二	一四二一	五四八〇
趙城藏	釋祖圓等	解州天甯寺	約金皇統八年至太定十三年	一一四八—七三		六九〇〇?

思溪資福寺藏		湖州資福禪寺	宋孝宗淳熙二年	一一七五		五七四〇
磧砂藏	釋法忠	平江路陳湖磧砂	宋理宗紹定四年至元治二年	一二三一—一三二二	一五三二	六三六二
普甯寺藏	釋如瑩	杭州路餘杭縣	元世祖至元六年至二十六年	一二六九—三八六	一四二二	六〇一〇
弘法寺藏	元世祖勅修	大都？	至元十四年至三十一年	一一七七—九四	一六五四	七一八二
大明南藏	明太祖勅修	南京	明太祖洪武五年以後（一作永樂十八年）	一三七二	一六一〇	六三三一
大明北藏	明成祖勅修	北京	明成祖永樂十八年迄正統五年	一四二〇—四一	一六一五	六三六一
武林藏	昭慶寺？	杭州	約明世宗嘉靖時			
徑山藏	密藏等	五臺及徑山	明神宗萬曆十七年至清康熙十六年	一五八九—一六七七	一六五四	六九五六
龍藏	清世宗勅修	北京	清世宗雍正十三年至高宗乾隆三年	一七三五—八	一六六二	七一六八
頻伽藏	羅伽陵	上海	中華民國二年	一九一三		

慶吉祥之至元法寶勘同總錄

右列各藏，各有目錄，然既無以異於昇錄，何庸贅陳？其中惟元世祖「念藏典流通之久，蕃漢傳譯之殊，特降綸言，溥令對辯，諭釋教總統合台薩里召西番板底答，帝師拔合思八高弟葉璉國師湛陽宜思，西天扮底答尾麻囉室利，漢士義學亢理二講主慶吉祥，及畏兀兒齊牙答思，翰林院承旨旦壓孫安藏等，集於大都。自至元二十二年乙酉春，至二十四年丁亥夏，大興教寺各秉方言，精加辯質，自至元頂踵三齡，銓讎乃畢。經之在是錄者，凡一千四百四十部，五千五百八十六卷。」復「命三藏義學沙門慶吉祥以蕃漢本參對，楷定大藏聖教，華梵對辨，名題各標。陳諸代譯經之先後，分大小乘教之品目，名之曰至元法寶勘同總錄。」其書「大分爲四：初總標年代，括人法之宏綱。二別約歲時，分記錄之殊異。三略明乘藏，顯古錄之梯航。四廣列名題，彰今日之倫序。」（慶錄卷一。）「於中先出梵語經題，次出此間經題，後出譯人及品數。」（見閱藏知津。）

藏文蒙文滿文之大藏 及元武宗時，嘗刊西藏文大藏，同時又譯漢藏爲蒙古文，亦付剞劂。清康熙二十二年，重刊西藏文大藏於甘肅之河州，其版至近年始燬。乾隆五十五年，復譯漢藏爲滿洲文，刊版行世。凡此三藏，各有目錄，以非漢文，余未及見。

解題最詳之大藏經綱目指要錄 漢唐之間，作佛錄者數十家，皆僅明名數，未誌內容。猶之佛學，僅汲汲於翻譯，未暇於研究耳。王阮毋煚似已序述指歸，而原書已失，莫知其情。及譯事既畢，研究方興，目錄之功，亦由外而深入內部。北宋太祖建隆五年，勅沙門文勝撰大藏經隨函索隱，多至六百六十卷。揣其名義，似爲解題之書。而仁宗天聖二年，「釋慈雲撰教藏隨函目錄，述諸部著作大義。」（見佛祖統紀卷四十五。）則確爲提要之籍，惜均不傳。及徽宗時，乃有東京法雲禪寺住持傳法佛國禪師惟白撰大藏經綱目指要錄，大弘解題釋要之業。惟白以「崇寧二年癸未春，得上旨游天台，中秋後至婺州金華山智者禪寺，閱大藏，仲冬一日丁丑，援筆撮其要義，次年甲申仲春三日丁未畢之，計二十餘萬字。」（白錄自述。）佛錄本浩博淵奥，加以譯文隱晦，尋繹維艱。例如大般若經多至六百卷，苟無提要，自難識其指歸。惟白先明此經之綱領云：「總部四處十六會所說，傳此方，入藏者七百一十卷。前六百卷，唐三藏玄奘法師在玉華宮重譯，西明寺僧玄則述十六序，冠十六會，明其旨也。太宗皇帝御製聖教序，高宗皇帝作聖記。然此經諸佛之知母，菩薩之慧父，斷煩惱之寶刀，度愛河之舟楫，利生之極致，成道之正因，表其尊，故標衆經之首也。」次逐卷撮述內容，使讀者先得梗概。末段總結云：「右四處十六會所說般若六百卷，今逐會標辨品目，逐函分列卷次，逐卷略錄義例。然卷帙雖多，研其義例，始自色心，終乎種智，止于八十餘科耳。所錄者固不能全其義意。使開一卷，看一例，照于前後卷帙，貫通八十科之起復，則八部般若照然可見矣。若或累朝法匠，譯梵爲華，繼有傳授，不無其人。唯唐三藏玄奘法師自竺國而還，詔居玉華宮，或創出梵文，或重譯舊本，四更星序，八部方周。般若智日圓明至理義天普覆爰是或講或誦或注或持，代勝一代，日盛一日，殊應有徵，利益無量也。今撮略綱目，欲廣見聞，以龍樹尊者所造大智度論，摘其義意注于科例，俾看般若者披閱其大旨，卽成智智也。」所錄之書，多至一千零四十九種，大藏所收，大半已是，皆能挈要提綱，明法會旨。在佛錄中，允推爲至高無上之解題傑作。且此種解題工作，功效甚鉅。據惟白自述「其利有五：一、宗師提倡者，得隨宜開覺故。何謂也？向上玄樞，應乎大器。俯狥情性，在乎順機。故弘宗闡教，以方就圓，須假博聞，待乎來問，故集斯錄，益資接化，貴言有稽，古道取信於人也。二、法師講演者，資闡明訓徒故。何謂也？傳教者宜談妙義，聽習者專諮實理，一部微言，必有所證。或引經律論文，或考疏鈔傳記。略無所據，義理難信。故集斯錄，緩急證其駕說，使有端緒也。三、樂於注撰者，助檢閱引文故。何謂也？作歌頌者讚揚妙道，述疏鈔者發揮聖言，臨文引據，一事一緣，貴出典章，製不妄啓。故集斯錄，以待伸紙操毫而無凝思也。四、有緣看藏者，易曉品義故。何謂也？出家佛子，若曾聽經論，或參問知識，則一覽聖教，其義了然。既未然者，不了法味。則空益疲勞。故集斯錄，俾見大旨，然後披文，乃深入法藏也。五、無因披教者，知藏乘要義故。何謂也？在家菩薩，居仕宦者，致君澤名，職務騈冗。處黎庶者，家業縈繁，公私逼迫，以故無因披閱藏教。設若有暇，何處取經？故集斯錄，使人人知其法義，家家有大藏因緣，資乎種智，而脫死生也。」（白錄卷末。）惟白本禪宗大師，熟於佛門掌故，嘗於建中靖國元年秋，撰續燈錄。指要錄末，附述禪教五派宗源，亦能得其脈絡。以如是通才，述大藏要領，其能不迷指歸也固宜。同時雖有居士王古仿其意而有作，固不能與之並駕齊驅耳。

王古之大藏聖教法寶標目

清源居士王古（直齋書錄解題作王右。）徽宗時官至尚書，嘗撰大藏聖教法寶標目。元成宗大德丙午，釋克己序其書，稱古「讀經該貫，演義深玄，舉教綱而目張，覽智鏡而神智。故茲集要略盡教條，溥爲來機，豁開寶藏。流傳既久，貝笈未收，眼目所存，誠爲缺事。即有前松江府僧錄廣福大師管主八續集祕密經文，刊圓藏典，謂此標目，該括詳明，謹錄藏中，隨銜披閱，俾已通教理者覩智燈而合照心之解，未閱聖言者掬法流而惑業之垢，一覽之餘，全藏義海瞭然於心目之間矣。」觀古此目，較惟白所錄，遠爲疏略。每書簡或僅著一言，詳亦不過數語，多及千字者，間亦有之。惟限大部，譬於四庫，白錄有如總目提要，古目有如簡明目錄，雖精粗有別，繁簡懸殊，而相得益彰，委係佛錄之要籍。凡初涉佛籍者，固不能舍是二者而他求也。

智旭之閱藏知津　上述惟白王古二家，於分類倫次概不違於昇錄。直至明末北天目沙門釋智旭始師二家之意而大易昇錄之次。在解題書中可稱鼎足而立；在分類法中則實空前創作。智旭以「歷朝所刻藏乘，或隨年次編入，或約重單分類，大小混雜，先後失準，致使欲展閱者茫然不知緩急可否。故諸剎所供大藏，不過緘置高閣而已。縱有閱者，亦罕能達其旨歸，辨其權實。佛祖慧命，眞不啻九鼎一絲之懼。而諸方師匠，方且或競人我，如兄弟之鬩牆，或趨名利，如蒼蠅之逐臭，或妄爭是非，如癡犬之吠井，或恣享福供，如燕雀之處堂，將何以報佛恩哉？唯宋有王古居士創作法寶標目，明有蘊空沙門嗣作彙目義門，並可稱良工苦心。然標目僅順宋藏次第，略指端倪，固未盡美。義門創依五時教味，麤陳梗槩，亦未盡善。旭以年三十時，發心閱藏，次年晤壁如鎬兄於博山，諄諄以義類詮次爲囑。於是每展藏時，隨閱隨錄。凡歷龍居九華霞漳溫陵幽棲石城長水靈峯八地，歷年二十禩，始獲成稿。終不敢剖破虛空，但藉此稍辨方位，俾未閱者知先後所宜，已閱者達權實所攝，義持者可卽約以識廣，文持者可會廣以歸約。若權若實，不出一心。若廣若約，咸通一相。故名之爲閱藏知津云。」其書作於甲午重陽後一日，蓋淸世祖順治八年也。翌年正月二十一日，智旭卽卒，年五十七。其凡例於分類法頗有精微之論。綜其所見，有善於以前諸錄者五端：（1）別立雜藏，使雜著得有所歸。此例雖倣自法上錄，然中間各錄皆所未有。（2）變更部次，以華嚴爲首。（3）分出密部，使顯、密不致混淆。（4）合單本重本於一處，使一經不分散數處。（5）以符號判別書之優劣緩急，使讀者得依照選讀。

列其分類之系統，則可如下表：

- 經藏
  - 大乘經
    - 華嚴部
    - 方等部
      - 顯咒
      - 密咒
        - 經
        - 儀軌
    - 般若部
    - 法華部
    - 涅槃部
  - 小乘經
- 律藏
  - 大乘律
  - 小乘律

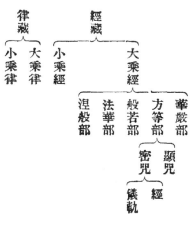

- 論藏
  - 大乘論
    - 釋經論
      - 西土
      - 此土
    - 宗經論
      - 西土
      - 此土
    - 諸經論
      - 西土
      - 此土
  - 小乘論

- 雜藏
  - 西土撰述
  - 懺儀
  - 淨土
  - 台宗
  - 禪宗
  - 賢首宗
  - 慈恩宗
  - 密宗
  - 律宗

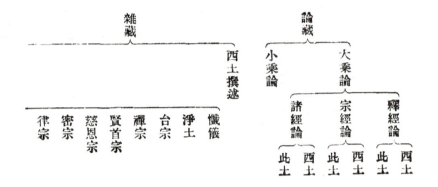

- 此方撰述
  - 纂集
  - 傳記
  - 護教
  - 音義
  - 目錄
- 序讚詩歌應收入藏此土撰述
  - 釋經
  - 密宗
  - 淨土
  - 台宗
  - 禪宗
  - 慈恩宗
  - 纂集
  - 傳記
  - 護教
  - 目錄

日本佛藏目錄

佛教東傳，遠自晉世。始流高麗，終入日本。西來求法諸僧先後載歸經藏，輒有目錄，不必詳記。惟日本延喜二年（西九〇二。）有天台沙門安然據八家祕錄，撰諸阿闍梨眞定密教部類總錄，分爲二十部類：(1)三灌頂部，(2)胎藏界部，(3)金剛界部，(4)蘇悉地部，(5)諸如來部，(6)諸佛頂部，(7)諸佛母部，(8)諸經法部，(9)諸觀音部，(10)諸菩薩部，(11)諸經剛部，(12)諸忿怒部，(13)諸世天部，(14)諸天供部，(15)諸護摩部，(16)諸禮懺部，(17)諸讚歎部，(18)諸悉曇部，(19)諸碑傳部，(20)諸圖像部，實爲密宗分類最詳之錄。刻藏之業，二邦屢見史册。其目錄多准唐宋諸錄，無可特敍。及明治十三年始創四藏對校之事於弘教書院，迄十八年七月而全藏刻成。及大正十二年高楠順次郎、渡邊海旭等又輯印大正新修大藏經，至昭和五年五月始成，收書多至一萬二千八百六十四卷。後又續刊三千九百九十二卷。皆用諸本對校，最爲精詳。所分部類，亦大異於我國諸錄。經分(1)阿含，(2)本緣，(3)般若，(4)法華，(5)華嚴，(6)寶積，(7)涅般，(8)大集，(9)經集，(10)密教等部。律分九類。論分譯經，毘曇，中觀，瑜珈，論集五部。支那撰述分經疏，律疏，論疏，諸宗四部。日本撰述再分章疏，宗典二部。外篇分爲史傳，辭彙，目錄，疑似，外教，雜六部。每部皆再各分小類若干，包攝甚廣。時又刊昭和法寶總目錄三卷，彙集大藏未收之各種佛經目錄，頗便於學者之研究。而大正元年，中野達慧等又輯續藏經，採集明清日韓九百五十餘人，千七百五十餘部，七千一百四十餘卷，別爲十門六十三類。近世僧俗譯作未入大藏者，網羅幾盡。其分類綱領亦與古錄迥異。此等雖人屬外國，而其書多漢籍，凡治佛教目錄學者，所宜參考者也。

道教與道經　事有無甚可記而又不得不記者，爲道教及其目錄學。道之有教，因佛而興。道之有經，因佛而成。我國戰國時代本有老莊「清靜無爲」之說，司馬談謂之道德家。漢初雖爲文帝及淮南王所尊信，而未成宗教。迄後漢之末，佛經譯行，信者漸衆，乃有張陵受其暗示而創爲五斗米道。兩晉之間，得博洽之葛洪爲之充實學理上之基礎，遂立。及元魏太武帝寵任道士寇謙之，毀滅佛教，而道教大盛。南朝則有陸修靜廣集道經，見信於劉宋明帝。李唐援李聃爲其始祖，愛屋及烏，高宗玄宗武宗先後盛崇道教。趙宋繼之，眞宗徽宗尤爲迷信，風聲所及，其教益振。後雖經元世祖之禁斷，亦無甚損傷。近世稍衰，而信徒之衆，猶亞於佛教。（參看史記自序，漢書藝文志，文帝紀，淮南王傳，後漢劉焉傳，晉書葛洪傳，魏書釋老志，宋會要稿，元典章。）道經之造成幾完全脫胎於佛經。而道士諱所自出，故弄玄虛，謬爲教自羲農，經出天宮之說。（元至元十八年石刻道經尊經歷代綱目，前半完全荒謬不可信。）苟非昏蒙，其誰信之？佛徒所攻，殆近眞實。唐僧釋法琳云：「道家玄籍，唯老子二篇，李聃歿關。自餘經教，製雜凡情。何者？前漢時，王褒造洞玄經；後漢時，張陵造靈寶經及章醮等道書二十四卷；吳時，葛孝先造上清經；晉時，道士王浮造明威化胡經；又鮑靜造三皇經，後改爲三淸經；齊時道士陳顯明造六十四卷眞步虛經；梁時陶弘景造大淸經及章醮儀十卷。後周武帝滅二教時，有華州前道士張賓，詔授本州刺史長安前道士焦子順，一名道抗，選得開府扶風令，前道士馬翼，雍州別駕李運等四人，以天和五年，於華州故城內守眞寺挑攬佛經，造道家僞經一千餘卷。又甄鸞笑道論云：『道家妄注諸子書三百五十卷爲道經。』又檢玄都目錄，妄取藝文志書名，矯注八百八十四卷爲道經。據此而言，足明虛謬。故知代代穿鑿，狂簡實繁，人人妄造，斐然盈貫。」「增加卷軸，添足篇章；依傍佛經，改頭換尾；或道名山自出，時唱仙洞飛來。」（見法琳別傳。）「以此詳檢，則其爲詭妄，不容辯矣。」

道經目錄及分類之創始

道經既晚出，故其目錄亦遲至南北朝始完成。而葛洪之遐覽篇則其大略之椎輪也。「洪字稚川，句容人。究覽典籍，尤好神仙導養之法。從祖玄，以其煉丹祕術授弟子鄭隱。洪就隱學，悉得其法。博聞深洽，江左絕倫。精辯玄賾，析理入微。」東晉咸和初，官至司徒諮議參軍。（見晉書卷四十二。）著述甚多，其抱朴子卷十九爲遐覽篇，自述其義曰：「遐覽者，欲令好道者知異書之名目也。」首述鄭隱得見異書之經過，次則列舉異書之名目及其卷數。雖未明白分類，及未盡標著者姓名；而隱約可辨其類別：一曰經，列舉三皇內文天文元文、混成經等經數十種。二曰圖，列舉守形圖、坐亡圖等圖十餘種。三曰記，列舉蹈形記、隱守記等記十餘種。四曰錄，列舉玄錄、集書錄、黃仙錄等錄數種。五曰法，列舉採神藥治作祕法、登名山渡江海勑地神法等法十餘種。此外尚有名律、名集者，其書較少，或未可自成一類。以上各類，合爲道經，卽所謂「佳書」也。「其次有諸符」，則列舉自來符、金光符、太玄符等符數十種，「此皆大符也。其餘小小，不可具記。」據此推詳，則當時道教諸書可分爲經、圖、法、符、記、錄六類，或更加律、集，而爲八類矣。類名皆名達所起，原文並未分類。洪又歷述鄭隱言：「道書之重者，莫過於三皇文、五嶽眞形圖也。」「其變化之術大者唯有墨子五行記。」「其次有玉女隱微，亦大術也。」「又有白虎七變法，與墨子及玉女隱微略同，過此不足論也。」見抱朴子四部叢刊本。此數語者，視爲道經要目，亦無不可。抱朴子自敍：「至建武中乃定。」遐覽篇則稱「鄭君以泰安元年東投霍山，莫知所在。」則是篇之作，必在惠帝泰安以後，元帝建武以前。當西曆三〇二至三一七年間。道書目錄及分類之早，宜莫過於是矣。

陸修靜首創靈寶經目　相傳「後漢明帝永平十四年，道士褚善信等六百九十八人，聞佛法入洛，請求捔試，總將道家經書合三十七部七百四十四卷，就中五百九卷是道經，餘二百三十五卷是諸子書。」亦見法琳別傳。佛道捔試之說，本無其事。參看漢明求法說辯僞。彼時道教未興，亦未必有經目。神仙傳號稱葛洪所作，乃云：「老教所有度世消災之法，凡九百三十卷，符書等七十卷，總一千卷。」其卷數之多，超出遐覽篇所述者數倍，當不可靠。故葛洪以前，道經尚無總目。

遲至劉宋中葉，始有道士陸修靜創撰靈寶經目，實爲道經第一部總目錄。其書成於宋文帝元嘉十四年。見雲笈七籤卷四靈寶經目序。至明帝太始七年，修靜答明帝云：「道家經書幷藥方、咒、符、圖等總二千二百二十八卷，一千九百十卷已行於世，一百三十八卷猶隱在天宮。」見法琳別傳。年月明確，最近眞實。惟後來道士虛增卷數，反而引起佛徒之攻擊耳。法琳別傳云：「案今玄都觀一切經目錄，云依修靜所上目，乃言有六千三百六十三卷，云二千四十卷見有其本，四千三百二十三卷並未見本。」至元石刻道藏尊經歷代綱目更虛張其數云：「陸修靜經目藏經一萬八千一百卷，宋太始七年考功郎中校勘，僅存六千三百有餘卷。」徒知誇耀，不顧事實，一至於此。故法琳攻之曰：「既其先後不同，足知虛妄明矣。」又云：「修靜爲目，已是大僞。」文見法琳別傳及辯正論。雲笈七籤卷四載修靜自序，首段敍道經之由來，多虛誕不可信。後段略云：「但經始興，未盡顯行，十部舊目出者三分。……頃者以來，經文紛互，似非相亂。或是舊目所載，或自篇章所見新舊五十五卷。學士宗竟鮮有甄別。余先未悉，亦是求者一人，既加尋覽，甫悟參差，或刪破上清，或採搏餘經，或造立序說，或迴換篇目，裨益句章，作其符圖，或以充舊典，或別置盟戒。文字僻左，音韻不屬，辭趣煩猥，義味淺鄙，顛倒舛錯，事無次序。考其精僞，當由爲猖狂之徒，質非挺玄，本無尋眞之志，而因修窺閱，假服道名，貪冒受取，不顧殃考，興造多端，招人宗崇。敢以魚目廁於隋侯之肆；輒將散礫，託於和氏之門。衒誑愚蒙，誣調太玄。既晚學推信，弗加澄研；遂令精麤糅雜，眞僞混行。視聽者疑惑，修味者悶煩。上則損辱於靈囿，下則恥累於學者。進退如此，無一可宜。徒傾產疲力，將以何施？夫輕慢之咎既深，毀謗之罪靡赦。余少躭玄味，志愛經書，積累錙銖，冀其萬一。若信有可崇，何苟明言坐取風刀乎？慮有未悉，今條舊目已出，并仙公所授，事注解意，疑者略云爾。」據其所述，則道經之疑僞雜出，舊目混沌不明，已可概見。修靜之作，乃所以去所認爲疑僞者，區分類別，以成條目也。觀乎後來玄都觀一切經目錄之混亂不治，則知修靜此目殊不愧爲道錄之開山矣。

修靜之外，同時稍後，尙有所謂上清原統經目。雲笈七籤卷四載其註序，據云有道士許豫之於元嘉十二年臨終時封藏「上清寶經，三洞妙文，」宋明帝泰豫元年逼取至京，元徽元年復歸郯縣馬氏。此撰注者「因神王所撰寶經卷三十一首，篇章目第，並指事爲名。然天眞之言理奥難尋，或名同而事異，或理合而字乖，靈祕妙隱，不與世合，幸而見之，卒難詳辨」，乃「鑽研彌齡，始覺髣髴，謹以鄙思，尋校衆經，爲上清目義」。推其語意，亦道經目錄之儔也。

王儉與阮孝緒　以儒者撰錄而收及道經，始於劉宋王儉。儉與陸修靜同時，於元徽元年特闢道經錄附見於其七志，合佛經錄爲九條。雖「亦不述作者之意，但於書名之下，每立一傳，而又作九篇條例，編乎首卷之中」，（隋志）則始述道書分類條例，備列道書目錄入總目錄中者，以此志爲最先。惜已失傳，僅可由七錄想像之。阮孝緒七錄序云：「劉氏神仙，陳於方技之末；王氏道經，書於七志之外。今合序仙道錄爲外篇第二。王則先道而後佛，今則先佛而後道。蓋所宗有不同，亦由其教有淺深也。」仙道錄分爲經戒、服餌、房中、符圖四部，收書四百二十五種，一千一百三十八卷。道書之有顯明部類，實始見於此。（修靜錄之部類，現已不明。）七錄成於梁普通四年以後，上距修靜成書之日僅八十七年。其書半依七志，半採諸錄，雖非盡目睹，而詳盡無遺。其所記卷數，較佛法錄僅及五分之一，足見彼時道書無多，較上述修靜錄亦少七百七十二卷，足證修靜錄之虛僞。其後唐人撰五代史經籍志，（即隋志。）略記道書目錄大綱，亦分經戒、餌服、房中、符籙四部，總數則爲一千二百一十六卷，與七錄大同小異，較下述之玄都錄祇及半數，是則唐初修史志者亦已不信玄都觀道士之說矣。

七錄之後，惟「後周法師王延珠囊經目，藏經八千三十卷。」見至文石刻。如此鉅帙，竟倍佛經，其爲浮報，不啻可知。但目既不傳，亦無庸詳究耳。

玄都觀一切經目錄　隋煬帝嘗命道士撰道經目錄，隋志其事不顯。唐初宏獎道教，特起玄都觀以居道士。道士乃大造經目以示誇耀。貞觀初，釋法琳撰辯正論以攻之曰：「按玄都觀道士等所上一切經目云：取宋人陸修靜所撰之者，依而寫送。檢修靜舊目注：『上清經有一百八十六卷，其一百十七卷已行於世，從世淸以下有四十部合六十九卷未行於世。』檢今經目，並云見在。修靜經目又云：『洞玄經三十六卷，其二十一卷已行於世；其大小劫已有十一部合十五卷，猶隱天宮未出。』檢今經目，並注見在。」「檢修靜目中，見有經書、藥方、符圖等合一千二百二十八卷，本無雜書諸子之名。而道士今列乃有二千四十卷，其中多取漢書藝文志目，妄注八百八十四卷爲道經論。據如此狀，理有可怪。何者？至如韓子、孟子、淮南之徒，並言道事。又後八老黃白之方，陶朱變化之術，翻天倒地之符，辟兵殺鬼之法及藥方呪厭，並得爲道書者。其連山、歸藏、周林、太玄、黃帝金匱、太公陰符、陰陽書、五姓宅圖、七十二葬書等，亦得爲道書乎？案修靜目中並無前色，今輒集之，彼將何據？」「然修靜爲目，已是大僞。今玄都錄，復是僞中之僞。」法琳所論，雖屬一面之辭；然執有眞憑實據，固非信口雌黃，故此錄之毫無價值，可言實已一言而定，無復疑議也。法琳又請唐太宗，「令大德名僧儒生道士對宰輔朝俊，詳檢內外經史，刊定是非，立石爲記，以息邪僞。」其理由則爲「古及今佛家立一切經目，具辯翻譯帝代，並注疑僞別部，恐惑亂黎民故也。今道家先無翻譯，仍立記目，或依傍佛經，或別頭假造，而不記年月，不詳世代，裝潢帶軸，與眞經一體，詐言空中自出，或道谷裏飛來，咸行於世，疑誤下愚。」並見辯正論。此事若行，則道書可十去其九，惜乎唐太宗不從其言耳。

唐代諸道錄　李唐大弘道教，應有詳錄。然舊唐志竟未載一錄，新唐志僅有毋煚開元內外經錄十卷。兩志並兼收佛論入道家老莊之儔，其荒謬抑甚可笑。煚錄失傳，僅知其收有道釋書至二千五百餘部九千五百餘卷。據開元釋教錄，佛書凡七千○四十六卷，除去此數，則煚錄所收道書有二千五百卷之譜，視七錄已加一倍矣。而通志藝文略則載有開元道經目一卷，唐朝道藏音義目錄一百十三卷。前者或係開元時代之簡目，但非瓊綱目；後者則恐本非圖書目錄，而鄭樵誤入之耳。元至元石刻則稱「唐尹文操玉緯經目，藏經七千三百卷。唐明皇御製瓊綱目，藏經五千七百卷。唐文宗太和二年，太清宮使奏陳，止見五千三百定數。黃巢之亂，靈文祕軸，焚蕩之餘，散無統紀。幸有神隱子收合餘燼，拾遺補闕，復爲三洞經。再經五季亂離，篇章雜揉。」所稱卷數並近誇多。三種經目，亦無傳本。

宋刻道藏之目錄　及宋眞宗「盡以祕閣道書太清寶蘊出降於餘杭郡，俾知郡戚綸、漕運使陳堯佐選道士朱益謙、馮德之等專其修較。然其綱條漶漫，部分參差，與瓊綱玉緯之目，舛謬不同。歲月坐遷，科條未究。」其後綸等及司徒王欽若請以張君房專任其事。久之，乃除君房著作佐郎。君房「盡得所降到道書，幷續取到蘇州舊道藏經本千餘卷，越州台州舊道藏經本亦各千餘卷，及朝廷續降到福建等州道書明使摩尼經等，與諸道士依三洞綱條，四部錄略品詳科格，商較異同，以銓次之，僅能成藏。都盧四千五百六十五卷，起千字文天字爲函目，終於宮字號，得四百六十六字，且題曰大宋天宮寶藏。天禧三年春，寫錄成七藏以進之。」雲笈七籤序。「卷目之首，冠寶文統錄之名。」至元石刻。此藏爲現存道藏之祖，其目錄及分類亦爲後來所沿用。君房載其分類之理由於雲笈七籤之道門大論中，據以推究，則知道藏之分類依據道教之系統。而道教之系統，則定自不知何世何人所撰之正一經。道教本有所謂三洞之說。玉經隱注云：「三洞經符，道之綱紀。」而「三洞者，洞言通也。通玄達妙，其統有三，故云三洞。第一洞眞，第二洞玄，第三洞神。」「修學之人，始入仙階，登無累境，故初教名洞神神寶。其次智漸精勝，既進中境，故中教名洞玄靈寶。既登上境，智用無滯，故上教名洞眞天寶也。」又有所謂四輔者：正一經云：「太清經輔洞神部，金丹以下仙業。太平經輔洞玄部，甲乙十部以下眞業。太玄輔洞眞部，五千文以下聖業。正一法文宗道德，崇三洞，遍陳三乘。」故道教可分七部，正一經定其次序曰：「一者洞神部，二者洞玄部，三者洞眞部，四者太清部，五者太平部，六者太玄部，七者正一部。」而後四部不能獨立，併入三洞，謂之三乘。正一經云：「三乘所修，各十二部。」道門大論云：「夫十二部道義，通於三乘。今就中乘爲釋，餘例可知。十二者：第一本文、第二神符、第三玉訣、第四靈圖、第五譜錄、第六戒律、第七威儀、第八方法、第九衆術、第十記傳、第十一讚頌、第十二表奏。（1）言本文者，卽三元八會之書，長行元起之說，其例是也。紫微夫人云：『三元八會之書，太極高眞所有，本者始也，根也，是經教之始，文字之根，又爲得理之元，萬法之本。文者分也，理也，既能分辨二儀，又能分別法相，既能理於萬事，又能表銓至理，如木有文，亦名爲理也。不名眞文者；十二義通三乘眞文教主中洞，非通義也。(2)神符者，卽龍章鳳篆之文靈跡符書之字是也。神則不測爲義，符以符契爲名。謂此靈跡神用無方，利益衆生，信若符契。(3)玉訣者，如河上釋柱下之文，玉訣解金書之例是也。玉名無染，訣語不疑，謂決定了知，更無疑染。(4)靈圖者，如合景五帝之像，圖局三一之形，其例是也。靈、妙也；圖、度也；謂度寫妙形，傳流下世。(5)譜錄者，如生神所述三君，立本所陳五帝，其例是也。譜、緒也；錄、記也；緒記聖人，以爲教法；亦是緒其元起，使物錄持也。(6)戒律者，如六情十惡之例是也。戒者、解也，界也，止也；能解衆惡之縛，能分善惡之界，防止諸惡也。律者、率也，直也，慄也；率計罪愆，直而不枉，使懼慄也。(7)威儀者，如齋法典戒，請經軌儀之例是也。威是儼凝可畏，儀是軌式是宜，亦是曲從物宜，爲威法也。(8)方法者，如存三守一，制魄拘魂之例是也。方者方所，法者節度，修行治身，有方所節度也。(9)衆術者，如變丹鍊石，化形隱景之例是也。衆、多也；術、道也；爲趣至極之初道也。(10)記傳者，如道君本業，皇人往行之例是也。記、誌也；傳、傳也；謂記至本業，傳示學人。(11)讚頌者，如五眞新頌，九天舊章之例是也。讚以表事，頌以歌德。故詩云：「頌者美盛德之形容。」亦曰偈。偈、憩也，以四字五字爲憩息也。(12)表奏者，如六齋啓願，三命謁請之例是也。表、明也；奏、湊也。謂表心事上，共湊大道。通言部者，以部類爲義，亦以部別爲名，謂別其義類，以相從也。』又釋其十二部先後次序之義曰：『本文是生法之本，數自居前。既生之後，卽須扶養，故次辯神符。八會雲篆，三元玉字，若不諳鍊，豈能致益？故須玉訣釋其理事也。衆生暗鈍，直聞聲教，不能悟解，故立圖像，助以表明。聖功既顯，若不祖宗物情，容言假僞，故須其譜錄也。此之五條，生物義定，將欲輔成，必須鑒戒。惡法文弊，宜前防止，故有戒律。既捨俗入道，出家蓮於師寶，須善容儀，故次明威儀也。又前乃防惡，宿罪未除，故須修齋軌儀，悔已生惡也。儀容既善，宿根已淨，須進學方術，理期登眞，要假道術之妙，顯乎記傳，論聖習學，以次相從也。亦是學功既著，名傳竹帛，故次記傳。始自生物，終乎行成，皆可嘉稱，故次有讚頌。又前言諸教，多是長行散說。今論讚頌，卽是句偈，結辭既切，功滿德成，故須表申靈府，如齋訖言功之例，故終乎表奏也。又前十一部，明出世之行，後之表奏，祛世間之災。如三元塗炭，子午請命之流，皆關表也。』『三乘之中，乘各有十二部，故合成三十六部。』以上並據雲笈七籤道藏本卷六。

綜上所述，則道教可分洞神、洞玄、洞眞三洞，及太淸、太平、太玄、正一四輔。四輔附屬於三洞。三洞各分本文、神符、玉訣、靈圖、譜錄、戒律、威儀、方法、衆術、記傳、讚頌、表奏十二部。道藏綱領，具在於斯。唐代所寫瓊綱，玉緯或已依此分部；宋刻道藏尤當所遵承，然皆漫無痕跡，未識眞相。觀後來明刻道藏之部類悉與道門大論所說相同，則唐宋元各本當亦不能超出例外也。

而通志略載有宋明道宮道藏目錄六卷，洞玄部道經目錄一卷，太眞部部道經目錄二卷，洞神部道經目錄一卷，王欽若等三洞四輔經目錄七卷，道藏經目七卷。鄭樵旣未見其書，自不能明其同異，析名複出，徒見其煩。約略推求，實卽張君房等所修道藏之目錄，由王欽若領銜奏進耳。（惟欽若上書，據宋史卷八，在大中祥符九年。而張君房寫錄成七藏在天禧三年。當係先上正本，復寫副本耳。）道教目錄學單純之極實無異文別派可爲陳述也。

雲笈七籤　惟張君房「因茲探討，遂就編聯，掇雲笈七部之英，略寶蘊諸子之奧，總爲百二十卷」，名曰雲笈七籤。蓋道藏之輯要，亦卽道教之類書也。其卷八卷九三洞經教部經釋之屬，概係道經解題，實前此所未見，頗能挈道經之要領。如釋七經云：『道學七經、經者、徑也，由也，常也，成也。徑直易行，由之得進。常通不塞，正以治邪，轉敗爲成，經緯相會也。玄素、黃帝、容成、彭鏗、巫咸、陳赦、習學七經，演述陰陽，生生爲先，先仁之志，非但七人。七人迹多，亦號七經。天門玉子，皆傳斯道。外儒失道，不知道爲儒本，儒爲道末，本末不知，致無長壽之人，遂爲淫亂之俗也。至於外儒，五經備有，詩首關雎，禮貴婚嫁，傳嗣之重，歷代所同，無後之罪，三千莫大。而知男女氣數，陰陽興衰，聞之疑怪，蚩鄙成災，良可痛念。智者悟之，能歸內道，救理外儒。詩禮傳易，至于尙書，禮樂孝經，斂末崇本，本孝合乎道，習樂同乎德，道德弘深，仁義備舉，禮智恆用，信不暫虧，緣末入本，引外還內，上學之功，於此乎在。七經者：一曰仁經。男女婚嫁，恩愛交接，生子種人，永世無絕。二曰禮經。既生當長，壯不可忝，夫淸婦貞，內外分別，尊卑相敬，和而有節。三曰信經，既知禮節，親疎相間，朝野忠直，無相違負。四曰義經。既知忠直，有與有取，罰惡賞善，更相成濟。五曰智經。既知賞罰，防有枉濫，抑揚通流，除邪入正。六曰德經。治邪保正，五德均平，無偏無苦，常樂長存。七曰道經。常樂常存，騰泰無上，上德不德，教化立功，功成身退，權變無窮。凡人學道，共修七經。經有所明，各有多少。仁經恩多，餘事皆少。少不受稱，多故立名，名爲仁經，亦有禮、義、信、智、德、道。六同若斯，唯道獨。多少行均平，故號大道，一切所宗也。』雲笈七籤既爲選集前人之作，則此項道經解題亦未必爲張君房所爲。其殆唐人手筆歟?

元明以後之道錄　宋藏刻成，道教大興。徽宗政和三年，詔求道教仙經於天下，又置道官，立道學，置博士，撰道史。聲勢之隆，空前絕後。(參宋史卷八。) 南宋初年，鄭樵撰通志，其藝文略錄道家書，分爲老子、莊子、諸子、陰符經、黃庭、參同契、目錄、傳記、論、書、經、科儀、符籙、吐納、胎息、內視、道引、辟穀、內丹、外丹、金石藥、服餌、房中、修養，凡二十五種，一千三百二十三部，三千七百六卷。其分類法與上述宋道藏目錄迥異。「迨後丙申罹難，經藏俱廢」。元典「有披雲子宋眞人收索到藏經七千八百餘帙，鋟梓於平陽府永樂鎮東祖庭藏之。(見至元石刻。) 旋遭至元十八年之焚禁，一時又盡。(見元典章。) 至明英宗正統十年，重輯道藏，以千字文編次，自天字至英字。神宗萬曆三十五年，又輯續道藏，自杜字至纓字。三洞，四輔，十二類，都五百二十函，五千四百八十五册。經廠刊版，至清德宗光緒二十六年拳匪之亂，乃燬於大光明殿。民國十二年，商務印書館取北京白雲觀藏明本影印。(見重印緣起。) 明藏部類悉依宋藏，無所發明。惟其中有道藏闕經目錄，題下注云：「於舊目錄內抄出」。而其卷上載有上清源統經目注敍、衆經目錄、三洞要錄、洞玄靈寶三洞經籙品格訓目錄、洞神三皇五嶽目錄，卷下載有宋萬壽道藏三十六部經品目、宋萬壽道藏經目十卷、金萬壽道藏三十六部經品目、金萬壽道藏經目錄十卷，此則道錄闕本之可知者，觀其多分三十六部，則亦無以異於宋藏耳。

總之，元明以後，道錄殆無可稱，所宜述者，惟明天啓丙寅白雲觀道士白雲霽撰有道藏目錄詳注。然亦非逐書皆作提要，名雖爲「詳注」，實則僅擇少數要書略加數語說明耳。此在荒蕪之道教目錄學中，已屬絕無僅有之創作矣。

專科目錄篇

專科目錄之作用及其源流

藏書目錄隨藏家之嗜好而發展，亦隨藏家之興衰而生滅。雖漢唐盛世之七略與羣書四部錄亦不能留傳後世，學者恨焉，乃借重於史志而不幸史志亦不能包舉一代而無遺蘊！學者欲通曉古今，洞識所學，乃不得不各自就其本科目錄作徹底之研究。此專科目錄所以發達於現代，一也。藏家無論公私，多假以自炫，初無專精一科之志，故煌煌鉅册，非不豐美；而平均分配，各科皆備；及專家用之，輒感其不精不足；勢須獨具隻眼，另行搜求。此專科目錄所以早已脫離藏書目錄而獨立，二也。百科競出，羣籍充棟，初學者望洋興嘆，茫然不知從何下手。洞明其學者，各就其所賞識，選拔要籍，以作讀本，實爲學術進步之第一階段。此專科目錄所以先乎藏書目錄而產生，迄乎現代而尤盛，三也。溯自漢初韓信、張良卽已次序兵法，删一百八十二家爲三十五家，專科目錄，莫之或先。七略不收散文，漢、魏漸有文集，故晋初荀勗、摯虞皆撰集文章篇目以補其闕。佛法傳來，經無所附，其徒乃自撰經錄以綱紀之。書畫漸興，宋齊遂有書畫之錄。他如史目起於李唐，金石原於趙宋，時代愈晚而專科目錄愈多。其始多就現存之書專門深入；明清以來，則上窮往古，遍考存佚；及乎現代，更橫越東西分支百學。數量之富，實質之精，迥非一般藏書目錄所能望其項背矣。

經解目錄　自七略首紀六藝，晉中經簿改稱甲部，七志正名經典，隋志定為經部，經書入錄，由來遠矣。然自始即兼容史傳、小學，七志且分半席與史記雜傳，七錄始排除紀傳而成專科。北魏盧昶有甲乙新錄，陳承香殿有五經史記目錄，唐人李肇有經史釋題，四部平分，皆非完璧。宋志載歐陽伸一作坤。經書目錄十一卷，實為經書專錄之始。又載楊九齡經史書目七卷，通志載佚名經史目錄三卷。其時代並不明，殆皆宋人也。一般所謂經籍，通指一切書籍，故如千頃堂書目所載王佐經籍目略，佚名國朝經籍考皆未必專記經書，惟「古經解書目一卷」方得確認為經解目錄。崇文總目有授經圖一卷，敍五經、三傳之學，其書不傳，未詳體制。宋章俊卿山堂考索嘗溯經學之宗派，各為之圖，未能精備。明嘉靖中，朱睦㮮乃因章氏舊圖而增訂之，首敍授經世系，次記諸儒列傳，次錄諸儒著述及歷代經解名目卷數。清初黃虞稷、龔翔麟為之補校而刻之。睦㮮原錄經解一千七百九十八部，虞稷等新增七百四十一部。睦㮮又撰經序錄，取諸家說經之書，各采篇首一序，編為一集。二書雖非純粹目錄體裁，而實開通考古今經書移錄原序之創例。清初朱彝尊遂倣其遺意，爲目錄學闢一新大陸焉。彝尊以康熙三十年（據陳廷敬所撰墓誌銘推）歸隱小長盧，以近日譚經者局守一家之言，致先儒遺編失傳者什九，因倣馬端臨經籍考之例而推廣之，著經義存亡考三百卷。首錄御注、勅撰之書，以下分易、書、詩、周禮、儀禮、禮記、通禮、樂、春秋、論語、孝經、孟子、爾雅、羣經、四書、逸經、毖緯、擬經、承師、宣講、立學、刊石、書壁、鏤板、著錄、通說，凡二十六類，末附家學、自序二篇。又欲爲補遺二卷，草稿麤定，卽以次付梓。其宣講、立學、家學、自序四篇，以及補遺屬草未具，不幸遘疾，校刻逮半，鴻業未終。越數十年，乾隆甲戌乙亥間，盧見曾馬曰琯始捐貲刻版，改名經義考。是書以書名爲綱，先註歷代目錄所著卷數、著者或注疏者之姓名。旋卽以一行分別注明『存』、『佚』、『闕』或『未見』。以後鈔錄原書序跋、古今著作論及或述及該書之語，依時代爲次。使讀者一讀而盡知古來各家對該書之意見，則該書之內容與價值自然明瞭。朱氏純用客觀態度，照錄原文，不易一字，亦不參加己見。雖已闕佚過半之書，猶必爲之稽其爵里，條其同異。毛奇齡謂『非博極羣書，不能有此。』陳廷敬『以爲經先生之考定者，存者固森然其畢具，而佚者亦絕其穿鑿附會之端，則經義之存乂莫有盛於此時者。』徵竹垞博學深思，其孰克爲之？』朱、陳之論，確非虛譽。原書本無自錄，至民國二十二年，羅振玉始補寫之。附校記一卷。又其囊括千古，不能毫無遺漏，故乾隆中沈廷芳已有續經義考。見隱拙齋詩文集。乾隆末年翁方綱又撰經義考補正十二卷，凡一千零八十八條。助其事者爲丁杰、王聘珍等。先是清初，納蘭成德刊唐、宋、元、明人說經之書一百三十八種爲通志堂經解，原無目錄，方綱補之，並考訂焉。道光間，阮元刊皇清經解於學海堂，共百八十八種，有目錄。沈豫爲之撰提要。光緒間，王先謙輯刊續編二百九種。近人有合撰正、續二編之目錄爲一書者。清儒經說大半在是矣。其專錄一經之書者，雍乾間，有全祖望之讀易別錄，現代有吾友蔣復璁君之易經集目、四書集目、論語集目、孟子集目、孝經集目，金受申之清代經學家治詩書目，張壽林之清代詩經著述考略，吾友陸侃如君有詩經參考書提要。

譯書目錄　自清末曾國藩創辦製造局，以譯西書爲第一義。數年之間，成者百種。而京師同文館及西士之設教於中國者，後先譯錄。迄光緒二十二年，可讀之書，約三百種。先師梁任公先生謂：『國家欲自強，以多譯西書爲本；學者欲自立，以多讀西書爲功。此三百種者，擇其精要而讀之，於世界蕃變之迹，國土遷異之原，可以粗有所聞矣。』故爲西書作提要，缺醫學、兵政二門未成。而門人問應讀之西書，及其讀法，先後之序，乃作西學書目表四卷，札記一卷，示之。其體例如下：

（1）譯出各書爲三類：一曰學，二曰政，三曰教。指宗教。除未錄教類之書外，自餘諸書分爲三卷。上卷爲西學諸書，其目曰（1）算學，（2）重學，（3）電學，（4）化學，（5）聲學，（6）光學，（7）汽學，（8）天學，（9）地學，（10）全體學，（11）動植物學，（12）醫學，（13）圖學。中卷爲西政諸書，其目曰（1）史志，（2）官志，（3）學制，（4）法律，（5）農政，（6）礦政，（7）工政，（8）商政，（9）兵政，（10）船政。下卷爲雜類之書，其目曰（1）遊記，（2）報章，（3）格致總，（4）西人議論之書，（5）無可歸類之書。

（2）「明季國初利、艾、南、湯諸君，以明曆見擢用，其所著書見於天學彙函新法算書者，百數十種。又製造局益智書會等處，譯印未成之書百餘種。通商以來，中國人著書言外事，其切實可讀者，亦略有數十種。掇拾薈萃，名爲附卷。」

（3）「西學各書，分類最難。凡一切政，皆出於學，則政與學不能分。非通羣書，不能成一學；非合庶政，不能舉一政，則某學某政之各門，不能分。今取便學者，強爲區別。其有一書可歸兩類者，則因其所重。如行軍測繪不入兵政而入圖學，御風要術不入天學而入船政，化學衛生論不入化學而入醫學是也。又如電氣鍍金、電氣鍍鎳等書，原可以入電學；脫影奇觀，色相留眞，照像略法等書，原可以入光學；汽機發軔，汽機必以，汽機新制等書，原可以入汽學；今皆以入工藝者，因工藝之書，無不推本於格致，不能盡取而各還其類也。又如金石識別，似宜歸礦學類，又似宜歸地學類，而皆有不安，故歸之化學。海道圖說，似宜歸地學類，又似宜歸海軍類，而皆有不安，故歸之船政。此等門目，亦頗費參量，然究不能免牽強之誚……」

（4）「門類之先後，西學之屬，先虛而後實，蓋有形有質之學，皆從無形無質而生也。故算學、重學爲首；電、化、聲、光、汽等次之；天、地、人，（謂全體學。）物，（謂動植物學。）等次之；醫學、圖學，全屬人事，故居末焉。西政之屬，以通知四國爲第一義，故史志居首；官制、學校，政所自出，故次之；法律所以治天下，故次之；能富而後能強，故農、礦、工、商次之，而兵居末焉。農者地面之產，礦者地中之產，工以作之，作此二者也，商以行之，行此三者也。此四端之先後也。船政與海軍相關，故附其後。」

（5）「已譯諸書，中國官局所譯者，兵政類爲最多。蓋昔人之論，以爲中國一切皆勝西人，所不如者兵而已。西人教會所譯者，醫學類爲最多，由教士多業醫者也。製造局首重工藝，而工藝必本格致，故格致諸書，雖非大備，而崖略可見。惟西政各籍，譯者寥寥，官制學制農政諸門竟無完帙，今猶列爲一門者，以本原所在，不可不購，懸其目以俟他日之增益云爾。」

（6）此表分爲數格，分列書名，撰譯年號，圈識，撰譯人，刻印處，本數，價值，識語。其例言云：「書目例標撰人姓氏，今標譯人，不標撰人者，所重在譯也。譯書率皆一人口授，一人筆述，今諸書多有止標一人，原本不兩標，故仍用之，名從主人也。」

（7）「收藏家最講善本，故各家書目於某朝某地刻本，至爲齗齗。今所列皆新書，極少別本；仍詳列之者，不過取便購讀，與昔人用意微殊。其云在某某書中者，無單行本也。其云格致彙編本，萬國公報本，其下不注本書價值者，亦無單行本也。」

（8）「古書用卷子本，故標卷數。後世裝潢既異，而猶襲其名，甚無謂也。故今既標本數，不標卷數。」

（9）「目錄家皆不著價值，蓋所重在收藏，無須乎此。今取便購讀，故從各省官書局之例，詳列價值。其標若干兩，若干錢者，銀價也。其標若干千，若干百者，制錢價也。其標若干元，若干角者，洋銀價也。製造局、同文館、天津學堂之書，概據原單。其家刻本，乃西士自印本，據格致書室單。」

(10)「表下加識語，表上加圈識，皆爲學者購讀而設。體例不能雅馴，所不計也。」

(11)「附卷所載通商以前之西書，多言天算、言教兩門。今除言教之書不著錄外，自餘諸書，不能以類別，故以著書人爲別。」

(12)「附卷所載中國人言西學之書，搜羅殊隘。其海內通人，或有書成而未刻，刻成而鄙人未及見者，當復不少。管窺蠡測，知其孤陋。若夫坊間通行之本，有裨販前人，割裂原籍，以成書者，乃市儈射利之所爲，方聞之士所不屑道，概不著錄，以示謹嚴，非罣漏也。」

(13)「中國人言西學之書，以遊記爲最多，其餘各種，亦不能以類別。今用內典言「人、非人」、化學家言「金、非金」之例，區爲遊記類、非遊記類二門。」

(14)「近人頗有以譯本之書而歸入自著書之中，不標譯字者，概爲疏通證明，仍入諸譯書表中，不援名從主人之例。」

(15)「表後附札記數十則，乃昔時答門人之語，略言各書之長短，及某書宜先讀，某書宜緩讀。

雖非詳盡，初學觀之，亦可以略識門徑。故竊取「過而存之」之義，附見末簡，名曰讀書法……」據飲冰室合集第一册。

西學書目表於光緒二十二年九月登載於時務報，後又單行。見愼始基齋叢書本。對時人曾發生極大之影響。受其啓發而研究西學者遂接踵而起，目錄學家亦受其衝動，有改革分類法者，有專錄譯書者。沈桐生撰東西學書錄提要總敍，徐維則撰東西學書錄，顧燮光補之，近年猶刊其舊著譯書經眼錄焉。專錄一國文字之譯籍者，則有魏以新之中譯德文書籍目錄。專錄一圕收藏之譯籍者，則有金天游之浙江圕漢譯西文書目索引。

哲理目錄　哲學方面之目錄，自古著錄寡聞。勉強湊合，惟宋高似孫之子略或足當之。其體例與史略同。近代則清黃以周有子敍，王仁俊有周秦諸子敍錄，現代胡韞玉有周秦諸子書目，而王重民之老子考則專考一書之版本。對於西洋哲學，則查士元有世界哲學名著提要，介紹穆勒（J. S. Mill）等十一人之書十一部。心理方面則有張耀翔之心理學論文索引，張德培之心理學論文引得。二書互相銜接，止於二十三年六月。其分類採用美國 Psychological Index 之例，分普通心理、神經系、感覺與知覺、情感與情緒、動作、注意、記憶與思想、個體社會功能、特殊心理狀態、人類心理發展、教育心理、動物與植物行爲，十一類。各類皆有小目。其內容後者較前者增加論文發表年月及雜誌出版處，尤爲完善。

宗教目錄　宗教目錄以佛教目錄特別發達之故，已獨立成篇。現代研究此學者，則有李翊灼之佛學譌書辨略，劉天行之佛學入門書舉要，陳鴻飛之佛教典籍分類之研究，南亭之華嚴宗著述彙目，劉國鈞之三國兩晉佛典錄，馮承鈞之大藏經錄存佚考。皆非藏目。惟翊灼嘗撰敦煌經卷爲未入藏經卷目。編製書目引得者，則有燕京大學引得編纂處將大藏、續藏及道藏之子目依中國庋擷法分別成書。

文字目錄　文字之學，古名小學。歷代目錄，概附經部而爲一類。然爾雅、說文之屬皆釋文字之義，未嘗解經，強廁經部，權作附庸。專門目錄，向未之聞。朱彝尊經義考亦止詳於爾雅，而未及說文以下。翁方綱欲廣此門，亦未及實行。乾隆六十年，謝啓崑始采杭州文瀾閣之書爲小學考，以補朱氏之闕。嘉慶三年，再官浙江，更理前業，延陳鱣、胡虔等任其事，越五年刊成五十卷。卷首專錄本朝奉敕撰著之書。此外分爲四類，(1)訓詁，續經文考爾雅類而推廣於方言通俗文之屬。(2)文字，錄史篇說文之屬。(3)聲韻，錄聲類韻集之屬。(4)音義，錄訓讀經史百氏之書。謝氏以爲「訓詁、文字、聲韻者，體也。音義者，用也。體用具而後小學全焉」。原無總目，近始有羅福頤補之。百餘年來，文字學日益發達，記其目錄者亦漸專門。清末已有尹彭壽撰國朝治說文家書目，葉銘撰說文書目，近年有王時潤撰鄦學考目及研究說文書目，馬敍倫撰清人所著說文之部書目初編，丁福保撰說文目錄，黎經誥撰許學考，李克弘撰說文書目輯略，吾友劉盼遂君撰古小學書輯佚表，陳光堯撰關係簡字書舉要。吾友夏廷棫君與陳鈍撰舊籍中關於方言之著作，明朝之關於漢字漢音之日籍目錄，而業師胡樸安先生撰有文字學書目，則未刊。

教育目錄　古無教育書目，有之乃近十餘年之事。其介紹要籍者，首爲鄭宗海之英美教育書報指南，雖雜有購書閱書之法，實目錄之別體也。次則有查士元之世界教育名著提要，莊澤宣之一個教育的書目。莊著亦有解題，分教育概論、教育心理、發育心理、學科心理、教學法、學習指導、課程、測驗、統計、教育史、教育哲學、教育行政、學校行政及管理、各級教育、職業教育及指導、體育與衞生、其他等十七類，甚便初學。此外則有專錄教育論文索引者，以清華學校教育學社（亦受莊澤宣指導。）爲最早，續編數次，各文皆有簡略說明，而未爲完備。後來中山大學教育研究所（受部爽秋指導。）擴大編製，得八千餘篇，分教育通論、普通教育行政、學校行政、各種教育問題、教學法、比較教育、教育報告七集。彭仁山增訂之，刪去解題而保存簡目，其材料止於十八年底。自十九年後，有中華教育界按期發表各雜誌教育論文索引，遂無專編。惟劉湜撰民衆學校論文索引，則偏重一部份者也。其專錄書目者，則有呂紹虞之中國教育書目彙編，前半爲分類目錄，詳析爲四十類。後半爲書名及著譯者混合索引，頗便檢尋。而教育部社會教育司之民國十六年來之民衆教育刊物「表」，則書報兼收。舒新城之中國教育指南則圖書提要與論文索引並重。

社會科學目錄　自先師梁任公先生撰西學書目表及西書提要後，繼起效法者數家。其專錄社會科學書目者，有沈兆禕之新學書目提要。其法制類單行本所收多當時新出譯本，雖冠以國人著作二三種，不過裝點門面而已。名雖爲法制，實則舉凡政治、社會、法律、經濟、財政、外交、教育、家政、世界各國史及現況之譯著無不包括在內。「其於羣籍之中，旨趣離合，紀載詳略，既存甄表之微，間有異同之議，」「多引原文，以資衆覽。」「又或因其篇章以推之事實。」其人亦維新之士，識見甚高，評衡得失甚中肯綮。所收之書雖僅九十五種，在當日固一指南之作也。尙有歷史、輿地、文學、西學、西藝、雜錄、小說等七類，余未見其傳本，故不復別論。其書出版於光緒二十九年。越二十餘年而有查士元、士驥之世界社會經濟名著提要、徐嗣同之社會科學名著題解、蕭瑜之社會學書類編，皆對於西洋名著詳爲解題。查著較略，徐著偏重學術之思想，蕭著偏重書目之說明，皆入門之書也。其專錄某種問題之目錄者有食貨半月刊之中國經濟社會史重要論文分類索引，許士廉、牛鼐鄂之關於中國人口孳殖種族諸問題中英書目，內政部圖之內政問題論文索引，（分民政、警政、土地、水利、統計、禮俗六項。）言榮彰之社會調查及社會統計書目，其專考古今法律書目者，有孫祖基之中國歷代法家著述考，謝冠生之歷代刑法書存亡考。（見東方雜誌二十三卷三號。）孫著最博，分法理、立法、治獄、檢驗、實務五類，大抵根據歷代史志、補志及各家書志而加以考證批評，知之較切者則稍詳述其內容。惟不注版本，蓋亦仿經義考而不悟其失耳。烏山圖有十年來國內出版法學書目，震旦大學圖有法學書目，則僅據現藏，未爲完備。

自然科學目錄　科學之在古代，惟天文歷算比較有人研究，至於聲、光、化、電則未之聞。自西學輸來，亦首由歷算之學入手。清康熙中，梅文鼎嘗列其所著歷學書六十二種，算學書二十六種，各撰提要，名曰勿菴歷算書目。近代則有劉鐸撰古今算學書錄，丁福保撰算學書目提要，並兼收中西焉。近年治算學書目者有裘冲曼、錢寶琮、李儼、劉朝陽等數家。裘有中國算學書目彙編，李有李儼所藏中國算學書目錄及續編，明代算學書志，二十年來中算史論文目錄，近代中算著述記，錢有若水齋古今算學書錄，劉有中山大學添購舊本算學書目，補裘編中國算學書目。至於一般自然科學目錄，刊行者尚不多。惟清末王景沂有科學書目提要初編，近年交通大學圖有三十五年來中國科學書目初編，震旦大學圖有科學書目。

應用技術書目　中國古代對於歷算皆視爲應用技術，此外則惟注重醫藥，農業及軍事，故此三種之書籍特多。兵法在二千一百三十八年前已有目錄，詳溯源篇。在歷代公私總目中，兵書皆能佔一類位置。惟自荀勗併諸子、兵書爲一部，以實技合於虛理，殊爲不倫，而後錄莫能糾正，兵書亦多淪亡。近年始有陸達節自史志古錄摘錄有關用兵之書目，並錄存佚，不分類別，但以時代爲次，斷自清季，共得一千三百零四部，其現存者僅二百八十八部。名其書曰歷代兵書目錄。又續撰兵書考，想亦已成在此學中，允推獨步。至收藏現代中外軍書最多者，則爲中央陸軍軍官學校圖，有軍事學圖書目錄。分中文、日文、西文三部，每部皆分十三類。(1)總類、(2)軍制、(3)軍事教育、(4)作戰，(5)兵器、(6)交通、(7)步兵、(8)騎兵、(9)礮兵、(10)工兵、(11)空軍、(12)海軍、(13)雜類。此外各圖，皆遜不如焉。農業之書，則古錄皆歸入主張重農之農家一類。後錄亦有改入譜錄類者，其不得當一也。

近代始有介紹西書之專錄，起於清末王樹蘭與英人傅蘭雅合譯之農務要書簡明目錄，於各書皆有說明。其遍考古人書目者，則有毛雝之中國農書目錄彙編。從七十三種舊錄中摘出有關舊式農業之書名或篇名，卷數或册數，著作人，注明出處，分類二十八。(1)總記、(2)時令、(3)占候、(4)農具、(5)水利、(6)災荒、(7)名物詮釋、(8)博物、再分四類。(9)物產、(10)作物、(11)茶、(12)園藝、再分五類。(13)森林、(14)畜牧、(15)蠶桑、(16)水產、(17)農產製造、(18)農業經濟、(19)家庭經濟、(20)雜論、(21)雜類。每類皆依書名之筆數爲次，如辭典式。惟不收近人譯本及談新法之書。得書凡三千餘種，而方志尚不列焉，可謂富矣。毛雝之作，實在金陵大學。該大學同時又令陳祖槼等撰農業論文索引，羅致中文雜誌三百十二種，叢刊八種，在我國出版之西文雜誌及叢刊三十六種，得有關農業之論文，中文三萬餘條，西文六千餘條，用勃朗(Brown)式之主題法，編爲索引。一文而涉及數題者則互見之，一題而與他題有關者則互注之。其書多至九百面，在現代各項論文索引中實爲最詳細者。且不數年又有朱耀炳等之續編，又得中文一萬三千八百餘條，西文一千六十餘條。金陵大學對於我國農業研究向來有良好之成績，此種目錄及索引亦與有功焉。此外中國農村經濟研究會，有中國農村經濟參考資料索引，汪仲穀有中國昆蟲學文獻索引，（收一千七十七篇。）水利處有水利論文索引，沙玉清有中國水利舊籍書目，茅乃文有中國河渠水利工程書目，萬國鼎有中國蠶業書籍考，（見農林新報八期。）馮擇其有世界棉作名著彙錄，（中華棉產改進會月刊。）駱啓榮有二十年來中文雜誌中生物學記錄索引，彭曾沂有中國古蠶書目拾零。（新蘇農季刊。）其他爲著者所不及知者，當更不少。由書目之繁多，則知國人之研究農學亦非不力矣。至於醫書則七略早已見收，且分爲四種。後世各錄，或併爲二，或合爲一，或附於藝術類。（如明志。）宋太宗嘗大徵醫書，命賈黃中等編爲神醫普救方一千卷，（見資治通鑑長編卷二十二及二十八。）引書多至數百部，必有引書目錄，惜其不傳。其專作醫書目錄者，始於明代殷仲春之醫藏目錄。（北平圖有鈔本。）然日人多紀元堅譏其「妄仿緇流，名義先悖；況品題失當，虧漏亦多；纖仄小品，何以充學者之視聽乎？」（見醫籍考。）千頃堂書目又載有李嵩渚醫書目四卷，注云李濂撰。濂爲正德、嘉靖間人，熟於掌故，又撰有醫史，似其書目必有可觀，惜亦未見。清末則有丁福保撰歷代醫學書目，存佚並收，有書千六百餘種，未能畢備，故自稱「淺陋無精義，或目未之睹者，則不與焉」。一別其門類，爲二十有二。間注著者，不詳版本。大輅始於椎輪，亦可謂難得矣。最近又有沈仲圭撰國醫學界參考書目，曹炳章撰歷代醫學書目考，又撰中國醫學大成總目提要，後者雖爲營業之作，而收書三百六十五種，分類十三，以時代爲次，各書皆有提要。其在國內非但爲分量最多之醫學叢書，抑且爲罕睹之醫書解題，彌足重焉。至於通考古今存佚之錄，則日人已先我爲之。多紀元胤撰醫籍考八十卷，體例一倣經義考，而於見存者則必辨其雅俗，鑒其眞僞。有書目三千數百種，分爲醫經、本草、食治、藏象、診治、明堂經脈、方論、史傳、運氣、專門等九類。書成已久，近始印行。而另有二日人黑田源次、岡西爲人憑藉滿洲醫科大學中國醫學研究室之藏書，撰有中國醫學書目一鉅册，分類二十四，體例除同於一般目錄者外，特注重版本。此二書者，所錄皆我國醫籍，且爲我國目錄所不及詳，故附著焉。

藝術目錄　我國藝術，最尚書畫，故書畫目錄發生甚早，論其先後，僅次於文章志及佛經錄。劉宋時，虞龢首撰二王（羲之獻之。）鎮書定目各六卷，羊欣書目一卷，鍾張書目一卷。（見虞龢論書表。）其後梁傅昭有法書目錄，（見竇臮述書賦注。）殷鈞「又受詔料檢西省法書古迹，別爲品目。」（見梁書卷二十七。）隋姚最有法書錄，（見述書賦注。）而隋煬帝「聚魏已來古蹟名畫，於「觀文」殿後，起二臺，東曰妙楷臺，藏古蹟，西曰寶臺，藏古畫。」（見隋志序。）所聚既多，必有目錄，而隋志不載。（有法書目錄六卷，不著撰人，但唐志作虞龢撰。）唐朱景玄有書品目錄，（見百川書志。）褚遂良有右軍書目。惟後者尚存，記王羲之正書四十帖，行書三百六十帖。然猶有目無錄也。迄宋宣和二年內臣奉敕撰宣和書譜始分列篆隸正行草分六體，於作品之前，詳載作者小傳，兼論書法優劣特點，夾敍夾議，最爲翔實。同時米芾撰書史，（見百川學海，說郛，書學彙編等叢書。）記其目睹法書，詳錄藏家，紙本印章跋尾，兼及故事軼聞，或加評論。語語精到，後世宗之。明人張丑撰南陽法書表，（據知不足齋，述古叢鈔，翠琅玕館各本。但卞永譽式古堂書畫彙考則作韓朝延。）則創分五格，列時代正書行押草聖石刻，各記其跋者姓名及收藏印記。其體例迥異他書。此外，歷代專錄所見所藏之法書者尚復不少，無庸詳及。圖書之目，則始於南齊。齊高帝嘗命侍臣科選古畫之尤精者，不以遠近爲次，但以優劣爲等第。自陸探微至范惟賢四十二人，爲四十二等，共得二十七帙，三百四十八卷。（見何法盛中興書輯本。）郭若虛圖畫見聞志謂南齊高帝撰有名畫集，殆卽此書。唐人裴孝源貞觀公私畫史列舉古畫名目，俱以「太清目所有」「太清目所無」分注。因知梁武帝太清初年撰有圖畫目錄。隋志有名手畫錄一卷，未知撰人。唐人竇蒙有齊梁畫目錄，亦不傳。傳者以貞觀公私畫史爲最古。（史一作錄。）其書前列畫名，後列作者，簡略已極。宋人米芾撰畫史，始評論優劣，記述裱褙，兼敘賞鑒收藏之雜事。徽宗敕撰之宣和畫譜，每人一傳，尤爲詳明。畫分十門，(1)道釋、(2)人物、(3)宮室，(4)蕃族，(5)龍魚，(6)山水，(7)鳥獸，(8)花木、(9)墨竹、(10)蔬果，類名準確，前此所無，惜不互見，故分配不能無誤。明張丑之南陽名畫表則併爲時代、道釋人物、山水界畫、花果鳥獸、蟲魚墨戲，其體例亦與其法書表同。張泰階之寶繪錄則以卷冊與掛幅分類，近代龐元濟之虛齋名畫錄則以卷子、立軸、冊頁分類，秦晉之曝畫紀餘則以卷、冊、直幅、橫幅、扇面、雜件分類，此皆庋藏之法，未可與論分類原理也。歷代藏家標目品題之作，不可勝紀。僅標圖目者，如清南薰殿尊藏圖象目、茶庫貯藏圖象目；考證圖象者，如清胡敬南薰殿圖象考、阮元石渠隨筆；備錄題跋者，如近人吳芝瑛小萬柳堂王惲畫目；詳述畫意者，如清張庚圖畫精意識。以其非關目錄學本身，不復盡載之矣。又向來收藏，多書畫並收，故其目錄每不分列。其收藏最富，品題最精，著錄最詳者，當推清乾隆九年敕撰之祕殿珠林二十四卷，石渠寶笈四十四卷，惟後者以貯藏地址爲別，殊不足法。推溯此種書畫並錄之體例，當創始於陳祕閣圖書法書目錄。（見隋志。）宋遺民周密撰雲煙過眼錄，兼收古器與書畫，至張丑之清河書畫表又專錄書畫。其備錄原文及款識題跋者，則始於明朱存理之珊瑚木難及項藥師之歷代名家書畫題跋。其雜記書畫見聞者，則始於明都穆之寓意編，及張丑之法書名畫見聞表。（分時代，目睹，的聞，會計，四格。）其搜集藏家目錄者則始於明汪砢玉之珊瑚網其記述內容而加以論辨者，則始於明遺民顧復之平生壯觀。而清初高士奇之江村消夏錄，就其所見書畫考訂源流，詳記絹素、題跋、圖記、附加己見，其體裁較密，遂爲上述之祕殿珠林、石渠寶笈所宗，成爲清代流行之風氣。康熙間卞永譽撰式古堂書畫彙考，通考古今，分門別類，綱舉目張，眉注圈識，正文外錄，體例之精明，收羅之廣博，遂集書畫之大成焉。然以上所述皆係法書（美麗之字）之目錄與圖畫之目錄，其內容爲單獨之法書與圖畫而非記載書畫之目錄，猶之文章志乃篇目而非書目也。洎乎近年，始有余紹宋創撰書畫書錄解題，分書畫之書爲十類：

- 史傳
  - 歷代史（記載歷代書畫家者。）
  - 專史（專記一類或一地或一品之書畫家者。）
  - 小傳（雖非史傳體製而附有略傳者。）
  - 通史（現代通敘書畫流派之作。）
- 作法
  - 體製（書之篆隸眞草以及別體，畫之院體，界畫，沒骨，雙鉤以及指頭。）
  - 圖譜（執筆結構樣式之圖範）（不錄應試書及無說明，無關畫理者。）
  - 歌訣（口授作法之歌訣。）
  - 法則（不屬前三目而言法則者。）
- 論述
  - 概論（統論大體者。）
  - 通論（通於大體，分列節目，較有系統之作。）
  - 專論（專就源流派別或作家鑑賞家之得失立論者。）
  - 雜論（隨筆劄記之文。）
  - 詩篇（論書畫之詩。）（題贈之作不列此目。）
- 品藻
  - 品第（分列四目九等，考定其高下者。）
  - 評騭（評議得失，仍列品目者。）
  - 比況（品評之詞，涉於比擬形容而不列等第者。）

- 書畫書錄解題
  - 題贊
    - 雜評（其他。）
    - 贊頌（書部居多。）
    - 題詠（全屬畫部。）
    - 名蹟跋（關於賞鑑及考證者。）
    - 題自作（多發揮妙義，抒寫懷抱者。）
    - 雜題（合前二目之作。）
  - 著錄
    - 記事（用記事之文，記書畫之內容。）
    - 前代內府所藏（著錄藏品之內容。）
    - 一家所藏（同前。）
    - 鑒賞（目睹鑒定後，著錄其內容。）
    - 集錄（得自傳聞，或輯自他書，及搜集一人所作者。）
  - 雜識
    - 純言書畫者。
    - 不純言書畫者（言書畫多於他事者。）
  - 叢輯
    - 叢書
    - 類書
    - 叢纂（采輯成書，或加以詮解刪訂，似叢書而非叢書。）

- 類纂（自定體例而輯成文，加以改編，似類書而非類書。）
- 摘鈔（最無聊而又不能棄者。）
- 僞託
  - 書部
  - 畫部
  - 書畫部
- 散佚
  - 書部
  - 畫部
  - 書畫部

對於未見之書，則別輯一篇，列於十類之後。首作總目敍略，略說其歸類之由，並於總目各書下略注撰人及書之內容。各類皆先列書部，後列畫部，並各依時代爲次。但屬一事之書，仍列一處。一書而跨二類以上者，用互見之例，入其重者之類，其他類中則於後低一格書之。分類一以書之本質爲斷，不問書名爲何，文體爲何。凡同名之書，加某氏於後出者之上以別之。又有一眞一僞者，加別本於僞本之上以別之。一書而大同小異，別有異名者，用附目之例，注於總目敍略原目之下。單篇論文之在唐以前者，悉錄。唐以後，則錄其篇葉較多者。現代雜誌文字，則不錄。各書俱有解題，於說明內容之外，輒加評論。並節錄最有關係之序、跋、散佚及未見者，仍作解題，注明見於何處，或何處徵引，或未見全文，並考證其疑義，徵引其佚文。版本則非其所注意，僅約略注出，不求完備。附有著書時代一覽表。分著者、年略、書名、成書年分、類別五格。最後復有著者索引。其體例甚精，考證甚備，固不僅爲空前之作也。余氏之外，有吳辟疆盡購畫學之圖書二百三十餘種，準余書之分類，撰有美草堂畫學書目，自謂「妄欲集其大成」，而其實不能毫無遺漏。書畫之外，周慶雲搜藏琴學之書得三百數十種，撰有琴書存目六卷，琴書別錄二卷。吾友袁同禮君有中國音樂書舉要，杜竟有知見音樂書草目，周連寬有中國美術書舉要。

文學創作目錄　文學創作之有專門目錄，自曹植始開其端。（參看個人著作目錄之章。）前此之七略，雖有詩賦略，而不載散文；後此之晉中經簿，其丁部雖「有詩、賦、圖讚、汲冢書」，而未知已收散文否。蓋兩漢文學側重詩賦，個人創作尚少結集。至曹植始結集錄目也。晉初始有祕書監摯虞撰文章志四卷，集合諸家詩賦文章之篇目爲一志。三國志注引其佚文：「劉季緒名修，著詩賦頌六篇。」（陳思王傳。）世說注引其佚文：「崔烈，靈帝時，官至司徒太尉。」（文學篇。）後漢書注引其佚文：「桓驎文見在者十八篇，有碑九首，誄七首，說一首，沛相郭府君書一首。」（桓彬傳。）據此推測，其體例實與別錄、七略相似，確爲目錄無疑。虞嘗集諸家詩文爲文章流別集六十卷，見隋志集部總集篇中，原注又有「志二卷，論二卷。」似四卷之文章志或即併志論而單行，殆爲流別集之目錄也。較虞稍早者有荀勗，亦嘗爲祕書監，隋志載其「雜撰文章家集敍十卷」，新唐志作「新撰文章家集敍五卷」，雖無佚文可考，然敍錄二字古義相通，（世說注引邱淵之文章錄，有時作文章敍，有時又作新集敍，其體例亦與文章志相同。）故三國志王粲傳注又引作「文章敍錄。」新撰云者，前此諸家文章多單篇散行，今始撰爲一集也。新集敍云者，新集之敍錄也。故推原文學創作總目錄之淵源，應以荀勗爲濫觴焉。勗、虞之後，一度無聞，晉末始有顧愷之撰晉文章紀。（見世說文學篇注。）劉宋則三家並作，傅亮有續文章志二卷，宋明帝在藩時有晉江左文章志三卷，（丘靈鞠爲序。二志並見隋志。）邱淵之有晉義熙以來新集目錄三卷。（世說注作文章錄，文章敍，新集敍，藝文類聚作文章敍錄。玉海作別集錄。）齊、梁間，沈約又撰宋世文章志二卷。（見隋志。梁書本傳則作三十卷。）摭拾遺文，傳記作者，批評著錄，一時稱盛。王儉、阮孝緒先後承其積業，遂闢文翰志、文集錄於其七志、七錄。文集錄分爲楚辭、別集、總集、雜文四部，收書至一千四百十二種，在七錄內篇中高據首席。（卷數則稍次於紀傳錄，若合外篇比較，則種數亦次於佛法錄，而卷數却又四倍之。）隋志以下，遂以集部爲四部之一，小類亦多仍七錄之舊，惟或易雜文爲詞曲，或增加詩文評耳。參看分類。專錄一切文學創作目錄者，遂不復多見。獨宋志載有沈建樂府詩目錄一卷，實爲專錄一種創作之始。千頃堂書目載有國朝名家文集目一册，或爲專錄一代文集書目之始。上述之文章志爲專錄文集篇目之作。而選集名文以作讀本者，則自摯虞以後，迄今不少衰焉。此雖非關藏書目錄，然其分類之法亦可爲目錄學家之參考，故稍述之。文章流別集「自詩賦下各爲條貫，合而編之，」見隋志。確有類別，而莫之知。今存選本，以梁昭明太子文選爲最古。古文苑係僞書，韓元吉南澗甲乙稿卷十五有古文苑記，已致其疑。賦以對象，詩以對象體裁各析爲十數小類。餘體則有騷、七、詔、册、令、教、文、表、上書、啓、彈事、牋、奏記、書、檄、對問、設論、辭、序、頌、贊、符命、史論、史述贊、論、連珠、箴、銘、誄、哀、碑文、墓誌、行狀、弔文、祭文，凡三十七類，支離複沓，多不合理。然千四百年來選文章者編文集目錄者，皆多奉爲圭臬。首賦，次詩，幾爲定例。改革之論，反難通行。蓋其選文甚精，家誦戶曉，故蔚爲權威耳。宋人姚鉉之唐文粹，呂祖謙之宋文鑑，皆不能大作更張。眞德秀始綜合爲辭命、議論、敍事、詩歌四類，見文章正宗。簡括得體，而略嫌廣泛。清初儲欣又分爲奏疏、論著、書狀、序記、傳誌、辭章六門。見唐宋八大家類選。乾隆中，姚鼐又分爲論辨、序跋、奏議、書說、贈序、詔令、傳狀、碑誌、雜記、箴銘、贊頌、辭賦、哀祭十三類。見古文辭類纂。清末，曾國藩則改書說爲書牘，論辨爲論著，加敍記、典志而删贈序、箴銘、贊頌，併傳、狀、碑誌爲傳誌，故有十一類。見經史雜鈔。綜而論之，莫不重體裁而輕作用，從未有以作用之性質爲類別。其唯一之特色爲寫實主義，凡非實寫之小說故事，舊目錄學家皆歸之子部小說家；鬼神傳記則有歸之史部傳記類者；戲曲則史志完全不收；要之皆不承認爲文學，故未嘗厠入集部焉。此種觀念，直至近年始克改變。錄文學創作之目者，已闖出文集之藩籬，而招致虛無之小說詞曲爲一家矣。統觀現代諸家有選錄要籍者，如吾友儲皖峯君所輯之吳虞中國文學選讀書目，王浣溪之中國文學精要書目，吳宓之西洋文學精要書目，西洋文學入門必讀書目，章炳麟之中學國文書目皆是也。有撰別集解題者，如錢基博之清代別集解題，孫雄之同光兩朝別集提要是也。有專錄別集書目者，如浙江圖之別集索引，南京國學圖之集部總目是也。有編製別集或雜誌之篇目引得者，如北平圖王重民等之清代文集篇目分類索引，張陳卿之文學論文索引是也。有專錄詞書目錄者，如唐圭璋之全宋詞初編目錄，陳慕德之叢書中關於詞學書目，趙尊嶽之詞籍考，詞籍提要，惜陰堂彙刻明詞提要是也。有專錄戲曲者，如先師王靜安先生之曲錄，黃文暘之重訂曲海總目，支豐宜之曲目表，賓芬之元曲敍錄，杜穎陶之玉霜簃藏曲提要，曲海總目提要及坊本傳奇彙考之子目綜合索引，吾友盧前君之散曲書目，傅惜華之綴玉軒藏曲志，黎錦熙之元雜劇總集曲目表，應飛倫之中文戲劇書目，宋春舫之褐木廬藏劇目，姚逸之之湖南唱本提要，以及國劇學會圖之書目，皆是也。有專錄小說目錄者，如孫楷第之中國通俗小說書目提要，日本東京大連圖所見中國小說書目提要，蒲梢之中譯蘇、俄小說編目，皆是也。有專錄新譯書目者，如曾虛白與蒲梢之漢譯東西洋文學作品編目是也。有專錄文學史目錄者，如楊殿珣之中國文學史譯著索引是也。有專錄民衆文藝者，如陳光堯之中國古今民衆文藝書目提要是也。有專錄國文選本者，如黎錦熙之三十年來中等學校國文選本書目提要是也。有專考辭賦者，如朱保雄之漢志辭賦存目考是也。其他尚多，未暇畢述。

地理目錄　地理書之有目錄，當始於南齊。隋志稱「齊時陸澄聚一百六十家之說，依其前後遠近，編而爲部，謂之地理書。」一百四十九卷錄一卷。，梁任昉又增陸澄之書八十四家，謂之地記。二百五十二卷。此二書者，搜羅宋齊以前之地理書。既達二百四十四家之多，其引書目錄殆可視爲古代地理書籍之專科目錄。阮孝緒七錄所以特立地理部，卽得助於陸任二家之書。隋志又承其業，故其地理類錄書至一百三十九部，而在陸任二家所記之內，別無單行者，尚不與焉。唐志稍少，祇有九十三部，新唐志增多五十六部。原文統計數字有誤宋志突躍至四百七部，五千一百九十卷。明代則文淵閣書目內閣書目及清初黃虞稷之千頃堂書目，所收地理書皆極多。四庫提要則分地理類爲宮殿疏、總志、都會郡縣、河防、邊防、山川、古蹟、雜記、遊記、外記、子目凡十。其所著錄及存目之書共五百八十一部，且各有提要，於學者莫便焉。然以上所述，皆總目錄中之一部份，非專錄地理書目者。專錄之作，起於近代。最早者當推清初顧棟高之古今方輿書目。見方志月刊七卷三四十年來，各地圖書館，內如北京學部圖——後併入北平圖故宮博物院、燕京大學、清華大學、南京國學圖、金陵大學、上海涵芬樓——即東方圖、徐家匯天主堂、九峯舊廬、南洋中學、天津天春園、南潯嘉業堂及日本設立於北平之東方文化委員會、上海之自然科學研究所、東亞同文書院，外如日本之內閣文庫、靜嘉堂文庫、美國之國會圖，所藏之地方志書，皆在一千種以上，十九皆有專門目錄。最多者當推北平圖，民國二十二年五月以前已有五千二百餘種，除去重複，亦有三千八百餘種，而近年所增尚不與焉，可謂富矣。該圖方志目錄依今制省境分類，同省則依清制府州廳縣之次序排列，一地而有數志者，再依時代之先後爲序。每志皆注明書名、卷數、撰人、刊年、册數、存缺數，並標出其有金石目錄二編者。所惜未將叢書中之方志編入，否則當更便於研究也。藏志目錄之外，通考古今方志者，自清中葉章學誠之史籍考已有方志一門，清末余芊皋之史籍綱領且特別注重方志，不但錄其序目，且更述其義例。惜此二書，皆無傳本。（詳下歷史目錄章。）道光中周廣業撰兩浙地志錄，今存。近年則有瞿宣穎撰方志考稿，取材於任鳳苞天春園藏志，大抵仿經義考之例，每書必嚴定其名稱，詳述其撰年、撰人、舊志沿革、類目、體例，最後評論其體例之得失，尤注意於其所含之特殊史料。自謂「僅爲隨筆記箋之體」，不敢比於四庫提要之謹嚴。全書未成，先刊江蘇河南以北八省，署曰甲集。一以現存之志爲斷，不能遍考佚志。實際乃藏書提要而非存亡並考也。以全國古今方志爲對象存亡並考者，有朱士嘉，既撰中國地方志統計表，（見史學年報第四期。）中國地方志備徵目，復以五年之力，採訪國內外藏書家五十處，檢查叢書四十九部，羅集方志名目五千八百三十二種，以表格體詳列其書名、卷數、撰人、撰年、版本、藏者，名曰中國地方志綜錄。附有統計表十七種，統計圖十五種。其師顧頡剛譽其書「直接爲目錄學家創一新例，間接爲史地學者開一大道」，對於研究方志源流者，修志者，研究史學者，採購方志者，皆有利便。雖其內容過廣，未能完備正確，聶崇岐、薛澄淸，見大公報史地周刊五三期。薩士武見福建方志考略。俱能指正其謬，然從大體而論，爲功亦已溥矣。其以一省方志爲對象，存亡並考者，除薛澄淸之閩南方志經眼錄，爲目睹外，薩士武有福建方志考略，張維有隴右方志錄，廣西統計局有廣西省志書概況。尤以張氏爲最有精識。其書包括今制甘肅、寧夏、靑海三省，得書二百五十有六部，分省志、郡縣志、縣志、雜古今錄四類，以時代爲次，詳考其撰人、年代、卷目、存佚，並錄其內容綱領。其案語多確論，可供方志學者之參考。卽如分別主修者與秉筆者，欲使寒士著述不爲達官貴人所掠取，一字之間，亦復不苟，其謹嚴可知矣。至於廣義之地理書目，則以金陵大學圕地理書目爲最早。其專錄研究一地之書目者，如黑白學會有研究中國東北參考書目、胡懷琛有關於上海的書目提要，吳玉年有西藏圖籍錄，姜仲明有康藏問題論文索引，金雲銘有福建文化研究書目，丁驌有西文雲南論文書目選錄。專考古代圖籍者，則吾友王庸君有明代北方邊防圖籍考。汧支有先秦兩漢地理圖籍考略。專收藏一方面圖籍者，則有朱啓鈐之存素堂入藏圖書河渠之部目錄。通錄地理論文者，於古代之書則有王重民之淸代學者地理論文目錄，及關於禹貢之論文目錄，於現代之期刊，則有吾友王庸及茅乃文之地學論文索引及續編。而後者尤便於稽尋。分爲（1）地誌及遊記、(2)地文、(3)民族、(4)政治、(5)交通、(6)經濟、(7)歷史、(8)地理圖書，凡八類，每類各有子目。至於輿圖之目錄，向爲各圖所輕視。編錄最早者當爲民國七年之京師圖，然未刊行。刊行最早者當爲地質調查所之地圖目錄甲編。近年北平圖且特設輿圖部，吾友王庸君嘗主其事，撰有中文輿圖目錄及二編，特藏淸內閣大庫輿圖目錄。故宮博物院亦有淸內府造辦處輿圖房圖目初編。

金石目錄　古物多種，概以金石記其目錄，體制有四：器物之名稱，一也，拓印之文字，二也，研究之題跋，三也，集考著錄前三者之書目爲一目錄，四也。隋志收漢魏石經拓文於小學類，至直齋書錄解題始收金石書入書目類。彙集金石題跋爲一書，創於北宋歐陽修之集古錄跋尾。其子棐又撮錄其略爲集古錄目。正名爲金石錄者，則兩宋間趙明誠李淸照夫婦也。趙李之錄凡三十卷，前十卷以時代爲次，錄古物二千之目。後二十卷有跋尾五百二篇，皆辨正之文。自此以後，金石之學大盛。鄭樵特撰金石略於通志中，斷代記目。陳思撰寶刻叢編，王象之撰輿地碑記目，則依郡縣區分。（並見四庫全書。）蓋依明誠諸道石刻目錄之例也。（見宋志。）其專記一地者，則始於田槩之京兆金石錄，（見直齋書錄解題。）以人名爲綱，且分人名爲八類者，則始於宋末佚名之寶刻類編。（四庫）金元寖衰，明、淸轉盛，撰金石之目錄者百數十家。或記一地之發現，或錄一家之收藏，或述此學之史傳，或考一物之底蘊，或斷代爲考究，或保存其圖文。乃至錄存碑目，表列器名，無不各以古物爲對象，極一時之盛焉。顧此種金石文字，或器物之著錄及研究，在學術界限上久已對目錄學宣告獨立。以其研究之對象爲金石之器物或文字，目的在求得其所代表之歷史事象，而於分類編目之道非所特重，用意或與目錄學家有殊。故四庫全書總目提要瓜分金石之書爲三分，「以集錄古刻，條列名目者，從宋志入目錄；其博古圖之類，因器具而及款識者，別入譜錄，石鼓文音釋之類，從隋志別入小學；」且分目錄類爲經籍、金石兩屬，儼然分庭抗禮，不復依傍門戶焉。目錄學之對象爲書籍之分類與編目，自不宜與金石學爭奪地盤。顧對於金石文字之目錄，迄今猶有總集所知，分編引得之必要，蓋欲使學者參考之資料，從書本上之文字擴大及於器物上之文字，非有目錄學家爲之效勞不可。故目錄學之不能放棄金石文字，正與不能無視書籍內容相同。然此一方面之進展，尚有待於今後之努力。昔人所已開闢之蹊徑，惟在金石書籍之目錄方面而已。清道光二年，李遇孫撰金石學錄，錄古今金石學家四百餘人，各記其有關金石之事蹟及金石著作。有古學彙刊本。其後陸心源有潛園叢書本。褚德彝有排印本。先後續補之。書雖以傳人爲主，而人各有書，猶同書錄。遍考古今金石書目者，始於清乾嘉間章學誠撰史籍考，於目錄部設金石一類。道光間，許瀚亦撰史籍考，亦闢金石爲一門。傳本雖皆未之見，而攀古小廬文集載瀚序目，知其類名爲（1）金、（2）石、（3）金石總、（4）錢幣、（5）璽印、（6）甎瓦、（7）文字。張之洞書目答問亦於史部立金石門，分（1）目錄、（2）圖象、（3）文字、（4）義例四類，而鐘鼎彝器款識法帖之屬仍入小學門，未爲的當。專著一書廣羅金石書目者，似以沈濤之金石著錄考爲最早，（濤字匏廬，卒於同治中。）然無傳本。迄宣統二年，始有葉銘撰金石書目。自此以來，魏稼孫、凌霞、田士懿、黃立猷、林鈞、容媛六家迭起。魏目傳自凌塵遺，所錄僅二百種，最爲簡陋。凌目雖增至四百種，而漫無部屬。葉目亦不著時代，不分種類，所收雖有四百九十二種，而有誤收重出者，且並未盡見原書，故注文尤多舛謬。田目名金石名著彙目，收六百六十二種，以時代爲次，間注版本，頗多遺漏。黃目亦名金石書目，分（1）金文、（2）石文、（3）匋文、（4）骨文、（5）地方、（6）法書、（7）義例、（8）題跋、（9）彙考、（10）目錄十類，或以物之性質，或以書之體例，頗嫌不一，未收印譜說文而附錄美術雜誌。收書八百七十八種，自謂以所藏所見者爲限，祇知其名目者不錄。然實際上則舛誤亦所不免。容目出版最後，而分類最精，以器物爲綱，體例爲目。系統如下：

- 總類
  - 目錄之屬
  - 圖象之屬
  - 文字之屬
  - 通考之屬
  - 題跋之屬
  - 字書之屬
  - 雜著之屬
  - 傳記之屬
- 金類
  - 目錄之屬
  - 圖象之屬
  - 文字之屬
  - 通考之屬
  - 題跋之屬
  - 字書之屬
  - 雜著之屬

- 金石書錄
  - 錢幣類
    - 圖象之屬
    - 文字之屬
    - 題跋之屬
    - 雜著之屬
  - 璽印類
    - 圖象之屬
    - 文字之屬
    - 通考之屬
    - 字書之屬
    - 附封泥
  - 石類
    - 目錄之屬
    - 圖象之屬
    - 文字之屬
    - 通考之屬
    - 題跋之屬
    - 義例之屬
    - 字書之屬

- 玉類
  - 目錄之屬
  - 圖象之屬
  - 通考之屬
- 甲骨類
  - 圖象之屬
  - 文字之屬
  - 通考之屬
  - 義例之屬
  - 字書之屬
- 匋類
  - 圖象之屬
  - 文字之屬
- 竹木類
  - 文字之屬
- 地志類
  - 目錄之屬
  - 圖象之屬
  - 文字之屬
  - 題跋之屬

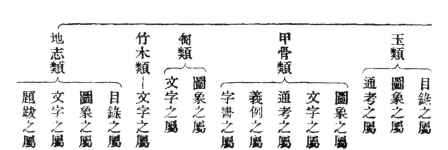

此目收書八百二十三種，並擇錄雜誌論文，附錄方志中之金石志。又有人名書名通檢，實爲最精詳之作。容氏又有金石書錄，尚未刊行，故先刊其目如是。以上諸家皆無解題，有解題者惟林鈞之石廬金石書志一種，仿藏書志之例，略述各書大旨權其同異，錄其題跋印記。所藏所志之金石書凡九百六十九種，而金石拓本二萬餘通尚不與焉。分類大綱有十二：(1)分地、(2)斷代、(3)錄文、(4)存目、(5)圖譜、(6)石經、(7)記載、(8)考證、(9)釋例、(10)字書、(11)法帖、(12)雜著，其法仿自葉昌熾之語目，以書之體例爲準，初不問古物之爲何種。然石經法帖又在例外，且同類之中以時代爲次，又不復依古物之性質分子目，書之體例可分隸數類者亦不互見，故分類頗有失宜者。其優點在解題，以其書盡手藏，故能擷述梗概，甚少訛誤。對於版本尤爲注意。欲治金石之學者，固不能少此嚮導也。至於專錄一種古物文字之書目者，於甲骨文則有陳振東之殷契書錄，李星可之甲骨學目錄，陳準之殷契書目錄，邵子風之甲骨書錄解題及甲骨論文解題。於印譜則有葉銘之葉氏印譜存目，羅福頤之印譜考。李文裿之冷雪盦知見印譜錄目。及佚名之雪雲莊知古銅印譜目錄。於錢幣則有宗惟恭之癖泉書室所藏泉幣書目。宗氏又欲撰歷代泉幣著述考，故先布其目。爲此學者，漸有愈趨愈專之勢焉。

歷史目錄　有篇目、書目、解題三種。最早撰歷史篇目者，當爲劉宋之裴松之。史記五帝本紀正義引松之史目云：「天子稱本紀，諸侯曰世家。本者繫其本系，故曰本；紀者理也，統理衆事，繫之年月，名之曰紀。第者次序之目，一者舉數之由，故曰五帝本紀第一。」據此推測，則其體制隱約可知，蓋所以比較歷史篇目，研究其意義，以便撰史者之參考也。舊唐志有楊松珍史目三卷，隋志不載，通志認爲唐人，宋志則有楊松珍歷代史目十五卷，殆已經宋人補充，故增至五倍也。宋志有商仲茂十三代史目一卷，郡齋讀書志作三卷，云「唐殷仲茂撰，輯史記、兩漢、三國、晉、宋、齊、梁、陳、後魏、北齊、周、隋、史籍篇次名氏，國朝杜鎬以唐、五代書目續之。」則三卷本乃合併杜鎬補續之本，故宋志又有杜鎬十九代史目二卷。惟崇文總目及通志又有宋朝舒雅等撰十九代史目二卷，蓋係官修之書，具名各異，其實卽杜鎬之本也。新唐志有宗諫注十三代史目十卷，書名與殷仲茂之書相同，殆無二致。章學誠謂「宗諫略止三卷殷仲茂詳至十卷」意是而數誤。新唐志尚有孫玉汝唐列聖實錄目二十五卷，據百衲本及宋志。開明版及通志均誤實爲賢。佚名河南東齋史目三卷。後者當與楊、殷之作同一體制，實錄之目則推玉汝爲首創，且其通錄列代，較通志所載太祖實錄目二卷，太宗實錄目二卷之爲一書之目不同。其實一書之目便應附書而行，不得別稱爲一書，故新唐志之唐書敍例目錄一卷，通志之太宗新修五代史目三卷，高氏小史目一卷，漢書敍例目一卷，宋敏求唐餘錄目一卷，皆不得與於史目之列焉。惟宋志之曾氏史鑑三卷，通志作史鑑目三卷，當爲兼錄正史通鑑之書。此種撰述史目之作，直至近代猶有人續之。嘉慶間有洪飴孫撰史目表，光緒間有江標、王仁俊補之，民國初年又有錢恂改訂之，最近吾友王鍾麒君又增補之。（見二十五史補編第六册。）鄭鶴聲撰史部目錄學爲正史篇目結一總帳。正史以外，史裁尚多，則尚無人研究也。至不錄篇目而錄書目，最早有北魏盧昶之甲乙新錄，陳承香殿之五經史記目錄，皆專記經史二部之書，不收其他。似係偶無子集，並非有意專收。宋志則有楊九齡經史書目七卷，通志於楊目之外，另有經史目錄三卷，其體制如何，均無考。後代專收史書者少。直至最近，始有故宮博物院文獻館撰現存清代實錄總目，首列清各朝實錄總表，次列清太祖、太宗、世祖三朝實錄初纂本及康熙時重修本表。又次爲乾清宮、皇史宬、實錄館三處所藏漢、滿、蒙文三種實錄存佚目錄，最後爲清史館現存漢文實錄稿本目錄。各列其起訖年月、函數、卷數、纂修及告成年月，監修總裁官之姓名。或更分別著錄存者及佚者之年月卷數。考清代實錄存亡異同者，有此目足以瞭然矣。此外，則有北平研究院史學研究會撰史部書目稿，人文圖書館撰中國近代史書目初編，皆就其藏書爲錄，未遑遍考存亡。蓋史書最多，通錄殊不易也。

至於史書解題之作，似亦起於唐代。新唐志載有李肇經史釋題二卷，宋志作經史釋文題三卷。望文生義，似係解題之書。其實解題亦殊不難，遠有別錄，近有羣書四部錄及古今書錄，俯拾卽是，不待費思。而此學並不發達。直至宋末始有高似孫撰史略。書凡六卷：卷一錄史記及有關史記之書，卷二錄漢書迄五代史，卷三錄東觀漢記、實錄、起居注、會要、玉牒之類，卷四錄史典、史表、史略、史鈔、史評、史贊、史草、史例、史目、通史、通鑑之類，卷五錄霸史、雜史、七略中古書、東漢以來書考、歷代史官目、劉勰論史，卷六錄山海經、世本、三蒼、漢官、水經、竹書。其體例龐雜，有似書目者，有似提要者，有盡鈔名文者，有移錄舊事者，然其大體既近目錄，且其對象純爲歷代史籍，集中有關史籍之書目於一處，以備學者之研究，頗爲有功。所惜似孫學識低闇，徒錄成文，無所發明；雖自謂『仍依劉向七錄法（其實劉向之書不名七錄。）各彙其書而品其指意。』實際則有遜劉向遠矣。然書成於宋理宗寶慶元年，距今已七百餘年，儌倖留傳，足備一格。後來朱彝尊之撰經義存亡考，未始不受其啓發焉。元、明史學尤衰，直至清乾隆五十二年，始有章學誠藉河南巡撫畢沅之力，於開封集衆撰修史籍考，助其事者有洪亮吉、凌廷堪、武億等。至五十三年秋，畢沅陞任湖廣總督，其事中輟。五十五年，學誠始得畢沅同意，再集衆於武昌以續前功。至五十九年全書將成，不幸因畢沅降職罰俸，事又中輟。沅既無力續修，藏稿於家。延至嘉慶三年，學誠始得浙江巡撫謝啓崑之助，取得殘稿，在杭州再行編輯。次年啓崑調任廣西巡撫，學誠年老病瞽，未能從行。史籍考之成書刊行與否，未有文字證明。（詳見著者補訂胡適所撰章實齋年譜。）民國十七年，著者有意另撰，以補學誠之遺憾。忽睹北平各報新聞，謂此書忽發現於美國國會圖書館，及馳書問訊，該館中文部主任 Prof. Arthur W. Hummel 復書否認，乃知其誣。著者又親往紹興章氏、南康謝氏訪查，亦未發現。據楊復所藏章氏遺書，（今歸清華大學圖。）載有史籍考總目，多至三百二十五卷。據學誠與阮學使論求遺書書，則在武昌五年，『史籍考功程已十之八九』；再加以杭州之一年餘，則所未成之一二當亦已補完。且啓崑在杭同時所修之小學考及在廣西所修之廣西通志並已刊行，豈獨屏史籍考而不付剞劂？據此推之，則此書之已成且已刊，殆可不假實證而姑武斷言之也。所可怪者，書倘未刊，稿亦不易失傳；書倘已刊，何以絕無傳本？異日倘能一旦發現，造福史學，是誠著者所馨香祝禱者也。茲錄其先後條例於此，以見其規模。首宜轉述者爲學誠在開封所撰之論修史籍考要略：

『一曰古逸宜存： 史之部次後於經，而史之源起實先於經。周官外史掌三皇五帝之書。蒼頡嘗爲黃帝之史，則經名未立，而先有史矣。後世著錄，惟以史漢爲首，則尚書、春秋尊爲經訓故也。今作史考，宜具原委。凡六經、左國、周、秦諸子所引古史逸文，如左傳所稱軍志，周志，大戴所稱丹書，青史之類，略仿玉海藝文之意，首標古逸一門，以討其原。

『二曰家法宜辨： 校讎之學與著錄相爲表裏。校讎類例不清，著錄終無原委。舊例以二十一家之言同列正史，其實類例不清。馬遷乃通史也，梁武通史，鄭樵通志之類屬之。班固斷代專門之書也，華、謝、范、沈諸家屬之。陳志分國之書也，十六國春秋、九國志之類屬之。南、北史斷取數代之書也，歐、薛五代諸史屬之。晉書、唐書，集衆官修之書也，宋、遼、金、元諸史屬之。家法分明，庶幾條理可貫，而究史學者可以溯源流矣。他若編年、故事、職官、儀注之類，折衷歷代藝文史部子目，以次區分可也。

『三曰翦裁宜法： 史部之書，倍於經部；卷帙多寡，約略計之，僅與朱氏經考相去不遠。蓋一書之中，但取精要數語，足以概括全書足矣。篇目有可考者，自宜備載。其序論題跋文辭浮汎，與意義複咨者，概從删節。但記作序作跋年月銜名，以備參考而已。按語亦取簡而易明，無庸多事敷衍。庶幾文無虚飾，書歸有用。

『四曰逸篇宜採：　古逸之史，已詳首條。若兩漢以下，至於隋代，史氏家學，尚未盡泯。亡逸之史，載在傳志崖略，尚有可考。其遺篇逸句，散見羣書稱引，亦可寶貴。自隋以前，古書存者無多，耳目易於周遍，可倣王伯厚氏採輯鄭氏書、易、三家詩訓之例，備錄本書之下。亦朱竹垞氏采錄緯候逸文之成法也。此於史學所補，實非淺鮮。

『五曰嫌名宜辨：　史記之名，起於後世，當時止稱司馬遷書。漢書因東京而横加前漢，固俗稱也。五代之書，薛氏稱五代史，歐陽則稱新五代史記。至於漢記之有東觀，異乎劉賈之所敍錄。曹氏自有魏書，異於陳壽之分子目。古人之書，或一書歧名，或異書同名者多矣。皆於標題之下，注明同異名目，以便稽檢。仍取諸書名目，倣佩文韻府之例，依韻先編檔簿，以俟檢覈。庶幾編次之時，乃無遺漏複疊之患。

『六曰經部宜通：　古無經、史之别，六藝皆掌之史官，不特尚書與春秋也。今六藝以聖訓而尊，初非以其體用不入史也。而經部之所以浩繁，則因訓詁、解義、音訓而多。若六藝本書，卽是諸史根源，豈可離哉？今如易部之乾坤鑿度，書部之逸周諸解，春秋之外傳、後語，韓氏傳詩，戴氏記禮，俱與古昔史記相爲出入。雖云已入朱氏經考，不能不於史考溯其淵源，乃使人曉然於殊途同歸之義。然彼詳此略，彼全此偏，主賓輕重，又自有權衡也。

『七曰子部宜擇：　諸子之書，多與史部相爲表裏。如周官典法，多見於管子、呂覽，列國瑣事，多見於晏子、韓非。若使鉤章釽句，附會史裁，固非作書體要；但如官圖、月令、地圓諸篇之鴻文鉅典，儲說、諫篇之排列記載，實於史部例有專門。自宜擇取要删，入於篇次，乃使求史者無遺憾矣。

『八曰集部宜裁：　漢、魏、六朝，史學必取專門，文人之集，不過銘、箴、頌、誄、詩、賦、書、表、文、檄諸作而已。唐人文集，間有紀事，蓋史學至唐而盡失也。及宋元以來，文人之集，傳記漸多，史學文才，混而爲一。於是古人專門之業，不可問矣。然人之聰明智力，必有所近，耳聞目見，備急應求，則有傳記誌狀之撰，書事紀述之文，其所取用，反較古人文集徵實爲多。此乃史裁本體，固無專門家學，失陷文集之中，亦可惜也。是宜取其連篇累卷入史例者，分別登書。此亦朱氏取洪範五行傳於曾王文集之故事也。

『九曰方志宜選： 既作史考，凡關史學之書，自宜鉅細無遺，備登於錄矣。乃有不得不去取者，府、州、縣志是也。其書計數盈千，又兼新舊雜揉，不下三十餘種。而淺俗不典，迂謬可怪，油俚不根，猥劣可憎者，殆過半焉。若胥吏簿書，經生策括，猶足稱爲彼善於此者矣。是以言及方志，搢紳先生每難言之。又其書散在天下，非一時人力所能彙聚。是宜僅就見聞所及，有可取者，稍爲敍述；無可取者，僅著名目；不及見者，亦無庸過爲搜尋。後人亦得以量其所及也。

『十曰譜牒宜略： 方志在官之書，猶多庸劣；家譜私門之記，其弊較之方志，殆又甚焉。古者譜牒掌於官，而後世人自爲書，不復領於郎令史故也。其徵求之難，甚於方志，是亦不可得而強索者矣。惟於統譜類譜彙合爲編，而專家之譜，但取一時理法名家，世宦巨族，力之所能及者，以次列之。仍著所以不能遍及之故，以待後人之別擇可耳。

『十一曰考異宜精： 史籍成編，取精用宏，其功包經子集，而其用同經義考矣。然比類既多，不能無所牴牾，參差同異，勢不能免。隨時編次之際，取其分歧互見之說，賅而存之，俟成書之後，別爲考異一編，庶幾無罅漏矣。

『十二曰板刻宜詳：朱氏經義考後有刊板一條，不過記載刊本原委；而惜其未盡善者，未載刊本之異同也。金石刻畫，自歐、趙、洪、薛以來詳哉其言之矣。板刻之書，流傳既廣，訛失亦多。其所據何本，校訂何人，出於誰氏，刻於何年，款識何若，有誰題跋，孰爲序引，板存何處，有無缺訛，一書曾經幾刻，諸刻有何異同，惜未嘗有人倣前人金石錄例而爲之專書者也。如其有之，則按錄求書，不迷所向。嘉惠後學，豈不遠勝金石錄乎？如有餘力所及，則當補朱氏經考之遺，史考亦可以例倣也。

『十三曰制書宜尊：列聖寶訓，五朝實錄，巡幸盛典，蕩平方略，一切尊藏史宬者，不分類例，但照年月先後，恭編卷首。

『十四曰禁例宜明：凡違礙書籍，或銷毀全書；或摘抽摘毀，其摘抽而尚聽存留本書者，仍分別著錄。如全書銷毀者，著其違礙應禁之故。不分類例，另編卷末，以昭功令。

『十五曰採摭宜詳：現有之書，鈔錄敍目凡例。亡逸之書，搜剔羣書紀載，以及聞見所及，理宜先作長編。序跋、評論之類，鈔錄不厭其詳。長編既定，及至纂輯之時，删繁就簡，考訂易於爲力。仍照朱氏經考之例，分別存、佚、闕、與未見四門，以見徵信。』見章氏遺書。

學誠後在杭州撰史考釋例，用謝啓崑語氣，故有「予旣爲朱氏補經考」之語（指撰小學考。）茲節錄於左：（上略）

『古無史學，其以史見長者，大抵深於春秋者也。陸賈、史遷諸書，劉、班部於春秋家學，得其本矣。古人書簡而例約，雖治史者之法春秋，猶未若後世治經學者之說春秋繁而不可勝也。故春秋之義行而名史皆能自得於不言之表焉。馬班陳氏不作而史學衰，於是史書有專部而所部之書轉有不盡出於史學者矣。蓋學術歧而人事亦異於古，固江河之勢也。史離經而子集又自爲部次，於是史於羣籍畫分三隅之一焉。此其言乎統合爲著錄也。若專門考訂爲一家書，則史部所通，不可拘於三隅之一也。史不拘三隅之一，固爲類例之所通；然由其類例深思相通之故，亦可隱識古人未立史部之初意焉。

『蓋史有立憲志而卦氣通於律憲，則易之支流通於史矣。史有藝文志而詩書篇序爲校讎目錄所宗，則詩書支流通於史矣。（禹貢天文，洪範五行，雅頌入樂，姑勿具論。）史有職官志而周官可通，有禮儀志而禮樂二經可通。後儒攻春秋於講義者，不通於史。若春秋地理國名之考，長歷災變之推，世族卿聯之譜，則天文地理五行譜牒何非史部之所通乎？故六經流別，爲史部所不得不收者也。

『自夫子有知我罪我之言，明春秋之所作，而戰國諸子遂以春秋爲著書獨斷之總名，不必盡拘於編年紀月，而命名亦曰春秋，此載籍之一大變也。然年月終不可拘而獨斷必憑事實，於是於自摭其所見所聞所傳聞者筆之於書，若史遷所敍，鐸椒、虞卿、呂不韋之所撰述，雖曰諸子家言，實亦史之流別矣。又如隋唐而後，子部列有類家，而會要典故之書，其例實通於史。法家（子部）之有律令，（史部）兵家（子部）之有武備，（史部）說家（即小說家，亦隸於子部。）之有聞見，（史部）譜錄（古人所無，遂初堂書目所創，亦隸於子部。）之有名數，（史部）是子庫之通於史者什之九也。

『文集仿於東京，至魏、晉而漸廣，至今則浩如煙海矣。然自唐以前，子史著述專家，故立言（入子）與記事（入史）之文不入於集，辭章詩賦所以擅集之稱也。自唐以後，子不專家而文集有論議，史不專家而文集有傳記，亦著述之一大變也。彼雖自命曰文，而君子以爲是即集中之史矣。（指傳記書。）況內制外制，王言通於典謨，表狀章疏，藎臣亦希訓誥，是別集通乎史矣。至於總集，尤爲同苦異岑。人知漢晉樂志分別郊廟房中，而不知樂府之集實備志之全。人知金石著錄創於歐趙諸目，而不知梁元碑集，已爲宋賢開創。是則集部之書又與史家互出入也。

『蓋史庫畫三之一，而三家多與史相通，混而合之則不清，拘而守之則已隘；是則決擇去取，不無搔首苦心。史考之牽連，不如經考之截然劃界也。自隋唐諸志分別史爲四庫之乙，其大綱矣。史部條目，如正史、編年、職官、儀注之屬，少者不過十二三門，（隋唐）多者不過十七八門，（焦氏經籍志，黃氏千頃堂。）蓋爲四分之一，大略不過如此，非爲簡也。今既廣充類例，上援甲而下合丙丁，則區區專門舊目，勢不足以窮其變也。是則創條發例，（今分十二綱，析五十七目。）不無損益折衷。（畢宮保原稿分一百十二子目，以其太繁，今爲併省。）史考之裁制，不如經考之依經爲部，不勞分合也。

『制書弁首，冠履之義也。朱氏經考，蓋分御制、敕撰，今用其例。史成金匱之藏，外廷無由得窺，史部不同經籍者也。一以欽定四庫書入史部者爲主；不見於四庫著錄，不敢登也。入四庫之著錄而不隸於史部者，亦不敢登。義取於專部也。不敢妄分類例，謹照書成年月，先後恭編。猶史之本紀，所以致謹嚴之意。仍注四庫部次於下，所從受也。

『古史必先編年，而今以紀傳首編年者，編年自馬班而下，隋志即以紀傳爲正史，而編年則稱爲古史矣。其實馬班皆法春秋，命其本紀謂之春秋考紀，而著錄家未之察也。唐志知編年之書後世亦未嘗絕，故改隋志古史之稱而直題爲編年類，事理固得其實，然未盡也。隋志題古史，猶示編年之體之本爲正也。唐志以紀傳爲正史，而直以編年爲編年，乃是別出編年爲非正史矣。是以宋人論史，乃惜孫盛鑿齒之倫不爲正史，幾於名實爲倒置也。夫劉氏二體，以班荀爲不祧之祖，紀傳編年古人未有軒輊焉。自唐以後，皆沿唐志之稱，於理實爲未安，故史考以紀傳編年分部，示平等也。不以正史與編年對待，則平等矣。

『或問紀傳編年同列是矣，何紀傳之中又立正史子目耶？答曰：此功令也。自史氏專官失傳而家自爲學，後漢、六朝一代必有數家之史，是也。同一朝代，同一紀傳，而家學殊焉，此史學之初變也。然諸家林立，皆稱正史，其傳久與否，存乎人之精力所至，抑或有數存焉。自唐立史科，而取前史定著爲十三家，則史頒學校而爲功令所範圍，益爲十四而不能損爲十二而不可矣。故家自爲學之風息，而一代之興，必集衆以修前代之史，則史學之再變也。自是之後，紀傳之史皆稱功令，宋人之十七史，明人之二十一史，草野不敢議增減也。故史考於紀傳家史，自唐以前，雖一代數家，皆歸正史，自唐以後，雖間有紀傳之書，亦歸別史子目，而隸雜史焉。雖蕭常郝經之後漢書，義例未嘗不正，而必以陳壽爲正史，不敢更列蕭郝者，其道然也。

『正史一門，畢宮保原稿但稱紀傳，而紀傳中又分通史、（史記是也，又附入梁武通史，鄭樵通志，今應改入別史。）斷代、（班范以下是也。）集史、（南北史是也。）國別、（三國志是也。）不免繁碎。今以學校頒分二十四史爲主題，爲正史；（應將原稿改正。）而馮商、褚少孫班叔皮諸家之續史記者，附史記後；華嶠、謝承、袁山松諸家之後漢書，與范氏後漢書，依先後時代編次；何法盛、謝靈運、臧榮緒諸家之晉書，與唐太宗御撰晉書，依先後時代編次；（六朝諸史皆仿此。）蓋書傳有幸不幸，其初皆正史故也。（魏吳諸書之於陳志亦然。）若唐宋以後，正史自有一定，無出入矣。國史從無流傳之書，而史志著錄，與諸書所稱引者，歷有可考。要以後漢班固與陳宗、尹敏諸人修世祖紀與新市平林諸傳，載紀爲最顯著。自後依代編纂，與編年部之實錄、記注，可以參互，皆本朝臣子修現行事例也。

『史稿向不著錄，今從諸書記載采取而成，乃屬創始之事，若無憑籍，尚恐不免遺漏。蓋前人於此皆不經意故也。但古人作史，專門名家，史成不問稿也。自東觀集衆修書，而後同局之中，人才優劣敏鈍，判若天淵；一書之中，利病雜見；若不考求草稿所出，則功罪誰分？竊謂集衆修書，必當記其分曹授簡，且詳識其草創潤色，別爲一編，附於本書之後，則史官知所激勸。今之搜輯史稿，正欲使觀者感興也。但宋元以來，文史浩繁，耳目恐有未周。姑立此門，以爲權輿。如有好學專搜此事，自爲一書，亦佳事也。

『編年之中，原分實錄、記注二門，今以日歷、時政記、聖政等記均合於實錄，而以記注標部。蓋此等皆是史宬備削稿貣，例不須行於外，於義得相合爲部次也。若專記一事，則當入傳記部之記事門。若特加纂錄，如貞觀政要之類。則入雜史。

『編年之書，出於春秋，本正史也。乃馬班之學盛而史志著錄，皆不以編年爲正史。然如荀悅、袁宏以後，魏晉卽有春秋，六朝往往繼出，自應入於編年。但其書不盡傳，如隋志所標古史、雜史，其中多編年書，不知盡屬編年否也。今以義例可推者，入於編年斷代之下。其著錄不甚分別而義例不可強推者，概入於雜史云。

『圖表專家，年歷經緯，便於稽考世代之用，故亦附編年爲部。其年號之書，無類可類，雖非圖表，亦以義例而類附焉。

『古人史學口授心傳，而無成書。其有成書，即其所著之史是也。馬遷父子再世，班固兄妹三修。當顯肅之際人文蔚然盛矣；而班固既卒漢書未成豈舉朝之士不能贊襄漢業而必使其女弟曹昭就東觀而成之抑何故哉？正以專門學家，書不盡意，必須口耳轉授，非筆墨所能罄，馬遷所謂藏名山而傳之必於其人者也。自史學亡而始有史學之名，蓋史之家法失傳，而後人攻取前人之史以爲學，異乎古人以學著爲史也。史學之書，附於本史之後。其合諸史或一二家之史以爲學者，別爲史學之部焉耳。

『史學專部，分爲考訂、勘誤之類。義例、史通之類。評論、管見之類。蒙求鑑略之類。四門，自應各爲次第。若專攻一書之史學，已附入本書後者，不復分類，但照時代後先編入本門部次足矣。

『雜史一門，原分外紀、軒轅本紀之類。別裁、路史繹史之類。史纂、自爲門類，如十七史纂，宋史新編宏簡錄之類。史鈔、隋文刪節如史記節要之類。政治、如貞觀政要之類。本末、紀事本末，北盟會編宏簡錄之類。國別、國語國策十六國春秋之類。共爲七門。今恐瓜析太過，轉滋紛擾，合倂雜史一門，較爲包括，而原分名目，仍標其說於部目之下，則覽者不致訝其不倫。

『割據與霸國之書，初分二門，今合爲一，亦謂如越絕書吳越春秋，下至南唐諸家皆是也。惟華陽國志、隋志入於霸史，後人多仍其目，或入地理。按此書上起魚鳧蠶叢，中包漢中、公孫述、劉蜀漢，下及李氏父子，非爲一國紀載，又非地志圖經，入於霸國固非，而入於地理尤非，斯乃雜史支流，限於方隅者耳。如建康實錄、滇載記、炎徼紀聞，皆是選也。此例前人未開，緣種類無多，均強附霸史或地記耳。今創斯條，將後有類此者，可准例焉。故名雜史方記，晤分子目，與地理志方隅之記名同而實異也。

『星歷四門：天文記天象，非關推步。歷律記歷制，非關算術。五行記災祥，非關占候。時令記授時政令，非爲景物。此則史考當收之義，不然則混於術數諸家矣。但嫌介疑似，亦有在術數與史例之間者，姑量取之，寧稍寬，無缺漏也。此等著錄，部目多在子家，而史家志篇目實不能闕，可以識互通之義矣。

『譜牒有專家，總目之不同，專則一家之書，總則彙萃之書。而家傳、家訓、內訓、家範、家禮皆附入專譜門中，以其行於家者然也。但自宋以來，有鄉約之書，名似爲一鄉設，其實皆家範家禮之意，欲一切鄉黨爲之效法，非專爲所居之鄉設也。施縱可徧天下，語實出於一家，既不可上附國典，又不可下入方志，故附之也。

『譜學古人所重，世家鉅族，國家所與爲休戚者也。封建罷而第流品之法又不行，故後世之譜學輕。如謂後世不須譜學，則幾於汨彝倫矣。律令人戶以籍爲定，良賤不相昏姻，何嘗無流品哉？應襲任子，雖不通行，而科第崛起之中，亦有名門鉅族，簪纓世胄，爲國家所休戚者，皆運數也。但禮不下於庶人，原不能盡取齊民戶籍入史考也。且其書不掌於官，僅能耳目聞見載籍論次之所及，而於源委實有所考者，則編次之。耳目未周，不能偏及也。

『地理門類極廣，畢宮保原稿爲二十二門，分荒遠、總載、沿革、形勢、水道、都邑、方隅、方言、宮苑、古蹟、書院、道場、陵墓、寺觀、山川、名勝、圖經、行程、雜記、邊徼、外裔、風物二十有二，不免繁碎。今暗分子目，統於五條之下，一曰總載、二曰分載、三曰方志、四曰水道、五曰外裔。其暗分子目，以類相從，觀者可自得也。

『方志自前明以來，猥濫已甚，與齊民家譜，同一不可攬擷。今亦取其著錄有徵及載籍論次所及，則編次之。其餘不勝錄也。

『水道之書，與地志等。但記自然沿革者，方入地理。其治河、導江、漕渠、水利等類，施人力者，概入於故事部工書條下。

『外國自有專書，如高麗圖經、安南志之專部，職貢圖、北荒君長錄之總載，則入地理外裔之部。如奉使琉球錄、及星槎勝覽，凡冊使自記行事者，雖間及外國見聞，而其意究以記行爲重，則皆入傳記部中記事條下。

『故事原分一十六門，今併合爲十門。出君上者爲訓典，臣下者爲章奏，統該一切制度者爲典要。專門制度之書則分吏戶禮兵刑工六科，其例最爲明顯。而其嫌介疑似之迹無門不與傳記相混。其詳辨見傳記。惟確守現行者爲故事，規於事前與誌於事後爲傳記，則判然矣。官曹次於六書之後，亦故事之書也。名似與吏書相近，而其實亦易辨。吏書所部，乃銓敘官人申明職守之書，官曹乃即其官守而備盡一官之掌故也。古者官守其法，法具於書，天下本無私門，故無著錄之事也。官私分而著述盛，於是設官校錄，而部次之，今之著錄皆從此起也。官曹之書，則猶有守官述職之意，故以是殿六曹之後焉。

『目錄一門，不過簿錄名目之書，原無深義。而充類以求，則亦浩汗難罄。合而爲七略四部，分而爲經史百家，副而爲釋道二藏，其易言耶？且如詩文之目，則有摯虞之文章志、鍾嶸之詩品，亦目錄也。而詩話、文心，凡涉論文之事，皆詩書小序之例，與詩書相爲發明，則亦當收矣。圖書之目，則書評、畫鑒得以入之。金石之目，則博古、琳琅諸籍得以入之。故曰：學問貴知類。知類而又能充之，無往而不得其義也。

『傳記門目，自來最易繁雜，其志創於隋志雜傳，而隋志部次，已有混淆。蓋非專門正史，與編年紀傳顯然有別者，凡有記載，皆可混稱傳記。著錄苟無精鑒，則一切無類可歸者，皆恃傳記爲龍蛇沮也。畢宮保原稿本分傳記子目一十有七，斟酌增減，定著十門，亦不得已也。

『小說始於漢志，今存什一；而委巷叢脞之書，大雅所不屑道。續文獻通考載元人水滸演義，未爲無意，而通人鄙之。以此諸家著錄多不收稗乘也。今亦取其前人所著錄而差近雅馴者，分爲瑣語異聞兩目，以示不廢芻蕘之意。

『朱氏經考體例，先分四柱，今仍用之。首著書名，名下注其人名，次行列其著錄卷數，三行判其「存」「佚」及「闕」與「未見」也。惟著錄卷數，間有不注所出，今則必標出處，視朱爲稍密矣。

如漢隋唐志並有，則以最先之書著錄；其兩三史志並有而篇卷不同者，則著其可徵之數，而以他錄同異注其下；或史志及官私著錄所無而旁見他書記載者，必著其說於下曰：「見某書，不著錄。」又有見於他書所稱述而并無其篇卷者，則必著「無篇目」字。此朱氏未有之例也。所以明其信而有徵也。或全書之中，摘取數篇，別有當署之名目，如歐蘇等集內之外制及奏疏，又如歐集內之歸田錄，韓集內之順宗實錄。則必著現在某書。如但於文集傳誌類中敍其人生平著有某書，而他著錄所無，則必著云「見某篇所引。」惟近代人其書現存而未著錄者，始用朱氏不載出處之例。朱氏引書，皆現存者。惟阮孝緒七錄已佚而僅見於隋經籍志注文稱「梁有某某書卷若干」者，朱氏皆直書七錄，一似七錄至今存者，引古之例，似有未合。然據法應「著隋志注引七錄文云云」，方合於例。而其文繁累無取，且此事本亦人所共知，朱氏不為欺人，是以今仍其例。

『存佚必實見而著「存，」知其必不復存而著「佚，」然亦有未經目見而見者稱述其書，確鑿可信，則亦判「存。」又有其書久不著錄，而言者有徵，則判「未見。」如後漢謝承之書，宋後不復錄，而傅山謂其家有藏本，曾據以考曹全碑，雖琴川毛氏疑之，然未可全以為非，則亦判為「未見」

所以志矜慎也。又如古書已亡，或叢書刻其畸篇殘帙，本非完物，則核其著錄而判「闕。」亦有其書情理必當尚存，而實無的據，則亦判爲「未見。」他皆倣此。」下略

學誠此考之最後分類表如左：據楊本。

- 制書
- 紀傳部
  - 正史
  - 國史
  - 史稿
- 編年部
  - 通史
  - 斷代
  - 記注
  - 圖表
- 史學部
  - 考訂
  - 義例
  - 評論
  - 蒙求

- 稗史部
  - 雜史
  - 霸國
- 星歷部
  - 天文
  - 歷律
  - 五行
  - 時令
- 譜牒部
  - 專家
  - 總類
  - 年譜
  - 別譜
- 地理部
  - 總載
  - 分載
  - 方志
  - 水道
  - 外裔
- 訓典

- 史籍考
  - 故事部
    - 章奏
    - 典要
    - 吏書
    - 戶書
    - 禮書
    - 兵書
    - 刑書
    - 工書
    - 官書
  - 目錄部
    - 總目
    - 經史
    - 詩文（即文史）
    - 圖書
    - 金石
    - 叢書
    - 釋道

- 傳記部
  - 記事
  - 雜事
  - 類考
  - 法鑒
  - 言行
  - 人物
  - 別傳
  - 內行
  - 名姓
  - 譜錄
- 小說部
  - 瑣語
  - 異聞

學誠之立論及分類，皆不能無誤，然一眚不足以掩大德，要其曠識宏圖，氣包千古，殊足欽佩。而其「擴史部而通之」之意見，尤爲修正七略七錄以來最大錯誤之必要措置。今人不解史學之眞義，乃謂學誠之意係指一切書籍都是史料，曾不知學誠本旨乃謂凡有時間性之人事皆爲史料。蓋無時間性之書籍僅爲各科科學之獨立記錄，非史家所能一一過問，必將單獨零亂之萬事萬物聯綴爲有系統之片段或整部之記錄，然後乃得稱爲史籍也。姑舍是而言續撰史籍考之史事。道光間，日照人有許瀚爲涇縣人潘錫恩修史籍考，其攀古小廬文載有例目。此書與復述之史書綱領，著者皆疑爲學誠傳本之化身，非另起爐灶之創業也。史書綱領爲光緒初長沙人余苹皋（其名未悉）所撰，兪樾序之稱其「可與經義考並爲不朽之大業，有此兩書而甲乙兩部固已得其管轄矣」「蓋欲網羅古今史書志書義例以垂示後世，使後世之修史者修志者皆於是乎得其義例之所在而不至無所適從。故於史書不徒錄其序目而已，其有凡例者亦備錄而無遺，蓋視經義考加詳焉。」惜「此書卷帙繁重，視經義考不啻倍之，寫錄一通已非易事」（引春在堂雜文續編卷二。）故其刊本今猶未出。但其序目似已刊行，且時代近接，未必失傳，著者已託友人余楠秋君回里訪求，倘得發篋載來，刊播史界，眞幸事也。（今人葉仲經有擬重訂章學誠史籍考類目，傅振倫亦有一文，皆可參考。）

除上述三家通考古今史籍而外，斷代考錄而有良好成績者，允推吾友謝國楨君之晚明史籍考，及清開國史料考。晚明流寇史籍考，清初三藩史籍考，及朱希祖君之蕭梁舊史考，西夏史籍考。指示參考資料者，則吾友夏廷棫君有五代史書目，王鍾麒君有廿五史參考書目，皆可作學者之嚮導。此外又有專考個人傳譜者，清張澍撰姓氏書總目，（又名古今姓氏書目考證，鈔本，藏清華圖。）吾友梁廷燦君撰年譜考略，皆並考存佚。汪闓撰國學圖藏歷代名人年譜目，陳乃乾撰共讀樓所藏年譜目，（其書今歸東方圖。）則專收現存。進一步而製篇目引得者，則有田繼琮之八十九種明代傳記綜合引得，杜聯喆之三十九種清代傳記綜合引得。檔案目錄則如張德之清季各國照會目錄；故宮博物院之內閣大庫現存清代漢文黃册目錄，雍正硃批諭旨不錄奏摺總目，國學圖之陶風樓藏清季江寧局署檔案目，皆是也。

國學論文目錄　近人所謂有國學者，其詞本不典，而或釋其義為對中國文化史——國故之研究也。雜誌論文，此生彼滅，閱者難周，故引得（Index）尚焉。十載以還，作者漸起，其以國學為對象者，始於王重民之國學論文索引。而徐緒昌劉修業繼之。其範圍愈續而愈大，寖假而有關於現代中國各種問題之論文亦擇要收入，非復以國故為限矣。其分類表如左：

總論

羣經（分通論，石經，易，書，詩，禮，春秋，孝經，四書，附孔教九目。）

語言文字學（分通論，形義，聲韻，方言，專著，雜著，字說，文字革命及國語統一，修辭學及文法學，九目。）

國學論文索引

- 考古學（分通論，新發掘，金石，雜考，四目。）
- 史學（分通論，專著，歷代史料，中外史料，民族，傳記年譜，雜考，七目。）
- 地學（分通論，專著，疆域，附都市古蹟，河流，水利，省縣志，五目。）
- 諸子學（分通論，周秦諸子，漢魏以後諸子，雜著，四目。）
- 文學（分通論，評傳，辭賦，樂府，詩，詞戲曲小說，專著，九目。）
- 科學（分通論，天文，曆法，算學，醫學，動植礦物及其他，六目。）
- 政治法律學
- 經濟學（附貨幣實業商業等。）
- 社會學
- 教育學
- 宗教學（分佛教，摩尼教，天主教，回教等，四目。）
- 音樂
- 藝術
- 圖書目錄學（分圖書館學，目錄學，二目。）

其不名國學而性質相近者，尚有于式玉之日本期刊三十八種中東方學論文篇目，美人貝德士（M. S. Bates）之西文東方學報論文舉要，法人高地愛（Cordier）之西人論華書目，及李小緣之西文中國問題論文索引。于著分類略仿卜表而同類之篇目則依中國庋擷法爲次，不似前者之淩亂。高著將有關於中國之西文書籍及雜誌依性質分類，並有引得。貝著略似高著，所異者爲專載十八種研究東方學之學報有關於中國之篇目耳。故以學報爲綱，篇目爲目，間有解題而分類引得，著者引得亦附焉。李著較以前諸家特爲詳盡，然其材料斷自一九二一至三〇年而止。

特種目錄篇

特種目錄與專科目錄之分對　專科目錄爲記載各種學術之書目，必自成系統之學科始有獨立之目錄。與藏書總目錄及史志皆屬不同。此外尚有許多性質特別而又不限於一科者，如地方著作，叢書禁書之類，莫不各有目錄。其所貢獻於學術者並不下於專科目錄。然欲起一名以總攝之，頗屬不易故姑名之曰特種目錄焉。其最著者爲叢書、個人著作、地方著作、禁書、刻書、闕書、版本、善本、敦煌寫本、舉要、解題、辨僞十二種。此外則婦女著作亦有目錄，如單士釐之清閨秀藝文略是也。家族著作亦有目錄，如錢師穆之嘉定錢氏藝文略，錢儀吉之廬江錢氏藝文略，周慤之婁東周氏藝文志略是也。學派著作亦有目錄，如劉聲木之桐城學派著述考，是也。日報要聞亦有目錄，如中山文化教育館之日報索引是也。雜誌論文亦有目錄，如嶺南大學之中文雜誌索引，中山文化教育館之期刊索引是也。人文月刊每期附見。雜誌名稱亦有目錄，如北平圖協會之期刊聯合目錄，浙江圖之期刊目錄是也。參考書辭典年表之類。亦有目錄，如鄧衍林之中文參考書目舉要是也。書評亦有目錄，如鄭慧英之書評索引彙編是也。外族文字書籍亦有目錄，如康有爲之日本書目志，于道泉李德啓之北平圖故宮博物院滿文書籍聯合目錄，周叔迦之北平館藏西夏文經典目錄是也。類書標題亦有改編之目錄，如錢亞新之太平御覽索引，是也。而四庫全書總目提要之篇目，更有許多方法不同之目錄。首有范志熙之四庫總目韻編，邢志廉嘗勘其誤。陳乃乾有四庫總目索引，楊立誠有文瀾閣目索引，皆依筆數順序。美人魏魯男（James R. Ware）有四庫總目及未收書目引得，翁獨健爲之校訂，則用中國庋擷法排列。

叢書目錄　詩、書者，上古之叢書也。秦始皇焚「詩、書、百家語，」（史記卷六。）人知百家語之非祇一家，而不知詩、書之爲普通名詞。夫先秦所謂詩書，猶吾人所謂歌曲、歷史。故左氏引詩，多屬國風之篇，而商頌、周頌不在其列，大雅、小雅則舉篇名。可知雅、頌非詩，後人始選輯最著名最通俗之國風與雅、頌合併爲一叢書，乃通稱之曰詩耳。書爲史官所記，自虞書、夏書、商書、周書乃至鄭書、楚書，各有專門名詞，每一書中各有篇目；其始也，何祇千篇；及流傳既久，遺失日多，剩餘之二十八篇，乃獨佔書名而删省其冠辭矣。易之爲雜湊同類而成之叢書，原非一人系統之作，尤屬顯然。四經三禮，除春秋自有線索，周禮組織甚密外，其餘皆爲叢書。小戴禮記中之三年問又見於荀子，中庸、緇衣又見於子思子，弟子職又見於管子，其明堂、陰陽、樂記則各自單行。由此參詳，可以想見古代單篇之流動不居，如浮萍然隨處依靠於各叢書中。故如韓非子中有張儀之說，有死後之文，近人擷其矛盾而悉指爲僞託，而不知先秦遺存之書多屬叢書，原無固定之篇目，收藏者隨意排比庋置，即偶然附麗成一書矣。此種流動不居之現象，固因有系統著作之出現（如春秋，呂氏春秋，太史公書等等。）而漸漸減少，然最後乃至向歆校書著錄而後如水落平湖，大勢安定。蓋別錄已有篇目，七略復有書目，則藏家遇偶爾錯亂之本，亦得據錄、略而改正之也。所不幸者，有一部份叢書，自前漢各朝即已被經師據爲干祿之用，抱殘守闕，以少冒多，致向之大部叢書至漢時摭拾一二殘篇，即冒用叢書之名爲一書之名，而詩、書、易、禮、春秋遂成專家之學，二千一百年來之中國學術遂始終困束於此數部殘書之中。此種殘書所載之智識原極有限，而後人復不敢「離經叛道」；文化之所以無進步，民族之所以無發展，莫不導源於此。故著者認爲若知四經、三禮之爲古代叢書百一之殘本，則知陋儒所謂文、武、孔、孟之道原不祇此區區；欲自立於現代，亟宜廣求知識於世界，而不應抱骷髏以尋歡也。（人知説郛之陋而不知六藝亦猶説郛之斷簡殘編也。）以上所論，雖似稍軼範圍，而實關係重大。卽就目錄學而論，亦爲洞澈本源之要着。蓋詩、書、易、禮（除周禮。）既爲叢書，便非專家之學。自漢以解辭經之書雖多至萬種以上，（諸家目錄所存不過十一，實際必不祇萬種。）自識者觀之，不過一種訓詁學耳。彼輩註詩非爲吟咏，解易又豈知卜筮？縱有若干理解施於政治施於哲理，然此乃發言者本身之思想，託古以自圓其說，豈古書之本義哉？故漢代之陰陽五行說，晉代之淸談，宋代之道學，淸代之考據學，莫不依託於四經三禮。四經、三禮其獨堯、舜乎！「孔子、墨子俱道堯、舜，而取舍不同，皆自謂眞堯舜。堯舜不復生，將誰使定儒墨之誠乎？」（韓非子顯學篇。）若知其爲叢書而非專家之學，爲類名而非書名，則後世專家之學儘可離經而獨立，同類之書儘可附經而合羣；豈有詩不入詩賦略，春秋不入紀傳錄（七錄）之惡現象哉？故叢書之義不明，則分類之理不通。分類篇中所陳種種異說，誰能不立經類者？以是知中國目錄學史中，竟無一種合理之分類法也。而近人推溯叢書之源僅及宋末，此其闇陋，抑何可笑！縱使不敢主詩、書、易、禮爲叢書之說，豈漢志所載劉向所序六十七篇，揚雄所序三十篇亦不敢認爲個人自著叢書之始乎？若曰此二者乃班固所妄加，原非結集之總名；則漢靈帝刊於石碑之五經，學士競摹其本，摹本合訂，亦非叢書乎？若曰此未必合訂也。則齊梁僧祐已抄集衆經結爲一藏，隋、唐相繼，經論皆以入藏爲榮，宋太祖且雕印佛經一藏，其前後目錄亦已多矣（看宗教目錄篇。）此種佛、道經藏，則叢書之尤大者也，若竟拒之叢書之外，則難乎爲目錄學矣！而陋儒方且拒異端而不許也，豈足與議哉？卽依其說而求之於儒書之中，則後唐至後周鏤刻九經印板，且先有印本五經字樣一書，二部，卽有百三十冊，（見玉海藝文部。實卽除周禮，儀禮，公羊，穀梁以外之五經。晉時祇刻成其五，周初乃完成九經也。）則以五經、九經名書，其猶後世之爲叢書另成一名也明矣。故叢書之源遠流長，昭彰若此。而後知錢大昕、顧修之說之爲斷流忘源也。彼輩謂開後世叢書之體例者，自宋寧宗嘉泰元年俞鼎孫刻儒學警悟始。後七十二年而有左圭刻百川學海，此皆雜抄唐宋以來之短書小品於一集，另命以新名，若一書然，而保存原狀，並不改編先後，故與類書又異。卽後世所謂叢書也。切實言之，自雕版發明後，刊叢書者，五代有九經，北宋有七史，皆由國子監刊行。私人之始，應推南宋初年井孟刊眉山七史，（見晁陳二錄。後蜀毋昭裔未刻叢書。北宋應有刻者，未及詳考。）及中平岳珂之刻九經。而俞鼎孫之地位，則彙刊雜書爲一叢集之第一人耳。若論私人刊刻叢書，尚在井孟岳珂之後也。自井、俞迄今八百年間，私人之力專向雜書發展，而經史刊版則由國子監，元明皆然，亦頗推及雜書，而甚不廣，至清武英殿始稍稍擴大焉。私刊叢書，自自著至雜抄，多至五六千種，可謂盛矣。然乾隆以前，總數猶不甚多。自四庫開館，武英殿用聚珍版（即活字版。）印書多種後，鉅商大吏聞風競起。洎乎現代，以印刷術及推銷術之進步，文化水平線之提高，叢書之產量有時反超越單行本，蓋購者可無選擇之煩而售者有大量生產之益也。叢書目錄所以產生於嘉慶——乾隆四庫之後，及發達於現代，即是之由。試以表格顯其出現之先後及概況，則如左：

年代	編者	書名	册卷數	體制	內容	版本
嘉慶四年	顧修編	彙刻書目初編	十册	隨手摘錄	二百六十一種	桐川顧氏刻
嘉慶二十五年	松澤老泉編	彙刻書目外集	六卷六册			日本慶元堂刻
同治九年	佚名續編	彙刻書目正續合編	十二册		增四十八種	崇雅堂木活字排
？	吳？補編	彙刻書目			增補編一卷新補編一卷	吳氏重刻
光緒元年	陳光照補編	彙刻書目初編	十二册		採補編續編三卷增新補編二卷	無夢園刻
光緒元年	北京琉璃廠書坊	增補彙刻書目	十册			琉璃廠坊刻
光緒二年	傅雲龍續編胡俊章補遺	續彙刻書目	十二册	遵四庫目分類	五百種	善成堂刻
光緒元年編十一年刊	朱記榮編	行素草堂目睹書錄	十册	分類	三百五十三種	槐廬家塾刻

光緒十二年刊十五年成	朱學勤增補王懿榮重編	彙刻書目	二十册		五百六十七種	福瀛書局刻
民國三年	羅振玉續編	續彙刻書目	十册		增光宣間叢書目三百餘種	雙魚堂刻
民國三年	羅振玉續編	續彙刻書目閏集	一册			羅氏刻
民國三年	楊守敬原編李之鼎補編	叢書舉要	六十卷四十四册		九百〇一種	宜秋館鉛印
民國七年	李之鼎增訂	增訂叢書舉要	八十卷四十册		增七百〇四種共一千六百〇五種	宜秋館鉛印
民國八年	周毓邠續編	彙刻書目二編	六册		採朱學勤本續其未備	千頃堂石印
民國十三年作十八九年行	王謇續編	續叢書舉要				蘇州 刊一二號
民國十七年	沈乾一編	叢書書目彙編	四册	辭典式	約二千二百種	醫學書局鉛印
民國十八年	劉聲木編	續補彙刻書目	三十卷五册			直介堂叢刊
民國十九年	劉聲木編	再續補彙刻書目	十六卷二册		七百八十餘種	直介堂叢刊
民國二十年	杜聯喆編	叢書書目續編初集			二百種	燕京大學鉛印
民國十九年初版二十四年增訂	金步瀛編	叢書子目索引	一厚册	辭典式	四百種	初版浙江圖館印增訂版開明書店印
民國二十三年	孫殿起編	叢書書目拾遺	十二卷	分類	五百二十三種	孫氏鉛印
民國二十四年	劉聲木編	三續補彙刻書目	十五卷		約七百種	直介堂叢刊

民國二十四年	曹祖彬編	叢書子目備檢著者之部		辭典式	三百六十餘種	金陵大學印
民國二十五年	施廷鏞編	叢書子目書名索引	一鉅册	辭典式	一千二百七十五種	清華大學印
民國二十五年	楊家駱編	叢書大辭典	二鉅册	辭典式	約六千種	辭典館印

概括言之：首刻各叢書子目爲一書者，顧修也。其書名彙刻書目，隨手摘錄，排列無定序，收叢書僅二百六十一種。以叢書名爲綱，注其刻書人代於下，而備列其子目爲目，各注撰人卷數。事係初創，頗便檢尋，故不二十年卽有日本翻刻本。又二年卽有日人松澤老泉纂外集。後經太平天國之亂，百業停頓，故久之始有無名氏纂續編，所增僅四十八種。崇雅堂遂合正續二編而爲一書。同時又有吳某亦纂補編別行。光緒初，陳光照及琉璃廠某書坊各起而增補之。此叢書目錄之第一期也。其特色爲不分類，種數不出五百。第二期亦自光緒初年起，三家並作。傅雲龍率先刊行，增至五百種，遵照四庫總目，分爲經史子集等類。朱記榮與傅同時而不相知，其目名爲行素堂目覩書錄，隱約中亦分類，種數少於傅十三。朱學勤稍遲，亦稍多，增至五百六十七種。此第二期也。而民國初年羅振玉所續亦附焉，皆能補顧修之不足。其特色爲依四庫略分類。第三期可謂補足時期，由楊守敬開其端，取材於

國外及佛道諸教，李之鼎增補至三倍，遂踰千種，名其書曰增訂叢書舉要。於分類之外，又分地方分時代焉。周毓邠、王謇、杜聯喆、劉聲木、孫殿起等繼之，拾遺補闕，後出愈勝；而劉氏尤爲努力，再續三續，數踰三千，在諸家中成績最鉅。此一派也。其異軍突起，蔚爲第四期者，則以沈乾一之叢書書目彙編爲最早，其特色爲不分類，不分時地，綜合爲辭典式，以便尋檢。然沈氏仍以叢書書名爲綱，僅便順讀叢書者；倘使未知某書在某叢書中，則猶苦未能檢獲也。民國十九年吾友金步瀛君服務於浙江圕，始創爲子目索引之法，以叢書中之每一書名爲綱，而注其撰人及叢書名爲目，於是尋書名者一檢而衆本畢備，有左右逢源之樂矣。所惜收入叢書祇及四百種。母校清華大學圕藏叢書千二百七十五種，（二十五年一月以前。）施廷鏞編其書名索引，體例仿金君而數量三倍之。金陵大學圕曹祖彬則以每書撰人爲綱而注其著作及叢書名爲目，與書名索引有相得益彰之用，而收書益少。最近有楊家駱纂叢書大辭典，則參採叢書名、各書名、撰書人名爲綱，互注其關係名目於下，混合編製，依四角號碼檢字法爲順序，讀者無論從何方面聯想，以分秒之光陰卽可找得其所欲得之資料，便利極矣。然猶有可惜者，則每條子注殊嫌簡略，有時須輾轉搜索，始明概念耳。此辭典收叢書多至六千種，拘寧濫無闕之旨，蓋工具書原與著作不同，此義亦良可取也。最後尚有一事宜聯述者：爲叢書在總目錄類之位置。昔人既不承認詩、書、易、禮爲叢書而尊之爲六藝，強佔數類，別集總集原是叢書，亦各成獨立之類。故叢書在唐、宋以前之目錄並無位置，至宋志始附之於類事類。首先提出叢書爲一類者，始於明萬曆間祁承㸁之澹生堂書目。而清末張之洞書目答問雖於四部之外有叢書目，却不敢稱部。至民國初年始有特設叢書部者。今則多附入總類矣。著者主張拆散叢書分入各部，詳其說於結論篇。

個人著作目錄　有著者自定者；有他人代撰者。著者自定，始於魏之曹植。三國志陳思王傳：『前後所著賦、頌、詩、銘、雜論，凡百餘篇。』晉書曹志傳：「志……植之孽子也。帝嘗閱六代論，問志曰：『是卿先王所作耶？』志對曰：『先王有手所作目錄，請歸尋案。』還奏曰：『案錄無此。』帝曰：『誰作？』志曰：『以臣所聞，是臣族父冏所作。』」三國志王粲傳注亦引嵇康集目錄。姚振宗推定「當時撰著繁富者，皆各自爲目錄。」殆事實也。其後文集日多，目錄多附集以行，故必有專門著作甚多者乃有目錄單行。似迄南宋鄭樵始有夾漈書目一卷、圖書志一卷。陳振孫曰：「鄭樵記其平生所自著之書。志者，蓋述其著作之意也。」（直齋書錄解題。）此種體制，蓋自史記自序、漢書敍傳而來。彼雖僅記一書著作之旨衆篇之目，較諸鄭樵，祇有數量之差，並無內質之異。千頃堂書目中有明人楊升菴著述目錄一卷，清錢大昭有可廬著述十種敍例，俞樾春在堂全書有錄要一卷，皆此類也。此外則有學者對於先哲之著作，撰文考錄者，清王昶之鄭氏書目考實開其風。（序見春融堂集卷三十四。）自先師梁任公先生撰戴東原著述纂校書目考（見戴東原二百年生日紀念論文集。）後，作者紛起，如吾友儲皖峯君之王靜安先生著述表，（見國學月報第二卷。）顧頡剛君之鄭樵著述考，（見國學季刊第一卷。）趙萬里君之王靜安先生著述目錄及手校手批書目，（見國學論叢第一卷。）謝國楨君之彭茗齋先生著述考，（見北平圖月刊第三卷。）吳其昌君之朱子著述考，（見國學論叢第一卷。）劉盼遂君之高郵王氏父子著述考，（見北平圖館刊第四卷。）徐景賢君之徐光啓著述考略，（見新月月刊。）馮貞羣之南雷遺書目錄，（見國風月刊。）皆能盡括一家之作。著者亦嘗撰章實齋著述考及年表，考出章氏所嘗經手之著述逾五十種，並將其整部著述及單篇論文皆編年入表，兼記其撰文之地點及動機焉。

地方著作目錄　始於北齊、北周之間。史通書志篇載：「近者宋孝王關東風俗傳亦有墳籍志，其所錄皆鄴下文儒之士，讎校之司，所列書名，唯取當時撰者。……語曰『雖有絲麻，無棄管蒯。』於宋生得之矣。」考北齊書宋世軌傳，知孝王之書原名別錄，會周平齊，改爲關東風俗傳。書雖兼具傳記、方志之體制，然專錄一方人士之著作實開後世方志著錄書目之風氣。宋志有川中書籍目錄二卷，諸州書目一卷。考孝宗淳熙六年吏部侍郎閻蒼舒請祕書省錄見有書目送四川制置司參對四路軍州官書目錄，如有所闕，卽令本司繕寫上之。詔可。（見宋會要稿第五十五冊。）十三年，祕書郎莫叔光乞詔諸路監司，諸郡守臣，各以本路本郡書目解登至祕書省，聽本省以中興館閣書目點對，如有未收之書，卽下本處取索。詔從之。（見宋會要稿第七十冊。）據此，則宋志所載二目乃川中及諸州藏書之目，並非完全本地人士所著作也。宋代方志極多，傳者却少。嘉泰會稽志惟錄整篇詩文，偶記求遺書之故事，而並無書目。獨高似孫剡錄卷五有書有文。其所謂「書」者，乃羅列戴逵、阮裕、王羲之、謝玄、孫綽、許詢、支遁、秦系、吳筠、靈澈、鄭言、謝靈運、顧歡、葛仙翁十四人著作及阮、王、謝三氏家譜之名目，共四十二部，各有卷數。其所謂「文」者，則移鈔謝安、戴逵等之單篇文章十五篇，皆有關於剡者，並非皆出於本地人之手。卷六錄「詩」亦同「文」例。其書成於嘉定甲戌，方志之有書目莫之先焉。專撰一書以述一方著作者，始於明萬曆間祁承㸁之兩浙著作考，多至四十六卷，（見千頃堂書目。）必有解題及移錄序跋。此外，周天錫慎江文徵卷三十八載明永嘉姜準撰有東嘉書目考。惜皆無傳本。傳者當推於明末曹學佺之蜀中著作記。學佺嘗官四川按察記，故熟於四川文獻。其書凡十二卷，（見千頃堂書目。）殘本四卷見於圖學季刊第三卷。按其體制，堪稱創作。前此之史略、授經圖，後此之經義考、小學考，皆同一系，而微有不同。或徵引古書，述其撰人及內容；或確有其書，鈔其序跋，所異於經義考者，惟未明標存佚耳。後世方志之能錄書序入藝文志者，如乾隆大名縣志、嘉慶廣西通志，不數數見也。明清志家多鈔詩文而少於目錄。然亦有仿刻錄而兼收者。如吳興備志之分錄經籍遺書，康熙嘉興府志之分錄藝文書籍，康熙錢塘縣志之分錄經籍藝文皆是。乾隆重刻歸德府志則特異，其藝文略分立（1）學宮經籍、（2）名家著述、（3）金石文字、（4）郡縣志乘四目，一掃過去混藏書著書爲一之弊。識者嘉焉。三百年來，自通志府志以至縣志皆多有藝文一欄，亦有鈔詩文入藝文，列目錄爲經籍者。今人李濂鏜撰方志藝文志彙目以綜之，頗便尋索。（見圖書館學季刊七卷二號。）其專成一書，或作考證者，乾嘉間有邢澍撰金秦藝文錄，（見更生集甲集卷三。）嘉道間有管庭芬撰海昌藝文志。數十年來，則孫詒讓撰溫州經籍志三十六卷，吳慶燾撰襄陽藝文略，胡宗楙撰金華經籍志二十七卷，蒙起鵬撰廣西近代經籍志七卷，皆謹守經義考之例而爲書。此外則王獻唐撰山左先喆遺書提要，廣西統計局撰廣西省述作目錄，金雲銘撰福建協和大學陳氏書庫福建人集部著述解題，安饒鍔宗頤撰潮州藝文志，陳詒紱撰金陵藝文志，亦就其所知或所藏而爲書。此外有從四庫總目鈔出本省書目者，如湖北、江西、河北是也。有專考一縣古今著作者，如丁祖蔭之常熟藝文志，陳謐之瑞安經籍目是也。而專藏一方著述者，亦頗有人。如張菊生先生之於海寧，金嗣獻、項士元之於台州，胡宗楙之於金華，冼玉清之於廣東，皆搜藏甚富而各有目錄。各地所刊叢書亦多有以一方爲範圍，如畿輔叢書、豫章叢書、湖北先正叢書，一省叢書也；永嘉叢書，四明叢書，紹興先正遺書，一府之叢書也。鹽邑志林，最早之一縣叢書也。其總目亦無殊於地方著作目錄。而吾友張鋆君撰浙江郡邑叢書簡表，實爲此方面最良好之模範。此外有專記一國著作目錄者，始於康有爲之日本書目志。其書分門別類，列舉日人著作，既非我國已譯之本，又非某圖收藏之書，蓋亦地方目錄之儔也。近代各文明大國出版日富，每年多至數萬種，欲總括其目，實屬不易，故繼康氏而起者未之或聞。而各國皆有圖書年鑑或某年總目錄之類。

禁書目錄　禁書有錄，殆起秦皇。詩、書、百家語、諸侯史記，皆在焚燒之列，而其書名不限四五，篇名何止萬千？必有目錄，以資循索，可無疑也。至劉「宋大明中，始禁圖讖。梁天監已後，又重其制」。及隋「高祖受禪，禁之踰切。煬帝卽位，乃發使四出，搜天下書籍與讖緯相涉者，皆焚之。爲吏所糾者至死。自是無復有其學，祕府之內亦多散亡。」隋志「錄其見存，」僅有十三種。則前此之四次搜禁，所以按圖索驥者亦已甚備矣。唐初所禁法琳辯正論及法琳別傳等書，至貞元中始解禁入藏，疑當日禁書亦有目錄。宋太祖嘗「禁元象器物、天文圖讖、七曜歷、太一、雷公、六壬遁甲等」書。（資治通鑑長篇卷十三。）仁宗寶元二年，「學士院言奉詔詳定陰陽禁書與司天監定須禁書籍十四門，爲目錄一卷，請除孫、吳子，歷代史天文、律歷、五行志，幷通典所引諸家兵外，餘悉爲禁書。從之。」（玉海卷五十二。）宋志載「禁書目錄一卷，」注云「學士院司天監同定，」卽其目也。南宋初，秦檜嘗禁野史。（揮麈錄七。）蒙古世祖時，嘗一禁陰陽圖讖等書。（元史卷八。）再禁道藏，（佛祖歷代通載卷二十一。）似皆未必有錄。淸世宗雍正中，屢興文字之獄，禁書甚多，查故宮博物院史料叢刊與文獻叢編，尙可見其書單多種。乾隆中因修四庫全書之便，焚燬牴觸淸室之書，自三十九至四十七年，先後奏銷二十四次，焚書五百三十八種，一萬三千八百六十二卷。其他未焚而經抽毀及改易字句者，不計其數。光緒初，姚覲元嘗刊四庫館奏准銷燬抽燬書目一册。後又續得禁書總目一部，則前所刊者亦在其內，尙有軍機處奏准銷燬書目，浙江省奏繳書目。再後，又得河南奏繳書目，遂合刊之於咫進齋叢書中。光緒末，鄧實得江寧官本違礙書籍目錄一册，其後半江寧本省奏繳書目及各行省咨禁書目，爲姚本所無，因合刊之。李掞有補輯本。此外尚有江西、湖北、廣東各省奏繳書目及分次奏繳總目，爲陳乃乾所得，近年陳氏删併重複，校補缺失，編爲索引式的禁書總目。以首字筆數爲次，分爲全燬抽燬二類，附錄禁燬書版目，石刻目，毋庸銷燬書目，查辦禁書諭摺，四庫館查辦違礙書籍條款，及舊本序、跋。白蕉有校異。晚近政府亦頗查禁左傾書報，禁令密布，總目未聞。

刻書目錄　摹字刻版，印刷成書，始於唐末。石林燕語引柳玭家訓序，載玭在蜀見有售雕版印紙浸染之書者，時爲唐僖宗中和三年，距今一千〇五十五年矣。及後唐明宗長興三年，朝廷遂令國子監刻九經印版，至後周太祖廣順三年，尚書左丞田敏始以印版九經進呈。五代會要。北宋諸朝亦命國子監刊行七史。宋會要稿。諸州官亦多刻書，川中尤衆。故通志載有國子監書目一卷，川本書籍錄三卷。而宋志亦有三川古刻總目一卷，古字倘使非石字之訛，則亦刻書目錄也。明代之有西湖書院重整書目，爲黄裳等所編，實爲今存之最古者。則有內府經廠書目二卷，國子監書目一卷，南雍總目一卷，周弘祖古今書刻二卷。（並見千頃堂書目。）最後一種，今有傳本。此外傳本尚有梅鷟南雍志經籍考、郭磐明太學經籍志，劉若愚內板經書紀略，（非書目在酌中志卷十八。）毛晉汲古閣校刻書目。（清鄭德懋有補遺及刻板存亡考。）近代自曾國藩倡設官書局後，刊書甚多。今人朱士嘉嘗合編其書目。新書坊刊印新書日新月異，各有目錄，無庸述及。惟商務印書館出書，佔全國總量之半，貢獻於新文化最鉅；其圖書彙報自改用王雲五中外圖書統一分類法後，一掃過去凌亂之弊，影響且及於圖書館之目錄焉。近數年來，漸有綜合全國各地新出版物爲一總目者，現代書局、開明書店、生活書店皆嘗爲之，其掛一漏萬也不過在百步五十步之間。惟楊家駱撰圖書年鑑，雖亦不備，頗能攝取一部份新書之解題，稍可觀。而先師王靜安先生撰五代兩宋監本考，兩浙古刊本考，則又開一考證古版之例。葉德輝撰書林清話（又有餘話。）則專考刻書掌故。

闕書目錄　搜求遺書，必有目錄以資循覓。漢「成帝時，以書頗散亡，使謁者陳農求遺書於天下。」（漢志）倘使祕府原無目錄，則何以知其「書頗散亡？」倘使不備闕書目錄，則陳農求得之書何以知其爲祕府所闕？故以意推之，此時殆已有此種特殊目錄矣。然史志所載，則始於隋志之魏闕書目錄一卷。其序云「孝文徙都洛邑，借書於齊，祕府之中，稍以充實。」則此錄或即孝文帝向南齊明帝借書之用歟？宋志有唐四庫搜訪圖書目一卷，兩唐志皆不載，蓋必昭宗「命監察御史韋昌範等諸道求購」（新唐志序。）之錄也。北宋太宗「詔三館以開元四部書目閱館中所闕者，具列其名，懸獎徵募。」（資治通鑑長編卷二十五。）後世屢次求書，亦必各有闕目。如通志所載嘉祐訪遺書詔并目一卷，求書目錄一卷，是也。南宋高宗時，「向子固乞下祕書省，以唐藝文志及崇文總目應所闕之書，注闕字於下，鏤板降付諸州軍，照應搜訪，從之。」（宋會要稿五十五冊。）直齋書錄解題有祕書省四庫闕書目，（徐松有輯本）即其目也。其祕書省續編到四庫闕書目，迄今猶存。（見觀古堂書目叢刻。）同時鄭樵按祕書省所頒闕書目錄集爲求書闕記七卷，求書外記十卷。（玉海卷十二及宋志。）其校讎略有編次必記亡書論，書有名亡實不亡論，編次失書論，闕書備於後世論，亡書出於後世論，亡書出於民間論，求書之道有八論，對搜求闕書之原理方法貢獻甚多。元末則有危素撰史館購書目錄。（補元史藝文志。）洎乎清初，黃虞稷、周在浚有徵刻唐宋祕本書目。（葉德輝有考證。）四庫徵書，則但令各省呈繳所得書目，而不聞先備闕書目錄。四庫以後，鄭文焯撰國朝未刊書目，（范希曾有箋。）朱記榮撰國朝未刊遺書志略，劉世瑗撰徵訪明季遺書目，劉聲木撰直介堂徵訪書目，皆記其所知之近代著作，以備徵存之用。而楊守敬之日本訪書志十七卷，（王重民輯補。）張增榮譯佚存書目，則記流在日本之中國古籍。

版本目錄　劉向校書，即已廣羅異本。版本之學，此其祖也。古人藏書，能自讀者，莫不善於校讎。所謂校讎，即取衆本比勘字句篇卷之異同也。如梁之任昉，唐之韋述，宋之李淑、宋祁、王欽臣，其藏本之善，每勝於祕閣。蓋祕閣之書全由官校，每多敷衍了事。而此諸家則本是專門學者，其博聞精識足以校定譌誤也。然古錄失傳，傳者惟南宋初年尤袤之遂初堂書目獨並注衆本於各書目下。說者乃版本學之創始推之，竟不知其前尚有多數版本專家，（參看善本目錄之章。）何其陋也？清代則自錢曾讀書敏求記特別注重版本優劣流傳源委題記特點後，天祿琳琅書目亦遵其例，成爲善本目錄之規程，另見別條。其私人藏書，備注版本者，則嘉慶十年秦思復（敦夫）石研齋書目，是中興尤袤舊法者也。顧廣圻稱之曰：「由宋以降，板刻衆矣，同是一書，用較異本，無弗負若徑庭者。每見藏書家目錄經某書，史某書云云；而某書之何本，漫爾不可別識。然則某書果爲某書與否，且或有所未確，又烏足論其精觕美惡耶？今先生此目創爲一格，各以入錄之本詳注於下，既使讀者於開卷間目憭心通，而據以考信，遂不啻燭照數計。於是知先生深究錄略，得其變通，隨事立例，惟精惟當也。特拈出之，書於後，爲將來撰目錄之模範焉。」（見思適齋集卷十二。）自是以來，藏家目錄多能注重版本。現代各圖目錄尤少例外。且能備注出版年份焉。而專門考究一書之版本者，有王重民之老子考，實爲最早之傑作。系統論版本學之理法者，則有錢基博撰版本通義，陳義甚精，治目錄學者所不可不知者也。

善本目錄　隋代觀文殿有正御書，北宋館閣有黃本書，王欽臣有鎮庫書，皆善本也，而其目不傳。自南宋初尤袤撰遂初堂書目，往往一書而兼載數本，談版本者宗焉。岳珂校刻九經，對於版本之選擇尤爲矜愼。晁陳之作，亦頗注意版本。明晁瑮寶文堂分類書目每書皆注明某刻，明代文淵閣藏宋元古刻最多，惜無人爲之考證，故其書目最爲簡陋。明末清初錢謙益絳雲樓搜善本及孤本甲於古今，憚於揚播，未有完整目錄。今存絳雲樓書目乃其追憶所得，不盡不實。其族孫錢曾撰讀書敏求記，獨載其述古堂中最佳之本，仿歐陽修集古錄之意，每書皆撰解題，論其繕寫刊刻之工拙、異同，及流傳之源流。「見聞既博，辨別尤精」，在目錄學史中實爲奠定版本學基礎之創作。善本目錄，莫之先焉。其書二百年來，翻版達十數次，校證（管庭芬。）補輯（章鈺）迭有其人。其爲後世所推重可知。而四庫全書總目乃以其輕視考證而屏諸存目，竟忘天祿琳琅書目亦受其影響甚大矣。同時有曹溶、朱彝尊、徐乾學亦富於古刻，溶撰靜惕堂書目，彝尊撰潛采堂宋金元人集目錄，乾學撰傳是樓宋元本書目，一時竟成風氣。天祿琳琅之書選於乾隆九年，四十年始編定目錄。以版本朝代爲分類之綱，每代各以經史子集爲次，每書首舉書目，次詳考證，次訂鑒藏，次臚闕補。其考證偏重鋟版年月，且於藏家印記，則倣清河書畫舫之例，皆用眞書摹入，並一一考其時代爵里，以顯授受之經過。原有題跋，亦爲附錄。後來撰善本目錄者，莫不謹守其法焉。私人藏書，則乾嘉間盛推黃丕烈之士禮居。丕烈於求古居宋本書目之外，又撰百宋一廛書錄，載宋本百二十一種，完缺各半，皆世間罕傳者。丕烈長於鑒別，其題跋語語精到。如宋文鑑跋云：「北宋字體帶方；」朱慶餘詩跋云：「墨釘最多，多爲妄人塡補；」許丁卯集跋云：「凡舊版印久糢糊處，最忌以新本塡補；」諸如此類，皆不刊之論，故目錄學家羣推爲版本學之泰斗，無異辭焉。後人輯其他種善本題識散在各方者，迄今未已。最早有潘祖廕輯士禮居藏書題跋記；後來繆荃孫一再續之。近年孫祖烈、李文綺又分別續之補之。荃孫又與章鈺、吳昌綬同輯蕘圃藏書題識，近年王大隆又續錄之。撰善本目錄者，莫不準爲圭臬。若彙刊爲一書，尤盛事也。與黃丕烈同時齊名者，有顧千里、孫星衍，稍後則有孫從添、張金吾、汪士鐘，清末則有瞿鏞、陸心源、葉昌熾、丁丙、楊紹和、姚覲元、繆荃孫等，皆各就其藏本爲目，而顧千里葉昌熾丁丙尤爲卓絕。千里之思適齋集，內多善本題跋，近年復有蔣祖詒、鄧百耐輯其集外書跋爲一書。星衍有廉石居藏書記，平津館鑒藏記書籍，洪頤煊撰。從添有上善堂書目，金吾有愛日精廬藏書志，士鐘有藝芸書舍宋元本書目，瞿鏞有鐵琴銅劍樓藏書目錄，昌熾爲潘祖蔭撰滂喜齋藏書記及宋元本書目，紹和有海源閣宋元祕本書目及楹書隅錄，心源有麗宋樓藏書志，李宗蓮作。覲元有咫進齋善本書目，丁丙有善本書室藏書志。繆荃孫有藝風藏書記，心源之作最多，一百二十卷。而漫鈔序跋，時作誇詞，比較最差。其餘並精善，可備藏家之參考。自清末京師圖書館成立以後，繆荃孫首撰館藏善本書目，印入古學彙刊。江瀚王懋鎔先後删增，各有新稿。夏曾祐改正補充，另刊一本。及併入北平圖後，吾友趙萬里君復有新作，截至二十二年底，該圖善本甲庫已有書三千七百九十六部，凡七萬八千一百九十九卷，而乙庫尚不與焉。在國內實首屈一指。而丁丙之書，流入江南圖書館，現已改名國學圖，該圖亦選撰爲善本書目。此外各圖，提出善本另爲一錄者亦頗有之。如浙江圖，吾友毛春翔君新撰甲編，考訂名實，極精愼。惟陶湘撰故宮殿本書庫現存書目，則格於禁例，未能通合，其分類編目最爲凌亂。至亦詳述內容爲善本書志者，各圖皆有散見於館刊中。私家藏書，則以傅增湘雙鑑樓善本書目，藏園羣書題記，鄧邦述羣碧樓善本書錄，寒瘦山房善本書目，張鈞衡適園藏書志爲最精。除此種實藏目錄外，亦有錄其目睹，不必實藏者。清末莫友芝之宋元舊本經眼錄，卽其最善者也。而現代于震寰撰善本書目編目法，論此道頗精。

敦煌寫本目錄　甘肅敦煌鳴沙山莫高窟，俗名千佛洞。西夏時代窟藏兩晉以來迄晉初寫本書籍甚富，閱八百餘年，至清光緒二十六年，佛龕坍塌，故書遺畫暴露於外，稍稍流布。三十三年，英人斯坦因 (Sir Mark Aurel Stein) 法人伯希和 (Paul Pelliot) 先後聞風而至，擇其精者，捆載而去。伯氏道過北京，行篋攜有祕籍若干種，羅振玉、王仁俊、蔣斧等爭往索觀，以其所見，勒爲著述。蓋巖窟所藏，都二萬餘軸，凡經典、史籍、釋藏、道籙、摩尼教、祆教之絕本，以及歷書、文牒、契約、簿錄，莫不具備。大足以證經史，存佚籍，細足以窺見古今俗尚、制度、文字、語言之遷流。其數量之多，效用之宏遠，勝孔壁、汲冢。自發現後，對於各種古學之考究皆有莫大之影響焉。羅振玉首將伯氏所述，類次爲鳴沙石室祕錄。王仁俊則撰敦煌石室眞蹟錄，（見孔教會雜誌一號。）劉師培則撰敦煌新出唐寫本提要。（見國粹學報七卷一至八號。）日僧橘瑞超聞風踵往，得四百餘軸，著有將來敦煌藏經目錄。吉川小一郎亦得百餘種，遂附見於橘錄。羅子福萇，西遊錄法人沙畹（Chavannes）所錄及倫敦陳列目錄爲倫敦博物館敦煌書目，又譯伯氏所已編次者爲巴黎圖敦煌書目。（僅七百號，見北大國學季刊一卷四期。）葉譽虎先生則有旅順關東廳博物館所存敦煌出土之佛教經典一文。（見圖學季刊一卷四號。）歷史叢刊（一卷一至三號。）始合編爲海外所存敦煌經籍分類目錄，然猶未備。西遊之士，從倫敦巴黎抄得一二寡見之史料，持歸自炫以名家者，各科皆有。至盡錄內外所有以爲總目錄，則尚有待焉。國內所有，則始於宣統二年，學部悉將洞窟殘卷運回北京，但爲權貴所豪奪巧取，藏於京師圖者僅八千餘軸。民國十一年，業師陳援庵先生長館事，與俞澤箴盡閱所藏，編爲目錄。十三年後錄其副目，按部排比，略倣趙明誠金石錄前十卷體式，每軸著其原號，（自甘肅解部所編之號。）起止紙數，行數及內容。稿成，名曰敦煌劫餘錄。十八年，陳先生又應中央研究院之屬，重理舊稿，删其複出，補其漏載，正其誤考。又明年刊行於世。國有殘本，至是始有完備之目錄，學者可按圖以索驥矣。

舉要目錄　書籍繁多，初學每苦不得要領，故舉其要目，俾易着手，亦目錄學之任務也。宋張洪齊熙輯朱熹言論爲讀書法，略有此意。然尚無書目。清道光末，龍啓瑞撰經籍舉要，始擇取諸生急需精讀之書，略述其內容得失，指示讀法，過於簡陋，故邵懿辰詆之甚力。然其於經史子集四類之外，復以約束身心、擴充學識、博通經濟、文字音韻、詩古文詞、場屋應試、六項分類，頗合初學之用。張之洞之書目答問即仿其意而作者也。之洞略例自敘云：『諸生好學者來問應讀何書，書以何本爲善，偏舉既嫌挂漏，志趣學業亦各不同，因錄此以告初學。』『讀書不知要領，勞而無功，知某書宜讀，而不得精校精注本，事倍功半。（此編所錄，其原書爲修四庫書時所未有者，十之三四；四庫雖有其書，而校本注本晚出者，十之七八。）今爲分別條流，愼擇約舉，視其性之所近，各就其部求之。又於其中詳分子目，以便類求。一類之中，復以義例相近者使相比附，再敘時代，令其門徑秩然，緩急易見。凡所著錄，並是要典雅記，各適其用。（皆先輩通人考求論定者。）總期令初學者易買易讀，不致迷罔眩惑而已。（弇陋者當思擴其見聞，汎濫者當知學有流別。）』觀其略例，除上述（1）詳分子目，（2）依照時代敘次外，（3）『經部舉學有家法實事求是者；史部舉義例雅飭考證詳核者；子部舉最近古及有實用者；集部舉最著者。（每一類之後，低一格者，爲次錄。）』（4）『多傳本者舉善本，未見精本者舉通行本；未見近刻者舉今日現存明本。（子史小種，多在通行諸叢書內；若別無精本及尤要而希見者，始偶一舉之；有他善本，即不言通行本。凡云有某本者，有異同。）』（5）兩類相關者，間亦互見，注其下。』（6）『凡無用者，空疏者，偏僻者，淆雜者，不錄。古書爲今書所包括者，不錄。注釋淺陋者，妄人删改者，編刻譌謬者，不錄。古人書已無傳本，今人書尚未刊行者，不錄。舊槧舊鈔，偶一有之，無從購求者，不錄。若今人著述有關經史要義，確知已成書者，間附錄其書名，以備物色，且冀好事爲刊行之。』是書以光緒元年始業，見卷首略例。次年寫定。見原刻本籤題。據藝風堂自訂年譜，知出於繆荃蓀之手。葉德輝盛稱其書『損益劉、班，自成著作。』書成以來繙印重雕，達數十次。承學之士，視爲津筏，幾於家置一編。參范希曾書目答問補正跋。其所以如此盛行者，固由張之洞之名望及提倡，亦由其書能予讀者以正確之指導也。其書之特點，一在選取必讀之書，指定最善之本，使讀者不爲閒書劣本所誤。一在『不盡用前人書目體例，分類加注，時有創見，如仿祁承㸁之例，於四部之外，別立叢書目，又有所謂別錄目，專載初學讀本，爲一部，並爲大膽之作。雖未能破壞四部內質，然已示人以四部之不必拘守，且爲舉要目錄奠一基礎焉。後人重視其書，有爲之箋補者，江人度。有爲之斠補者，葉德輝。有爲之補正者。范希曾。可謂盛矣。及五四運動後，整理國故之聲浪起，青年頗有好讀古書者。民國十二年，清華週刊記者請先師梁任公先生與胡適之先生選擇要籍，指示讀法。胡先生寫一個最低限度的國學書目，自謂『只爲普通青年欲得一點系統之國學知識者設想，並不爲已有國學根柢者設想。」故用歷史之線索爲國學天然之統系而其書目之順序亦卽爲下手之法門。分爲工具、思想史、文學史三部。梁先生譏其「(1)不顧客觀之事實，專憑自己主觀爲立腳點，致多列哲學史與文學史之參考書目。(2)誤將應讀之書與應備之書混爲一談，致所選皆大部書，不易讀完。(3)誤將史部書一概屏絕，而反選列小說多種。」故其所撰國學入門書要目及其讀法分入門書爲五類：(1)修養應用及思想史關係書類，(2)政治史及其他文獻學書類，(3)韻文書類，(4)小學書及文法書類，(5)隨時涉覽書類。每類各舉要籍數十種，每種各略述其內容及讀法，間或指示與此書有關係之參考書數種。附錄最低限度之必讀書目，列舉四書、五經、五子、七史、七集，共二十八種。謂「若並此未讀，眞不能認爲中國人矣。」梁先生之論，亦有過於主觀者。其優點不在書目而在讀法，後來又撰有要籍解題及其讀法，學者宗焉。對於近年各種文化史之研究，影響絕大。此外，不待問而撰要目以名家者，有李笠之三訂國學用書撰要、陳鐘凡之治國學書目、支偉成之國學用書類述、陳伯英之國學書目舉要、曹功濟之國學用書舉要、楊濟滄之治國學門徑書、醫學書局之國學書目提要，而日人長澤規矩也亦有支那書入門書略解。李、支最繁，恐著者亦未一一觸手。陳、曹稍簡。然諸家通弊，在視國學爲一盤散沙，祇就盤上畫限界線，撮出沙粒，矜示於人曰：此金沙也！未能分別階段，排定先後，使學者由淺入深，如錢有貫。此則梁、胡所不免，他何論焉？國學之外，受張之洞之影響，推廣及於一般學術者，清末已有黃慶澄撰普通學書錄。之洞嘗憂中學（今謂國學。）失傳，故主「中學爲體，西學爲用」。慶澄則「以爲學無中西。其書之歷刼不磨者，必其人之精靈不可埋沒者也。中國自唐、虞以來，神聖相傳，書種之亡，必無可慮。所慮者，峨冠博帶，終歲咿唔，皓首芸編，迄無寸得。行見新學未興，中學之傳，不亡而亡，斯爲可懼耳。」故其選錄要籍，中西並重。中學於經、子、史、文、叢刻書之外，又立入門書一類，西學於入門叢刻之外，分各種科學爲二十一類。（見分類篇。）最後復將天學、（即天文學。）地學、（即地理學。）人學（即醫學。）三類獨成一部，其意若謂此三學較爲高深，須普通學略有根柢乃可問津也。每類列舉書名，各注評語，頗多驚人見識。例如列章學誠文史通義於入門書之第四，而評云：『融合經子史，鑒其腦而抉其髓，透闢處多發前人未發，是學者萬萬不可不讀之書。』又評劉知幾史通云：『容有過激處，然才識之卓，橫絕千古。凡啓發靈性，讀經不如讀史，而讀全史不可不讀史通。』評王引之經義述聞云：『研究古籍，如撥雲見天，開後學無數法門。』評王充論衡云：『最足長人智識。』此皆眞知灼見，非陋儒所能道隻字者。而平當日新舊之爭，尤具卓識！其言曰：『今之據高頭講章，岸然道貌者，動曰：「吾習舊學，不屑新學也。」今之繙洋板新書，昂然自命者，動曰：「吾習新學，不屑舊學也。」嗟乎！學亦何新舊之有？尼山未老，六經均係新出之書。秦刼不灰，諸子皆擅時流之譽。慶澄愚以爲學而切用，其學爲地球之公學，其書卽爲地球之公學書，不必問爲舊學，爲新學也。且地球之理，日出而不窮，不特非今日舊學所能盡，亦豈今日新學所能盡乎？行遠必自邇，積小以高大，推陳以出新，握經而待變。海內有道諸君子其亦不河漢我言歟！』卷末附錄家塾讀書入門要訣，家塾授徒簡便課程，亦書目答問附錄輶軒語之意，其人似頗注意史學，嘗言『擬作中國五千年大事表』，又言『慶澄有西史簡明大事表，未出書。』蓋一有志經世之士也。晚近則有杜定友撰普通圖圖書選目，亦中西新舊並重。

解題目錄　解題之名，始於宋陳振孫之直齋書錄解題，夫書錄卽爲解題而設，何必疊詞成贅？雖然，較之劉向別錄以來之敍錄，固亦略有其異點焉。唐李肇已有經史釋題，未知其內容何若。若就振孫之作論之，與稍早之郡齋讀書志，詳略略等。通觀古今目錄，似與七略、七志同一系統，而殷淳之四部序錄，毋煚之古今書錄，高儒之百川書志以及清代之四庫簡明目錄，皆相附而成流派。蓋較之自別錄，羣書四錄，崇文總目至四庫全書總目提要，則具體而微。較之一般有目無敍錄者則增出解題之語。適在二者之間也。然此皆典藏目錄，非所語於現代所謂解題。現代之解題實卽讀書指南，非復古義矣。呂思勉之經子解題出版最早，其自序云：「此書有益於初學之處凡三：切實舉出應讀之書，及其讀之之先後；與泛論大要失之膚廓及廣羅參考之書，失之浩博，令人無從下手者不同，一也。從前書籍解題，多僅論全書大概，此多分篇論列，二也。論治學方法及書籍之作，亦頗浩繁，初學讀之，若不知孰爲可據，此所舉皆最後最確之說，且皆持平之論，三也。」先師梁任公先生撰要籍解題及其讀法，同時並起，出版稍遲。對於上古經史子集十餘種要籍皆一一考定其編撰者及其年代，內容之眞僞及是非，並指示讀究之方法，開列參考之書目。又有錢基博撰四書解題及其讀法，見解互有異同，用意則歸一致。其他各科，亦多有人解題，別見專科目錄篇。

辨僞目錄　孟軻謂「盡信書不如無書，吾於武成，取其二三策而已。以仁者伐不仁，何致血流漂杵也。」懷疑古籍，始見於此。司馬遷謂「百家言黃帝，其文不雅馴，薦紳先生難言之。」（史記卷一〇）

「世言蘇秦多異，異時事有類之者皆附之蘇秦，」史記卷六十九。書之有僞，由來久矣。故劉向別錄辨周訓云：「人間小書，其言俗薄。」辨黃帝泰素云：「或言韓諸公孫之所作也。」漢志師古注引。辨別僞書，至爲精晰。漢志自注所引尤多。王充論衡且特書虛、儒增、藝增、語增四文以力攻古書之多失眞相。晉道安撰綜理衆經目錄，且別列於可疑之經於一處。後來經錄多依其例。明佺大周衆經目錄甚至提出僞經，別爲目錄，不以混於總目之中焉。柳宗元致疑於國語、鶡冠子等書，爲文以非之。及入宋代，疑古之風大熾。歐陽修疑易十翼，王安石疑春秋，司馬光之疑孟子，朱熹之疑孝經，或指出各篇之矛盾，或斷定全書爲可疑。然皆未專著一書以辨許多古籍之僞。至元末始有宋濂撰諸子辨一卷，對於各種子書皆致其懷疑之理由，或評論思想之是非。此實僞辨目錄之創始。萬曆間，胡應麟撰四部正譌，則擴其範圍於四部，且發明多種辨別僞書之方法，辨僞之事至此乃成專門科學矣。清初姚際恆撰古今僞書考，亦沿應麟之意而互有異同。中葉有崔述撰考信錄，則爲分辨羣經眞僞而作，意在去其疑僞而葆其眞實，一本司馬遷「考信於六藝」之旨，有時不免仍爲古人所迷。清末康有爲撰新學僞經考，則以今文學派之立場力攻古文各經之僞，武斷傅會，在所不免。晚近辨僞專家紛起，然多集中於史事之研究。

其專考一書之僞者，則以馬敍倫之列子僞書考爲最精。

結論篇

著者對於古代目錄學之感想　我國古代目錄學之最大特色爲重分類而輕編目，有解題而無引得。分類之綱目始終不能超出七略與七錄之矩矱，縱有改易，未能遠勝。除史部性質較近專門外，經子與集頗近叢書。大綱已誤，細目自難準確。故類名多非學術之名而爲體裁之名，其不能統攝一種專科之學術也必矣。編目之法，仍依類別爲序；同類之中，多以時代爲次。活頁編次之道，檢字引得之術，編號插架之方，皆素不講究，殊不便於尋檢。非熟於目錄學者莫能求得其所欲見之書。此因藏書者多不公開，尋書者多屬熟手，故無需研求易尋易得之法，亦無慽焉。其優於西洋目錄者，僅恃解題一宗。至於歷代成書之草率，則指不勝屈。其校書撰錄也，每任意去取删改，不能保原書之眞。其删爲史志也，但據藏目，不能盡一代之所有。其通考古今也，惟經學小學有之，餘則未聞。堪稱完備者，祇佛教目錄耳。

著者對於現代目錄學之感想　現代目錄學，粗視之，若大反古代；細察之，則古代之遺毒未及盡祛，而其優點且已喪失矣。廢書本而用活頁，此體式之異也。廢四部而用十進，此分類之異也。循號碼以索書，此編目之異也。而不校異同多寡，不辨眞僞是非，刪解題之敍錄而古錄之優點盡矣。知經書之爲叢書而不知子集亦然，則分類仍不能盡革古人之弊。知書目之不足而不知擴而及篇目，則編目亦不能補救古人之窮。嚴格論之，現代目錄之稍進於古錄者，惟在索書號碼之便利與專科目錄之分途發展耳。目錄之內容，分類之綱領，究未適合書籍之需要也。

著者對於將來目錄學之希望　目錄學之前途，將何往乎？著者以爲宜如樹枝之紛披，愈分而愈細，不可如港汊之灣亙，亦不可如箭矢之逕直也。其分類也與其依學術而十進，不若依事物而標題。其編目也，與其詳列篇目，不若精撰解題。而最重要之轉變，實在插架目錄（即書庫目錄。）與尋書目錄（即閱覽室目錄。）之分家。竊謂插架不妨略依學術而排列，而尋書必循事物以追求。（求書目錄之卡片儘可另有排列法，而插架號碼必須記於卡片中。）非但叢書文集之傳必有分析目錄以便尋書，即科學歷史之書亦非擷出其所敍事物之主題以爲目錄不可。（但非逕以篇目爲目錄之謂。）現代目錄學之趨勢，編目者喜創分類表，製引得者喜創檢字法，人自爲法，圖自爲政，統一之期，渺茫無望。此風不改，進步良難。中華圖書館協會負有改良圖學與目錄學之責任，謂宜聯絡教育部設立統一分類標題編目檢字之專家會議，從長討論，折衷劃一；俾治書之業，尋書之法，易學易做。然後目錄學成爲最通俗之常識，人人得而用之，百科學術庶有豸乎！至於藏書目錄以外之專科目錄與特種目錄，除由專家分頭撰述外，謂宜由特籌的款，另組專會，分時，分地，分科，分派，通考古今存佚著作，撰爲各種圖書辭典或著述考，以統攝古來全貌，並每年刊一年鑑，以繼續之，俾我國學術之源流，瞭然無餘蘊，豈不懿歟？

中華民國二十七年五月初版
（05663）
中國文化史叢書 中國目錄學史一册
每册實價國幣貳元肆角
外埠酌加運費匯費
著作者 姚名達
主編者 王雲五 傅緯平
發行人 王雲五 長沙南正路
印刷所 商務印書館 長沙南正路
發行所 商務印書館 各埠